아이네이스 1

아이네이스 1
AENEIS
I~IV

베르길리우스 서사시 김남우 옮김

AENEIS I~IV
PUBLII VERGILII MARONIS (B.C. 19)

일러두기

1. 이 번역의 저본은 Gian Biagio Conte, *Publius Vergilius Maro, Aeneis*, 2009다.
2. 행수는 일반적으로 5행 단위로 표시하며, 원문의 행수를 의미한다. 번역문 행수와 원문 행수가 어긋날 경우 원문 행수를 따로 밝혀 두었다.
3. 한 행을 둘로 나누어 전반부에 〈a〉를, 후반부에 〈b〉를 붙인다. 예를 들어 6행 전반부는 〈6a〉라고 표시한다.
4. 번역 원칙에 관해 골자를 언급하면
   가. 라티움어로 쓰인 원문 시행이 〈여섯 걸음 운율〉로 구성되어 있는데, 이를 반영하여 번역 시행 또한 18자 이하로 구성했다. 이를 편의상 〈18자역〉이라고 이름 붙였다.
   나. 모든 번역 시행들은 최대한 원문에 일치한다.
   다. 서사시의 각 시행 끝에서 운율의 마지막 음보와 단어의 끝음절이 일치하면서 반 박자 쉬어 가는 큰 휴지 마디가 있는데, 번역에서도 이를 적용했다.
   라. 고유 명사는 특별한 경우가 아니면, 3음절 이하로 왜곡했다. 예를 들어 〈이탈리아〉는 〈이탈랴〉로 줄였다. 주석에서는 라티움어의 원래 소리를 그대로 적었다.
5. 특별한 설명이 없는 한, 주석에 인용한 번역들은 모두 천병희와 강대진의 번역이다.
6. 독서 편의를 위하여 고유 명사 색인에 고유 명사에 대한 간단한 설명을 덧붙였다.

이 책은 실로 꿰매어 제본하는 정통적인 사철 방식으로 만들어졌습니다.
사철 방식으로 제본된 책은 오랫동안 보관해도 손상되지 않습니다.

무정한 사랑아! 사람에게 못 할 일을 시키누나.
눈물로써 다시 찾아가 다시 빌어 물어보라
시키고, 분노를 삭이면서 사랑에 탄원하라,
뭔가 시도조차 하지 않고 헛되이 죽지 말라.

제4권 412~415행

제1권	9
제2권	59
제3권	115
제4권	169
참고 문헌	219
역자 해설 로마의 서사시 『아이네이스』	221
베르길리우스 연보	235
찾아보기	237

제1권

무기와 사내를 노래한다. 그는 처음 트로야를

1행 무기와 사내를 노래한다 : 〈무기〉와 〈사내〉는 각각 호메로스의 각 서사시의 첫 단어와 조응한다. 『일리아스』는 많은 사람들을 죽게 만든 〈분노〉로 시작하며, 『오뒷세이아』는 많이 떠돌아다녀야 했던 〈남자〉로 시작한다. 좀 더 자유롭게 〈전쟁〉과 〈전사(戰士)〉라고 번역할 수도 있으며, 로마의 건국 서사시라는 시각에서 접근할 경우, 오히려 이런 번역이 더 적합할 수도 있겠다. 하지만 베르길리우스의 서사시를, 적어도 제1권에서 제4권까지를 〈사내〉와 사내의 〈무기〉에 버림받고 상처 입은 여인의 사연이라는 로마 엘레기적 시각에서 읽을 수 있다. 『아이네이스』에 대한 서사시적 시각은 로마 엘레기적 시각에 비하여 본래적이면서 압도적인 것이지만, 후자까지 염두에 두어야 베르길리우스 독서에 있어 균형을 유지할 수 있다.

1행 처음 : 전설에 따르면(리비우스의 『로마사』 1, 1) 아이네아스가 이탈리아에 도착한 최초의 트로이아 사람은 아니다. 그에 앞서 안테노르가 이미 이탈리아 반도에 피신해 있었다(242행 이하를 보라). 하지만 〈처음〉은 이탈리아 반도에서 트로이아의 새로운 왕국을 다시 세운 사람으로는 처음이라는 뜻으로 받아들일 수 있다(Conington).

1행 이전 : 몇몇 사본에 의하면 1행 이전에 네 개의 시행이 삽입되어 있다. 〈나는 지난날 가냘픈 갈대로 박자를 맞추어/노래하였고, 숲을 떠난 후 근처 밭을 타일러/욕심 사나울망정 농부들에게 복종케 만드는/농부에게 기쁜 노랠. 이제는 마르스의 사나운 (무기와 사내를 노래한다).〉 하지만 오비디우스 이래로 많은 전거들은 〈무기와 사내를 노래한다〉가 『아이네이스』의 시작임을 말해 주고 있다.

도망쳐 운명을 좇아 이탈랴와 라비늄에 왔다.
그는 뭍에서 끔찍이 당하고 바다에 내던져져,
하늘 뜻의 핍박, 성난 유노의 분노 때문에
전쟁 또한 모질게 겪었으나, 건국의 의지로　　　　　　　5
신들을 라티움에 모셨다. 거기서 라티움 백성,
알바의 선조들과 우뚝한 로마 성벽이 생겼다.
무사여, 제게 사연을 말하소서. 어찌 속이 상해
신들의 여왕은 어인 앙심에, 몰락에 휘말려
빼어나게 충직한 사내가 그런 고난을 겪게끔　　　　　　10

2행 운명을 좇아: 〈운명 *fatum*〉이란 3~7행에 언급된 로마의 건국을 의미한다. 한편 〈운명으로부터 도망쳐〉라고 번역할 수도 있는데, 이때 〈운명〉이라 함은 트로이아의 멸망으로 해석할 수 있을 것이다. 하지만 〈아이네아스는 유사한 망국 때문에 조국을 도망쳤으나 더 큰일의 시작으로 이끄는 운명을 따랐다 *Aenean ab simili clade domo profugum sed ad maiora rerum initia ducentibus fatis*〉(리비우스의 『로마사』, 1, 1)는 점에 비추어 〈*fato*〉를 도구나 양태의 탈격으로 이해해야 한다(Conington). 〈*fato profugus*〉를 풀어 〈아이네아스는 로마의 건국이라는 운명에 이끌려 패망하는 트로이아에서 도망쳤다〉라고 번역할 수 있다. 아이네이스의 운명에 관해서는 『일리아스』 제20권 306행 이하 참조. 〈프리아무스의 집안이 이미 크로노스의 아들의 미움을 샀으니, 이제는 아이네이아스의 힘과 앞으로 태어날 그의 자손들이 대대로 트로이아 인들을 다스리게 될 것이오.〉

6행 신들을: 제2권 268행 이하에서 아이네아스의 꿈속에 죽은 헥토르가 나타나서 아이네아스에게 트로이아의 신주 *Penates*를 맡긴다.

8행 무사여, 제게 사연을 말하소서: 무사이 여신들에게 신화와 주제에 관하여 도움을 청하는 것은 서사시의 전통에 속한다. 로마의 건국 신화에 관하여 『로마사』, 1, 1 이하를 보면, 아이네아스가 라티움 혹은 라비니움에 도착하고, 그의 아들 아스카니우스가 알바롱가 Alba Longa를 건국하고, 이후 알바롱가의 혈통에서 로물루스와 레무스가 탄생한 이야기를 볼 수 있다.

10행 충직한: 〈충직함〉은 〈*pietas*〉의 번역어다. 키케로는 〈*pietas*〉를 〈조국과 부모 그리고 혈연으로 맺어진 사람들에 대한 의무〉라고 설명하며 〈신들

강요했는지. 하늘 뜻의 분노는 그런 것인가?
 옛 도시가 있었다. 튀리아 이주민들이 정착한
칼타고, 이탈랴와 티베리스 하구를 멀찍이
맞선 땅, 물산이 넘치고 전쟁에는 되우 굳센
15 도시. 여기를 유노는 어느 땅보다 오직 아껴
사모스를 떠났다 한다. 여기에 여신은 무기를,
여기 전차를 두었다. 이 땅이 만방의 맹주이길,
운명이 승낙한다면 그리 꾀하려 공들였건만,
헌데 여신은 트로야 혈통의 후손이 생겨 나와
20 튀리아의 성벽을 장차 파괴한다고 들었으니,
이로 광활한 지배자, 전쟁에 억척스런 백성이
리뷔아를 없이 한다, 그리 운명은 짜놓았더라.
 사툰의 따님은 두려웠다. 기억 속 옛 전쟁도,
트로야를 친 아르곳을 도와 앞장섰던 전쟁,

에 대한 경외〉는 〈*religio*〉라고 설명하였다(『발견』 2, 65). 지금 멸망한 조국 트로이아를 상징하는 신주를 모시고 아버지 앙키세스와 아들 아스카니우스를 지키며 조국을 재건하고자 하는 아이네아스의 〈*pietas*〉와 〈*religio*〉가 작품 전체에서 두드러진다. 제4권에서는 〈충직한 아이네아스〉에 대한 강력한 비판이 가해진다.

 12행 옛 도시 : 〈옛 도시〉는 다음 행의 〈칼타고〉를 가리킨다. 〈옛〉이라 번역한 〈*antiqua*〉는 〈고대의〉 혹은 〈오래전의〉라는 뜻이다. 아이네아스의 방황과 비슷한 시기에 디도 또한 카르타고에 정착한다. 따라서 〈옛〉은 극적 현재와 모순된다. 베르길리우스는 지금 로마 건국 이전에 〈아주 오래된〉 신화를 생각하고 있다.

 13행 *Karthago, Italiam contra* : 카르타고와 로마의 대립을 함축적으로 보여 주는 단어 배열이다. 『아이네이스』 제1권에서 제4권까지의 제1부에서 전개될, 디도의 호의에도 불구하고 아이네아스의 〈배신〉으로 이어지는 〈디도의 비극〉을 암시한다.

애초 분노의 이유, 지극한 고통으로 사무친 25
파리스의 심판, 여신의 미모를 조롱한 불의도, 27
밉살스런 혈통, 가뉘멧에게 앗긴 명예까지도 28
늘 기억에 남아, 마음속 깊이 삭지 않았건만. 26
이것들로 여신은 화가 더쳐, 바다에 던져진
트로야, 다나웃과 잔혹한 아킬렛의 피난민을 30
라티움에서 멀리 두고, 수많은 세월을 한없이
온 바다를 운명에 부대껴 헤매 다니게 하였다.
로마 인민을 일으키기가 그리 고단하였더라.
　시킬랴가 눈에서 멀어지자, 먼바다로 그들은

26행 이하 : 파리스는 트로이아의 왕 프리아무스의 아들이며, 가뉘메데스는 트로이아를 건설한 트로스의 아들이다. 인간들 가운데 가장 아름다운 가뉘메데스를 그 외모에 반한 제우스가 납치하여 올륌포스에서 시동으로 옆에 가까이 두었다고 한다. 사투르누스 신의 딸 헤라는 자신의 딸 헤베에게 맡겨졌던 시동 일이 가뉘메데스에게 주어진 것을 불명예로 생각했다. 〈앗긴 *rapti*〉는 〈가뉘멧〉과 연결시킬 수도 있으며, 가뉘메데스의 납치라는 신화를 반영한다.

30행 다나웃과 잔혹한 아킬렛의 피난민을 : 제3권 87행에서도 반복된다. 〈*reliquias*〉를 사전적 설명처럼 수동적으로 이해한다면 여기에 알맞은 번역어는 〈패잔병〉 정도다. 이 경우 〈*Danaum*〉 등 속격을 주어의 속격으로 보아 이 구절을 〈다나웃과 잔혹한 아킬레우스가 남겨둔 사람들〉이라고 읽을 수 있다. 하지만 〈*reliquias*〉를 능동적인 의미로 〈*relinquere*〉의 뜻으로 읽는다면 〈*Danaum*〉 등 속격을 목적어의 속격으로 보아 이 구절을 〈다나웃과 잔혹한 아킬레우스를 떠난 사람들〉이라고 읽을 수 있다. 〈피난민〉은 후자의 해석에 따른 것이다.

32행 운명에 부대껴 : 앞의 2행 〈운명을 좇아〉를 보라.

34행 시킬랴가 눈에서 멀어지자 : 아이네아스가 이끄는 트로이아의 유민들은 시킬리아 섬을 우회하여 나중에 로마가 세워질 땅으로 가고 있었다. 아이네아스의 방랑이 이제 곧 마무리될 찰나였으나, 유노 여신은 폭풍을 보내 트로이아 선단을 북아프리카 카르타고까지 떠어 놓는다. 아이네아스의 모험

35 돛을 펼쳐 신바람 나게 바다의 거품을 갈랐다.
그때 유노는 가슴속 영원한 상처를 돌이키며
혼자 말했다. 「내가 생각을 접고 물러서야 하나?
테우켈족(族)의 왕을 이탈랴에서 못 떼놓는가?
운명이 거부한다고? 팔라스는 아르곳 전체의
40 선단을 불태우고 그들을 수장하지 않았더냐?
윌레웃의 아약스 단 하나를 벌하려는 광기에
몸소 유피테르의 번갯불을 구름 속에서 던져
배를 박살 내고 폭풍으로 뱃길을 엎어 놓으며
번개에 뚫린 가슴으로 불꽃을 토하는 영웅을
45 돌풍으로 낚아채 험산 돌에 처박지 않았더냐?
그렇거늘 나는, 신들의 여왕이며 유피테르의
누이며 아내인 내가, 겨우 부족 하나와 한 세월
여태 싸우니, 이후 누가 나 유노에게 경배하며
혹은 내 제단에 어느 탄원자가 봉헌하겠는가?」

전체 가운데 제일 마지막 부분에 해당하는 곳에서 서사시 『아이네이스』가 시작한다. 이는 『일리아스』와 『오뒷세이아』에서도 마찬가지로 적용된 작시 원리이다.

36행 이하 : 『오뒷세이아』 제5권 284행 이하. 〈포세이돈이 대로하여 머리를 흔들며 자신의 마음을 향해 말했다.〉 포세이돈이 칼륍소 섬을 떠난 오뒷세우스를 발견하고 화를 내며 그를 다시 한 번 난파시킬 때의 모습과 여기서 유노의 모습이 닮아 있다(Williams).

37행 혼자 말했다 : 〈신바람 나게〉 달려가는 트로이아 유민들과 근심하며 혼잣말을 내뱉는 유노 여신은 극명한 대조를 이룬다. 『아이네이스』 제3권 말미에서 시킬리아 섬을 옆에 두고 우회하던 트로이아 유민들은 이제 곧 모든 방랑이 끝날 것이라는 희망으로 시킬리아 섬에서 벗어나 이탈리아 반도로 향한다.

이를 생각하매 여신은 가슴에 부아가 치밀어　　　　　50
먹구름의 고장, 미쳐 날뛰는 남풍 가득한 땅,
아욜랴를 찾았다. 그곳의 왕 아욜은 큰 동굴에
뒤엉켜 싸우는 바람들, 으르렁거리는 폭풍을
강권으로 제압하여 감옥에 묶어 가두었다.
이들이 심통을 부려 산천도 따라 울어 짖고　　　　　55
감옥 사방이 시끄러웠다. 아욜이 산정에 앉아
왕홀을 쥐고 골 오른 성깔들을 다스리니 망정
아욜이 없었다면, 바다와 땅과 가없는 하늘을
낚아채 순식간에 엉망으로 끌고 다녔을 텐데.
전능한 아버지는 캄캄한 구덩이에 파묻고도　　　　　60
이를 걱정하여 한 덩치 높다란 산봉을 그 위에

52행 왕 아욜: 『오뒷세이아』 제10권 1행 이하. 〈그리하여 우리는 아이올리아 섬에 닿았소. 그곳에는 불사신들의 사랑을 받는, 히포타스의 아들 아이올로스가 물에 떠 있는 섬에서 살고 있었소. 섬 주위에는 부술 수 없는 청동 성벽이 둘러져 있었고, 미끄러운 암벽이 우뚝 솟아 있었소. (……) 그는 내게 아홉 살배기 황소의 가죽을 벗겨 자루 하나를 만들어 주었는데, 그 안에다 그는 울부짖는 바람들의 길들을 묶었던 것이오. 왜냐하면 어떤 바람이든 그가 마음대로 재우고 일으키도록 크로노스의 아드님께서 그를 바람지기로 만드셨기 때문이오.〉

59행: 바람을 베르길리우스는 마치 우리에 갇힌 야생 짐승들처럼 묘사하고 있다. 이와 관련하여 루크레티우스 『사물의 본성에 관하여』 제6권 196행 이하. 〈폭풍이 일어 바람들이 그것(인용자: 구름)을 채우면, 이들은 구름 속에 갇혀 엄청난 우르릉거림으로 성을 내고 철장 속의 야수들같이 위협한다. 그것들은 이번엔 이쪽에서 이번에 저쪽에서 구름을 뚫고 포효를 보내며 길을 찾아 빙빙 돌고 불의 씨앗들을 구름으로부터 휘저어 내서 많은 것들을 그토록 몰아대고 우묵한 화덕 속에서 돌린다. 구름이 찢어져 번쩍이며 벼락 쳐나갈 때까지.〉

얹어 놓았다. 다스릴 왕을 맹약으로 지명하여
소임을 맡겨 고삐를 죄고 풀도록 가르쳤다.
그 왕에게 유노가 탄원자로 이렇게 말했다.

65 「아욜아, 네게 신들과 인간들의 주인께서
풍랑을 재우기도 치솟게도 할 권한을 주셨다.
내게 원수 된 부족이 튀레눔 바다를 가로질러
이탈랴로 일리온과 정복된 신주를 옮겨 간다.
바람을 깨워라. 덮쳐 뒤엎어 배들을 수장하라.
70 그들을 갈라 찢어라. 물에 그들 육신을 흩어라.
내게 자태가 아리따운 열넷 요정들이 있으니
개중 으뜸으로 찬찬하고 곱상한 데요페를
변함없는 가약으로 맺어 아내라 선언할새
그만한 수고로 답한다면 평생을 그네와 함께
75 보내며 그네로 고운 자식의 아비가 될 터이다.」

아욜이 이에 답하여,「여왕이여, 원하시는 것을
하명하심이 윗분의 일, 저는 삼가 명을 따를 뿐.
제게 이 영지 전부와 제 권장을 유피테르에게
얻어 주시며, 저를 신들의 만찬에 눕게 하시고
80 먹구름과 폭풍들을 통치토록 맡기신 여왕이여.」

71~75행 : 『일리아스』 제14권 267행 이하. 〈자, 내 그대에게 젊은 카리테스 여신들 가운데 하나를 주겠어요. 그녀가 그대와 혼인하여 그대의 아내라고 불리도록. 그대가 언제나 열망하던 파시테에를 주겠단 말예요.〉 헤라 여신은 잠의 신에게 제우스를 잠들게 할 것을 부탁하고 자신의 부탁을 들어주면 신부를 줄 것이라고 약속한다(Williams).

79행 눕게 하시고 : 침대와 흡사한 긴 의자에 기대어 누워 식탁에 있는 음식을 집어 먹는 것은 고대의 식사 예절이다.

이렇게 말하고 그는 창을 집어 속이 텅 빈 산
옆구리를 찔렀다. 그러자 바람들이 줄을 지어
뚫린 틈으로 나와, 돌풍을 대지에 휘감았다.
바다를 덮쳐 밑바닥까지 온통 일어 바닷물로,
동풍과 남풍이 합하여 불고 광풍으로 빼곡한   85
서풍이 더해 물마루를 세워 해안으로 굴렸다.
사내들의 아우성, 동아줄의 신음이 뒤따랐다.
먹구름이 갑자기 하늘과 밝은 날을 훔쳐 내어
테우켈족에게 감췄다. 짙은 밤이 물에 내렸다.
지축은 흔들리고 천공은 잦은 벼락을 밝히며,   90
만유가 사내들에게 닥쳐온 죽음을 꾀하였다.
순간 에네앗은 사지가 풀리고 싸늘히 식었다.
그는 서러움에 두 손을 하늘로 향해 뻗어 들며
이렇게 말했다. 「세 배 네 배로 행복한 사람들아!

85~86행 : 『오뒷세이아』 제5권 295~296행. 〈동풍과 남풍이 서로 부딪치는가 하면 큰 너울을 굴리는 맑은 대기에서 태어난 북풍과 거칠게 불어 대는 서풍이 서로 부딪쳤다.〉(Williams)

88~89행 : 『오뒷세이아』 제5권 293~294행. 〈그는 온갖 바람의 폭풍을 한꺼번에 일으키고 육지와 바다를 동시에 구름으로 감쌌다. 하늘에서는 밤이 다가왔다.〉(Williams)

94행 이하 : 『오뒷세이아』 제5권 306행 이하. 〈아트레우스의 아들들을 기쁘게 해주려다 그때 넓은 트로이아 땅에서 죽어 간 다나오스 백성들이야말로 세 배 네 배나 더 행복하도다. 죽은 펠레우스의 아들을 둘러싸고 가장 많은 트로이아인들이 나를 향해 청동 날이 박힌 창을 던지던 날 나도 죽어서 운명을 맞았더라면 좋았을 것.〉(Williams) 『일리아스』 제21권 279행 이하. 〈이곳에서 자란 자들 중에서 가장 용감한 헥토르가 나를 죽였더라면! 그러면 죽인 자도 용사요, 그의 손에 죽은 자도 용사가 될 텐데.〉(Pöschl)

95 너희는 아비들 눈앞 트로야 높은 성벽 아래서
 죽음을 맞았고야. 다나웃 영웅 중 가장 용맹한
 튀데웃의 아들아, 나를 일리온에 죽일 수도,
 네 바른손으로 내 영혼을 흩을 수도 있었거늘.
 게서 아킬렛의 창에 사나운 헥토르가, 거대한
100 살페돈이 누웠으며, 게서 시멧 강물은 흘러
 사내들의 방패, 투구, 강했던 육신을 삼켰는데.」
 쏟아지는 돌풍으로 그와 같이 신음한 북풍은
 배를 거슬러 불고 파도를 하늘로 치세웠다.
 놋자루가 부러졌다. 뱃머리가 기울고 파도가
105 뱃전을 때렸다. 태산만 한 물이 통째 곤두박질.
 누구는 파도 꼭지에 걸렸고, 누구는 갈린 물의
 깊은 골에서 갯바닥을 보았다. 흙이 날렸다.
 남풍은 배 세 척을 가로채 암초에 동댕이쳤다.
 ─이탈랴는 그 암초를 바닷속의 제단이라 하니,
110 물밑 산마루라─동풍은 또 세 척을 깊은 물에서

98행 내 영혼을 흩을 수도 있었거늘 :『일리아스』제5권 297행 이하에서 아이네아스는 튀데우스의 아들 디오메데스에게 죽을 뻔했으나, 영웅을 어머니 아프로디테 여신이 구출한다. 〈그래서 튀데우스의 아들이 손에 돌을 집어 드니, 참으로 대단한 일이었다. (……) 그는 그것을 혼자서 가볍게 번쩍 들어 아이네이아스의 허리 관절을 향하여 던졌다. (……) 그리하여 그는 그의 절구를 부수고 두 힘줄을 끊었으며, 들쭉날쭉한 돌은 그의 살갗을 찢어 놓았다. (……) 그리하여 그곳에서 인간들의 왕 아이네이아스는 죽고 말았을 것이나, (……) 그녀는 사랑하는 아들을 싸움터에서 데리고 나갔다.〉

110행 물밑 산마루 : 시킬리아 섬과 사르디니아 섬 사이에 놓인 바위섬을 고대로부터 〈제단*Ara*〉이라고 불렀다고 한다(Austin).

쉴티스 사구로 밀쳐 내어(보기에 처참하구나)
거기 모래톱에 가두고 흙더미에 묻어 버렸다.
뤼키 부족과 듬직한 오론텟를 싣고 가던 배를
에네앗의 눈앞에서 크나큰 소용돌이 파도가
이물에서 덮쳤다. 선장은 앞으로 튕겨 나갔고   115
거꾸로 빨려 들었다. 보라! 배가 파도에 세 바퀴
휘둘려 맴돌다, 소용돌이가 순식간에 삼켰다.
와류의 목구멍에 간간이 헤엄치는 선원들이,
사내들의 무기, 뱃조각, 트로야 보물이 보였다.
일요넷의 강한 전선, 용맹한 아카텟의 전선,   120
아밧을 실은 전함, 나이 많은 알레텟의 전함도
삭풍에 굴복했다. 뱃바닥 쐐기들이 빠져 온통
틈을 열치고 바닷물이 적병처럼 밀려들었다.

  그때에 바다가 무섭게 고함지르며 광분하는
겨울 삭풍과 엉킨 걸 넵툰이 알고, 깊은 바다에   125
고요함이 가실새, 크게 놀라며 깊은 바다에서
조용히 수면 위로 머리를 내밀어 내다보았다.

127행 조용히 : 〈크게 놀라며 *graviter commotus*〉와 〈조용히 *placidum*〉는 서로 모순되는 것으로 보인다. 고대 주석가들조차도 이 문제를 해결하기 위해 여러 가지 설명을 내놓고 있다. 우선 〈*placidum*〉을 단순히 장식적 별칭으로 보자는 설명이 있다. 장식적 별칭이란 호메로스의 서사시에 사용된 문학적 장치로서, 예를 들어 〈발이 빠른〉이라는 별칭을 가진 아킬레우스는 가만히 앉아 있는 장면에서도 〈발이 빠른〉이라는 별칭을 갖고 있다. 다른 설명은 신적인 냉정함과 위엄을 잃지 않았다는 뜻으로 해석하는 것이다. 감정적 격앙에도 불구하고 외적으로는 침착함을 잃지 않았다는 의미이다. 물론 바다의 신 넵투누스가 분노한 것은 트로이아 사람들에 대한 〈가여운 마음〉에서라기

보노라니, 에네앗의 선단은 온 바다에 흩어져
트로야인들은 파도와 폭우에 눌리고 있었다.
130 동기가 되어 유노의 고통과 한을 모르지 않되
그는 동풍과 서풍을 불러 놓고 이렇게 말했다.
「너희가 너희 집안 세도를 대단히 자신하느냐?
바람들아! 어찌 내 허락도 없이 하늘과 땅이
엉망에 이르도록 감히 큰물을 치세운 것이냐?
135 뉘를 내……! 격동한 바닷물을 좋이 진정시켜라!
이후 또 이러하면 오늘 같은 용서는 없으리라!
냉큼 물렀거라! 너희 주인에게 이렇게 전하라.
바다의 주권과 섬뜩한 삼지창이 그가 아니라
운명으로 내게 있으니, 그는 거대한 바위산,
140 너희 거처를, 동풍아, 차지하고 그 집에 머물며
아욜은 국으로 너희 감옥이나 닫아 다스려라.」
말하자, 말이 무섭게 부풀던 바다는 소요하고
모였던 먹구름은 달아나고, 태양이 돌아왔다.
퀴모테와 트리톤이 함께 열심으로 날카로운
145 바위에서 배들을 끌어냈다. 넵툰은 창을 들어
쉴티스 사구를 치우고, 바닷물을 진정시키며
가벼운 바퀴로 달려 파도 위를 미끄러졌다.

보다는 오히려 바람을 다스리는 아이올로스가 영역을 침범한 것 때문이라고 하겠다.

135행 뉘를 내…… : 불완전한 형태로 문장이 마무리되고 있다. 넵투누스는 화가 치밀어 말을 잇지 못한 것이다. 곧이어 그는 말을 삼키고 차분한 어조로 조용히 물러나면 죄를 묻지 않겠다고 바람들에게 알린다.

마치 인민이 크게 일떠설 때 흔히 그러하듯
민란이 나면 이름 없는 백성이 분노로 들끓고
해와 돌이 날아들고 광기가 무기를 주무른다.   150
그때여 충직하고 듬직하고 무던한 한 사내가
그들 앞에 나서면 그들은 조용히 귀 기울인다.
사내는 말로써 그들 마음을 다스려 타이른다.
꼭 그처럼 바다의 온갖 소요가 잦아드니, 이를
그 아비가 멀리 바라보고 트인 하늘을 내달려   155
순순한 마차에 말을 매어 고삐를 메겼음이라.

   고단한 에네앗 일행은 항로 제일 가까운 뭍에
닿고자 하여 방향을 트니, 리뷔아 해안이었다.
땅이 움푹 파고 들어간 곳을 섬이 막아 항구를
팔로 안아 만드니, 그로 먼바다에서 온 파도가   160
모두 막혀 싸안은 품으로 수그리고 들어온다.
이쪽에서 저쪽까지 길게 벼랑이 섰고, 쌍둥이

147행 이하 : 『일리아스』 제13권 23행 이하에서 포세이돈이 마차를 매고 바다를 질주하는 장면과 비교할 만하다. 〈그곳으로 가서 그는 황금 갈기가 흘러내리는 청동 발굽의 준마 두 필을 수레에 맸다. 그리고 그 자신은 황금을 몸에 두른 다음 훌륭하게 만든 황금 채찍을 손에 쥐고 수레에 올라 파도 위로 몰고 나갔다. (……) 그리하여 그들이 나는 듯이 달려가니 아래쪽의 청동 굴대는 물에 젖지 않았고 말들은 발걸음도 가벼이 아카이아인들의 함선을 향하여 그를 싣고 갔다.〉(Williams)

148~153행 : 148행 〈마치 (……) 그러하듯〉에서 비유가 시작되고, 154행 〈꼭 그처럼〉 직전에서 비유가 끝난다. 『일리아스』 제2권 144행 이하에서 회의장에서 군사들이 원로 회의의 결정에 동요하는 모습을 폭풍 치는 바다에 비유하였는바, 베르길리우스는 이와 정반대로 바다의 폭풍을 정치적 소요 사태에 비유하고 있다.

바위산이 하늘을 찌르고, 우뚝 산 아래로 넓게
고요한 바다가 펼쳐진다. 눈부신 숲의 무대가
165 아래로 뻗어, 두렵게 그늘진 흑림이 다가선다.
눈앞 맞은편 벼랑바위에는 움파리가 걸렸다.
그 안에는 신선한 샘물, 살아 있는 바위 의자가,
요정들의 집이 있었다. 여기 닿은 지친 배들은
맬 밧줄, 깨물 닻가지 없이도 움직이지 않았다.
170 이곳으로 에네앗은 일행들 중 일곱 척의 배를
수습하여 닿았다. 뭍을 향한 큰 열망으로 내려
트로야인들은 그립던 모래밭을 실컷 누렸다.
짠물에 절어 녹아난 육신을 바닷가에 눕혔다.
먼저 아카텟은 부싯돌을 쳐서 불씨를 받았고
175 낙엽으로 불꾸러미를 짓고 주변에 바싹 마른
불쏘시개를 먹여 땔나무가지에 불을 지폈다.
이어 짠물에 망한 케레스와 케레스의 연장을
꺼내 와 풍파에 지친 그들은 건져 올린 곡식을
구웠다가 갈판에 갈고 빻아 음식을 마련했다.
180 　에네앗은 그 틈에 벼랑바위에 올라, 사방팔방
멀리 바다를 살펴 가며, 안테웃의 무언가가

167행 살아 있는 바위 의자가 : 사람 손에 의해 만들어진 것이 아니라 자연적으로 의자 모양으로 만들어진 바위를 말한다(Conington).
179행 : 폭풍에서 간신히 살아난 선원들은 불을 지피고, 식사를 준비한다. 여기서 〈케레스〉는 여신의 이름이면서 동시에 여신이 마련해 준 곡물을 의미하기도 한다. 곡물을 불에 굽는 것은 곡물이 잘 갈리도록 만들기 위한 조치다.

바다에 떠오지 않을까, 프뤼갸의 이단 노선을,
카퓌스를, 이물에 단 케쿠스의 방패를 찾았다.
눈에 닿는 배는 없고, 바닷가에 사슴 세 마리가
노니는 걸 보았다. 이들을 큰 무리가 쫓아오며 185
뒤따라 길게 계곡에 늘어서 풀을 뜯고 있었다.
여기에 멈춰 서 손에 활과 빨리 내달리는 화살,
듬직한 아카텟이 들고 다니던 무기를 잡았다.
머리를 높게 쳐들고 섰던 우두머리들이 먼저
가지 많은 뿔로 쓰러졌다. 그러자 무리가 온통 190
우거진 숲 속으로 화살에 몰려 뿔뿔 흩어졌다.
정복자는 몸집 거대한 일곱을 땅바닥에 눕혀
배 일곱 척과 머릿수를 맞추고 이내 멈추었다.
배로 돌아와 전우들 모두에게 이를 나누었다.
영웅 아켓텟이 술동이에 가득 포도주를 담아 195
삼각섬을 떠나는 그들에게 기꺼이 주었더니
이도 나누었고, 말로 울적한 마음을 달랬다.
　「전우들아, 먼저 겪은 고생이 채 아니 잊혔으니

　195행 영웅 : 〈삼각섬〉은 시킬리아 섬의 모양으로 인해 붙은 별칭이다. 여기에서는 〈영웅〉이 시킬리아의 왕 아케스테스를 지시하는 것으로 해석했다. 경우에 따라서는 포도주와 사냥한 사슴을 나누어 주는 아이네아스를 가리키는 것으로 볼 수도 있다.
　198~207행 : 여기서 아이네아스가 하는 말은 『오뒷세이아』 제12권 208행 이하에서 오뒷세우스가 전우들에게 하는 말과 흡사하다. 〈친구들이여, 우리는 재앙에 관한 한 결코 무식한 편이 아니오. 정말이지 이번 재앙은 퀴클롭스가 강력한 힘으로 우리를 그의 속이 빈 동굴에 가두었을 때보다 더 크지는 않소이다. 그곳에서도 우리는 내 용기와 내 조언과 내 지혜에 의하여 벗어났거

더한 일도 겪었거늘, 신은 이에도 끝을 두리라.
200 너희는 스퀼라가 미친 듯 짖어 대던 깊숙이 팬
바위굴을 지났고, 너희는 퀴클롭의 돌 세례도
겪었다. 용기를 가져라. 슬픔을 가져올 불안은
놓아 버려라. 이 또한 훗날 즐겁게 추억하리라.
수많은 고난을 지나, 많은 역경과 시련을 뚫고
205 라티움을 찾노라니, 운명은 게 조용한 거처를
주리라. 게서 트로야 왕국을 재건해도 좋겠다.
견디어라. 좋은 날을 위해 스스로를 돌보아라.」
   이렇게 입으론 말하지만, 큰 걱정에 시름했다.
희망을 낯에 걷꾸며 마음속 고통을 감추었다.
210 그들은 포획물과 차차 있을 잔치에 매달렸다.
가슴팍에 가죽이 벗겨지고 내장이 드러났다.
일부는 찰진 살코길 썰어 꼬챙이에 꿰었다.
바닷가에 쇠솥을 걸고 일부는 불을 다스렸다.

늘, 생각건대 이번 일도 우리에게는 언젠가는 추억이 될 것이오.〉(Williams)
   205행 라티움 : 아이네아스가 〈라티움〉이라는 지명을 벌써 알고 있다는 점은 매우 납득하기 어렵다. 이하 제1권 554행 일리오네우스와 제4권 432행 디도가 〈라티움〉을 언급한다. 하지만 제2권과 제3권을 통틀어 아이네아스가 〈라티움〉에 관해서 들은 사실이 없으며, 따라서 일리오네우스와 디도가 이것을 알고 있다는 것은 아이네아스가 알고 있다는 것만큼 설명하기 쉽지 않다.
   212행 찰진 : 이와 같이 번역한 〈*trementia*〉를 고대 주석가(Servius)는 갓 잡은 짐승의 살코기가 아직 살아 움직이는 모습을 꾸미고 있다고 여겼다. 하지만 썰어 놓은 상태라는 점 때문에 쉽게 납득하기 어렵다. 적어도 살코기가 아직 신선한 상태를 가리킨다고 볼 수 있다.
   213행 쇠솥을 걸고 : 쇠솥에 물을 끓이는 장면이 살코기를 삶기 위한 것으끼니를 챙겨 기운을 차리고 풀섶에 누웠다.
묵은 바쿠스와 걸진 고기로 배가 가득했다. 215
허기가 푸짐한 잔치에 가시니, 식사를 물리고
잃어버린 전우들의 안부를 한참 묻고 물었다.
희망 사이 낙담이 오락가락, 살아 있다 믿기도
최후를 맞아 불러도 못 듣는다 말하기도 했다.
충직한 에네앗은 누구보다 사나운 오론텟의, 220
아뮈쿳의 불행을 맘속으로 슬퍼했다. 잔혹한
뤼쿳의 운명, 용감한 귀앗과 용맹한 클론툿을.

 하루가 저물었다. 유피테르가 하늘 꼭두에서
바람에 나부끼는 바다와 납작 엎드린 땅들과
해안과 널리 사는 백성을 보다, 높다란 궁창에 225
가만히 서서 뤼비아 왕국에 시선을 멈추었다.
그러자 그런 큰 근심으로 가슴을 치는 그에게
그보다 슬퍼하며 글썽인 눈물로 빛나는 눈의
베누스가 말했다. 「신들과 인간들의 세상사를

로 이해한다면, 이는 시대착오적이다. 호메로스가 노래한 서사시에는 고기를 불에 익혀 먹는 장면만이 등장한다. 식사 직전 목욕을 위해 물을 준비하는 장면으로 해석할 수 있다(Conington).

214행 이하 : 『오뒷세이아』 제12권 308행 이하. 〈이윽고 먹고 마시는 욕망이 충족되었을 때 그들은 스퀼라가 속이 빈 배에서 잡아가 먹어 치운 사랑하는 전우들을 생각하며 울었고 울고 있는 그들에게 마침내 달콤한 잠이 찾아왔소.〉

221행 맘속으로 슬퍼했다 : 208~209행에서 아이네아스는 희망을 거짓으로 꾸미고 있다. 여기서도 자신의 고통스러운 슬픔을 밖으로 드러내고 있지 않다. 〈secum〉은 〈자기 혼자서〉라고 번역할 수 있으며, 〈슬퍼했다gemit〉와 연결된다.

230 영원히 다스리며, 번개로 위협하시는 분이여!
뭣을 크게 제 에네앗이 아버지께 잘못했기에,
뭣에 그 많은 목숨을 앗고도 트로야인들에게
이탈랴를 막아 온 세상이 길을 열지 않는지요?
장차 세월이 흘러 분명 이로부터 로마인들이,
235 테우켈 혈통이 부활해 이로부터 지배자들이,
온 바다 온 땅 모두를 다스릴 이들이 나오리라
약속하시더니, 아버지, 어이 뜻을 바꾸셨나요?
이후 기필코 트로야의 몰락과 처참한 패망의
운명을 되갚을 운명을 보태리라 위안했지요.
240 그런데 여전히 같은 신세가 죽음으로 그들을
뒤쫓으니, 왕이여, 언제 고난을 거두시렵니까?
안테놀은 아카야의 본진을 뚫고 벗어 나와

229행 베누스가 말했다: 『일리아스』 제1권 503행 이하 테티스가 제우스에게 간청하는 장면. 〈아버지 제우스여, 내 일찍이 여러 신들 중에서 말이나 행동으로 그대를 도운 적이 있다면, 내 소원을 이루어 주시어 내 아들의 명예를 높여 주소서.〉 『오뒷세이아』 제5권 아테네 여신이 제우스에게 청하는 장면. 〈아버지 제우스여 (……) 신과 같은 오뒷세우스는 그들에게 온화한 아버지였건마는 그가 통치하던 백성들 중에 그를 기억하는 사람은 아무도 없으니 말예요. 그는 심하게 고통받으며…….〉

236행 온 땅 모두를 다스릴: 〈terras omnis dicione〉로 읽었다. 〈terras omni dicione〉라고 읽는 사본도 있으며 이 경우 〈땅을 온갖 힘으로〉라고 번역할 수 있다. 여기서 〈온갖 힘〉이란 세르비우스의 주석에 따르면 〈평화와 법률과 전쟁〉을 의미한다.

239행 보태리라: 〈rependens〉의 번역으로 일반적으로 〈보상하다〉의 뜻이다. 어원적으로 보면 천칭의 한쪽이 기울 때 그 반대쪽에 무게를 얹어 균형을 맞추는 것을 의미한다. 트로이아의 유민들이 앞서 당한 운명을 보상받을 만한 정반대의 운명(234~236행)을 누리길 여신은 바라고 있다.

제1권 **25**

일뤼쿰 만을 지나, 무사히 깊숙이 자리한 왕국
리부르냐와 티마부스 용천을 정복하였지요.
거기 샘의 아홉 개 입에서 크게 산을 울리며   245
소리쳐 바닷물이 솟아 나와 시달리는 대지.
그러나 거기 그는 테우켈 족의 거처 파두아를
세워 제 이름을 붙였으며 트로야의 무기를
내다 걸고 지금은 평화 가운데 쉬고 있지요.
저희는 한데, 하늘의 거처를 허락받은 자손은   250
끔찍하여라, 배들은 떠밀려 어느 분의 분노에
속임받아 이탈랴에서 아득히 떠밀려 왔으니
이게 충직의 대가며, 저희 왕권의 부활입니까?」
  딸에게 신들과 인간들의 아버지는 미소 짓고

242행 안테놀 : 안테노르의 이야기는 리비우스의 『로마사』 1, 1에 전한다. 그는 헤네티Heneti 사람들을 이끌고 트로이아에서 아드리아 해를 거슬러 이탈리아에 정착하였다고 한다. 학자들은 〈Heneti〉라는 이름에서 〈베네치아 사람들Veneti〉이라는 이름이 생겼다고 해석하기도 한다(Conington).

244행 티마부스 용천 : 티마부스 강은 땅 밑으로 흐르던 강물이 바닷가에서 지표로 샘물처럼 솟아나는 강이다. 여기서 〈아홉 개 입〉은 솟아오르는 용천의 숫자와 관련되어 있지만 정확한 숫자는 아니며 다만 강물의 많음을 나타낸다. 그래서 샘솟는 물의 양 때문에 〈산을 울린다〉 또는 〈몰려 나온다〉고 하였으며, 급류가 되어 흐르기 때문에 〈시달리는 대지〉라고 묘사되어 있다.

246행 : 바닷물이 역류한다고 해석할 수도 있지만, 티마부스 강이 바닷가에 인접하여 흐르기 때문에 바다와 강을 크게 구분하지 않고 티마부스 강 인접 지역의 관례를 따라 〈바닷물〉이라 표현한 것이라고 볼 수도 있다(Conington).

247행 그러나 : 앞서 묘사된 티마부스 강이 흐르는 지역을 베누스 여신은 거주하기에 매우 위험한 지역으로 생각하고 있는 것으로 보인다. 이런 위험에도 불구하고 안테노르 일행은 그곳에 정착하였으며, 평화롭게 살고 있다. 신전의 벽에 〈무기를 내다 거는〉 것은 평화를 상징한다.

255 폭풍 치던 하늘을 고요히 가라앉히던 얼굴로
 딸의 입술에 입 맞추며, 뒤미처 이렇게 말했다.
 「걱정 마라. 퀴테레, 네 자손의 운명은 여전히
 그대로니, 약속했던 도시와 라비늄의 성벽을
 네가 보리라. 하늘 별자리에 용맹한 에네앗을
260 네가 높이 세우리라. 내 뜻은 바뀌지 않았노라.
 네 아이는 — 근심이 네 속을 끓이니 말해 주련다.
 운명의 서책을 펼쳐 더 멀리까지 열어 보겠다 —
 이탈랴에서 큰 전쟁을 치르고 거친 족속들을
 제압하고 백성에게 도리와 도시를 세우리라.
266 루틸리의 정복으로 겨울 숙영이 세 번 지나면
265 셋째 여름이 라티움을 다스리는 그를 보리라.
 또 율루스가 이제 아스칸으로 이름 불리는데
 ─ 율루스는 일리온이 건재할 적 이름이더라 ─
 그는 달이 서른 번의 커다란 운행을 마치도록
270 왕권을 행사하리니, 터전을 라비늄에서 옮겨
 알바롱가에 강력한 힘으로 강국을 세우리라.
 여기서 이제 삼백 년을 채워 헥토르의 혈통이

264행 이하 : 로마 건국 신화에 따르면, 아이네아스는 이탈리아에 도착하여 3년 동안 전쟁을 치르며, 이후 아이네아스의 아들은 30년 동안 라비늄을 이어 다스리다 근거지를 알바롱가로 옮기는데, 이후 알바롱가는 3백 년 동안 이어진다(Conington). 여기서 유피테르는 아이네아스에게 주어진 사명을 두 가지 측면에서 언급하고 있는바 〈정복〉과 〈건설〉이다(Williams).

266행 겨울 숙영 : 베르길리우스는 아이네아스가 처음 이탈리아에 도착하여 세운 근거지를 마치 군대가 전쟁에 참여하여 전장에 임시로 마련하는 군영처럼 묘사하고 있다.

통치한 맡에 이내 신을 모시는 왕녀 일리아가
마르스에게 잉태하여 쌍둥이를 출산하리라.
이어 키워 준 늑대의 누런 털가죽을 좋아하는   275
로물룻은 무리를 모아 마르스 성벽을 세우니
이들을 불러 로마인이라 제 이름을 붙이리라.
이들에게 나는 영토와 세월의 끝을 두지 않고
무궁 광활한 제국을 허락했다. 사납던 유노도
바다며 땅을, 하늘을 지금은 온통 두렵게 하나   280
생각을 좋게 바꾸어, 나와 더불어 로마인들을,
토가 입는 종족을, 만유의 주인을 지지하리라.
이것이 내 뜻이다. 세월이 흘러 그때가 오리라.
앗살쿳 가문이 프티에와 이름 높은 뮈케네를
복속시키고, 패퇴한 아르곳을 통치할 그때가.   285
영웅 율루스를 이은 이름, 율리우스 가계에서   288
귀한 혈통의 트로야 사람 카이사르가 태어나   286
권세를 오케아눗에, 명성을 하늘에 떨치리라.   287
너는 장차 동방의 보화를 거머쥔 그를 하늘에
편히 맞으리니, 그도 백성의 치성을 받으리라.   290
이후 전쟁은 끝나고 사납던 시절은 수굿하니,

284~285행 : 앗사르쿠스는 앙키세스를 거쳐 아이네아스로 이어지는 트로이아 혈통의 먼 조상이다. 프티에는 트로이아의 영웅 아킬레우스의 고향이며, 뮈케네는 아가멤논이 다스린 왕국이며, 아르고스는 디오메데스의 땅이다.

290행 : 가이우스 율리우스 카이사르의 양자였던 아우구스투스 또한 율리우스 카이사르라는 이름을 물려받았다. 그는 알렉산드리아 등 동방을 평정하였다. 여기서 〈백성의 치성〉을 받는 것은 아우구스투스가 아이네아스와 마찬가지로 사후에 신격을 부여받았기 때문이다.

　　　　옛 신의와 베스타, 형제 레무스와 퀴리누스는
　　　　국법을 세우리라. 강철 단단한 빗장은 끔찍한
　　　　전쟁의 문을 잠그니, 문 안 패륜의 광기는
295　　제 사나운 군장에 걸터앉아 수백 청동 사슬에
　　　　손은 뒤로 결박되고 피 묻은 입은 신음하리라.」
　　　　　이와 같이 말하고, 마야의 아들을 내려보냈다.
　　　　막 닦은 칼타고의 강역이 테우켈의 자손을
　　　　환대토록, 제 운명을 모르는 디도가 제 땅에서
300　　내치지 않도록 했다. 전령은 넓은 창공을 날아
　　　　날개로 노를 저어 리뷔아 해안에 곧 도착했다.
　　　　이어 명을 수행하매, 모진 마음의 페니캬는
　　　　신의 뜻을 받들었다. 누구보다 여왕은 차분한
　　　　마음과 친절한 태도로 테우켈족을 맞았다.
305　　　한편 밤새 온갖 생각을 하던 충직한 에네앗은
　　　　세상을 키워 낸 햇살이 퍼지자마자 나서, 낯선
　　　　땅을 살펴 어느 바닷가로 바람에 밀려왔는지,
　　　　(미개로 보였다) 움튼 것이 사람인지 짐승인지
　　　　정탐하여 전우들에게 이를 전하기로 정했다.
310　　그는 선단을 속이 빈 절벽 아래 후미진 곳에,

292행 : ⟨신의의 신⟩과 ⟨베스타 여신⟩ 그리고 ⟨로물루스=퀴리누스⟩와 ⟨레무스⟩ 등 네 명의 신격이 언급되었다. 리비우스의 기록에 따르면 누마 왕이 ⟨신의의 신⟩에 대한 숭배를 제정하였다고 한다. 여기서 로물루스와 레무스는 내전에서 싸움을 벌인 양편을 상징한다.

294행 패륜의 광기 : 형제들의 반목과 살인 또한 혈족에 대한 의무를 표현하는 ⟨*pietas*⟩에 위배되는 행위다. 로마의 내전은 종종 형제들의 갈등으로 묘사된다.

나무들이 섬뜩한 흑림으로 밖을 막아선 곳에
숨겼다. 아카텟 하나만을 동행하여 출발하매
넓은 쇳날을 붙인 창대 둘이 손에서 떨었다.
그의 어미가 깊은 숲 속에서 그에게 나타났다.
스파르타 여자와 같은 행색을 차리고, 스파르타의   315
무기를 들고, 혹 말들을 혹사시키는 트라캬의
하팔케가 달음질치는 헤브룻 강을 앞서 달릴
때처럼, 어깨에는 예의 가뿐한 활을 걸머졌고
무릎이 뵈도록 흐르는 옷자락을 매듭져 묶고,   320
머리채는 바람에 마구 흩트린 여자 사냥꾼이   319
먼저 말했다. 「젊은 분들, 말하시오. 내 언니들
누군가가 혹 여길 오고 가는 걸 보지 못하셨소?
화살통을 메고 살쾡이 얼룩 가죽을 걸쳤으며

313행 창대 둘이 손에서 떨었다 : 호메로스에서 흔히 영웅들이 창 두 개를 한 짝으로 가지고 다닌다. 〈떨었다〉는 원문대로라면 〈(창 둘을) 휘둘렀다〉라고 옮겨야 했다. 하지만 본문의 〈휘두르다〉는 문맥에 비해 매우 강한 표현이다(Conington). 걸어가는 동작 중에 손에 쥔 창들을 〈흔든〉 것으로 해석할 여지도 있지만, 강하게 움켜쥔 손에서 창이 순간 〈진동하며 움직인〉 것으로 해석할 수도 있다. 아마도 베르길리우스는 이런 비유를 통해 길을 떠나는 두 사람이 단단한 각오로 마음을 다잡은 한편 여전히 불안감을 갖고 있었음을 보여 주려 하였는지도 모른다. 이 구절은 제12권 165행에 반복된다.

314행 이하 : 『오뒷세이아』 제7권 18행 이하. 〈그러나 그가 그 사랑스런 도시에 막 들어서려고 했을 때 빛나는 눈의 여신을 물동이를 든 어린 소녀의 모습을 하고 그에게 다가갔다. 여신이 그의 앞에 멈춰 서자 고귀한 오뒷세우스가 물었다······〉(Williams)

323행 살쾡이 얼룩 가죽 : 사본에 따라서는 〈가죽을 *tegmina*〉이 나타나는데, 여기에서는 〈가죽으로 *tegmine*〉로 읽었다. 〈가죽을〉로 읽을 경우 〈쫓다〉에 연결시킬 수밖에 없으며, 〈얼룩 가죽 살쾡이 혹은 멧돼지를 쫓다〉라고 보게거품을 부걱대는 멧돼지를 소리쳐 쫓았소.」

325 이렇게 베누스가 말하자, 아들이 곧 대꾸했다.
「그대 언니들이라니, 글쎄 난 듣도 보도 못했소.
한데 그댈 어찌 부르리까? 처녀! 그대 생김새는
인간이 아니며 목소리는 더욱. 처녀 신이시여!
포이붓의 누이든 요정들과 한 핏줄이시든
330 뉘시든, 복을 베풀어 저희 고생을 덜어 주시되
어느 하늘 아래로, 세상 어느 바닷가로 저희가
떠밀렸는지 가르치시길. 어느 땅인지 모른 채
어마한 풍랑에 맞닥쳐 이리로 흘러왔습니다.
큰 제물을 그대 제단에 정성껏 바칠 것입니다.」

335 그때 베누스가, 「그런 명예는 내게 가당치 않소.

아야 한다.

324행 쫓았소 : 〈오고 가다〉 혹은 〈헤매고 돌아다니다〉라고 했다가, 〈쫓았소〉라고 고쳐 말한 것은 서로 모순되는 것처럼 보인다.

326행 이하 : 『오뒷세이아』 제6권 149행 이하에서 오뒷세우스가 나우시카 공주를 만나 그녀를 아르테미스에 비교하고 있다. 〈내 그대에게 간절히 애원합니다. 여왕이여! 그대는 여신이오, 여인이오? 그대가 넓은 하늘에 사시는 여신들 가운데 한 분이라면 나는 그대를 생김새와 키와 몸매에 있어 누구보다도 위대한 제우스의 딸 아르테미스에 견주고 싶군요.〉 여기서 아이네아스는 베누스 여신을 디아나 혹은 디아나 여신의 시종의 하나로 칭송하고 있다(Williams).

327행 처녀 : 〈어찌 부르리까? 처녀?〉라고 볼 수도 있다. 〈처녀 virgo〉라는 단어는 여신에게도 적용되는 단어이므로, 뒤에 놓인 〈여신 dea〉와 조응하고 있는 것으로 보아야 한다(Conington). 〈그대 생김새는 인간이 아니며 목소리는 더욱〉이라는 아이네아스의 말은 〈여신〉이라고 고쳐 부른 근거를 언급한 것이다. 흔히 〈virgo dea〉는 디아나 여신을 가리키는 말이다.

330행 뉘시든 : 종교적 공식 어구다. 제4권 577행, 제9권 22행과 비교하라(Williams).

튀리아 여인들은 화살통을 걸치고 장딴지를
가릴 만큼 높은 자줏빛 장화를 신고 다닌다오.
전장을 휘젓는 뤼비아의 판도 한복판에 세운   339
아게놀과 튀리아 도시, 페니캬 왕국을 보시오.   338
옛 튀리아를 떠나 디도 여왕은 왕국을 여기에   340
오라비에게 도망쳐 세웠소. 그 서러운 사연은
길고도 복잡하나, 내 골자만을 짚어 드리겠소.
여왕의 남편 쉬케웃은 페니캬인들 중 땅으로
큰 부자였고, 불행한 여왕은 크게 사랑했었소.
아비는 신명께 축수하고 초혼의 딸과 가약을   345
맺어 주었소. 튀리아는 그 오라비가 차지했소.
픽말룐은 누구도 못 당해 낼 그악한 범죄자요.
그들 사이에 서로 불화가 생겨나자, 오라비는

342행 내 골자만을 짚어 드리겠소: 『오뒷세이아』 제7권 53행 이하에서 아테네 여신은 오뒷세우스에게 아레테라는 여인에 관해 길게 설명해 주고 있다.

343행 땅으로 : 〈땅으로 agri〉는 전승 사본에 등장하는 단어이나, 일부 학자들은 〈황금으로 auri〉로 고쳐야 한다는 제안을 내놓았다. 페니키아 사람들은 대대로 농업이 아닌 상업으로 부를 축적한 민족이기 때문이라는 것이다. 하지만 〈땅으로 부유하다 agri ditissimus〉라는 표현이 제10권 563행과 제7권 537행에도 등장하는 것으로 보아, 일종의 숙어가 아닌가 싶다. 또한 땅을 언급한 것은 농업을 중시한 로마 전통을 따른 베르길리우스의 관점을 반영한 것일 수 있다(Conington).

344행 불행한 : 장차 오빠 퓌그말리온으로 인해 남편과 사별하는 불행을 겪는 디도의 운명을 미리 표현하고 있다. 〈불행〉을 의미하는 〈infelix〉는 제1권 749행부터 마치 디도에게 별명처럼 붙어 다니는 단어인바, 제4권에 노래될 디도의 불행을 선취하고 있다고 볼 수 있다.

348행 그들 사이에 : 디도 여왕의 남편 쉬카이우스와 오라비 퓌그말리온 사이에서 불화와 갈등의 원인으로 작용한 것은 349행에 언급된 〈황금〉이라

　　　　남편을 불경하게도 신전에서 황금에 눈멀어
350　　방심한 틈에 칼로 제압했소. 누이의 사랑 따윈
　　　　아랑곳없이. 만행을 내내 숨기며 사랑에 앓는
　　　　누이를 숱한 거짓 희망으로 못되게 조롱했소.
　　　　그런데 꿈에 흙에 묻히지 못한 남편의 환영이
　　　　놀랍도록 창백한 얼굴을 곧추들고 찾아왔소.
355　　선혈이 낭자한 제단과 칼날에 깊이 팬 가슴을
　　　　보여 주며 집안의 감춰진 만행을 모두 밝혔소.
　　　　그러곤 피할 것을 재촉하며 조국을 떠날 것을
　　　　설득하여 피신을 도울 오랜 재물을 땅속에서
　　　　파주었소. 누구도 모르던 금은보화를 말이오.
360　　이에 흔들린 디도는 피신의 조력자를 모았소.
　　　　폭군에게 끔찍한 증오 혹은 지독한 두려움을
　　　　가진 자들이 모였소. 마침 출항하려는 배들을
　　　　붙잡아 황금을 실었소. 탐욕스러운 픽말론의
　　　　보화가 물을 건너니, 여인이 일에 앞장섰소.
366　　새로운 칼타고의 큰 성벽과 도시가 솟는 곳,
365　　그대가 지금 보고 있는 곳에 그들은 도착했소.
368　　이어 황소 가죽 한 장으로 두를 수 있을 만큼의
367　　토지를, 황소꺼풀이라 불릴 영토를 사들였소.
　　　　그런데 그대들은 뉘신지? 어디에서 예 오셨소?

고 추측해 볼 수 있다.

367행 황소꺼풀: 페니키아어로 〈도시〉를 가리키는 〈*Byrsa*〉를 황소 가죽을 뜻하는 희랍어 〈βύρσα〉로 잘못 이해함으로써 생겨난 오해다. 하지만 베르길리우스는 이런 오해에서 비롯된 전설을 그대로 받아들이고 있다.

어디로 여행 중이시오?」 이렇게 묻는 여신에게 370
그는 신음하며 흉중에 담긴 소리를 토하여
　「여신이여, 모든 일의 시작으로 거슬러 올라가
저희 고난의 긴 역사를 한가히 들으신다면
그 전에 올륌폿이 닫혀 저녁 별이 찾아오리다.
저희 옛 트로야인들을, 트로야의 이름을 들어 375
보셨는지 모르나, 온 세상 바다로 끌고 다니다
폭풍이 제멋대로 리뷔아에 동댕이쳤습니다.
저는 충직한 에네앗으로 적에게 신주를 찾아
배로 모셔 가니, 제 명성은 하늘에 닿았습니다.
조국 이탈랴를 찾아갑니다. 380
여신인 모친이 일러 준 길을 따라 운명을 좇아 382
스무 척 선단으로 프뤼갸 바다를 올랐습니다. 381

378~379행 : 『오뒷세이아』 제9권 19행 이하. 〈나는 라에테르스의 아들 오뒷세우스 올시다. 나는 온갖 책략들로 사람들에게 존경받고 있고 내 명성은 하늘에 닿았소이다.〉

380행 : 여기에서는 편집자(Conte)의 의도에 따라 380b행 〈유피테르 자손 *et genus ab Iove summo*〉을 후대 삽입으로 간주하여 생략했다. 380행의 전승은 셋으로 갈라진다. 우선 〈*italiam quaero patriam; genus ab Iove summo*〉에 따르면 〈나는 지극히 높은 유피테르의 자손을 찾고 있습니다〉로, 380b행은 자기소개다. 아이네아스가 베누스의 아들이고 베누스는 유피테르의 딸이므로 이는 타당하다. 반면 〈*italiam quaero patriam et genus ab Iove summo*〉에 따르면 〈나는 조국 이탈랴와 유피테르의 자손을 찾고 있습니다〉로, 380b행은 찾고 있는 대상을 의미한다. 이 경우 〈유피테르의 자손〉은 다르나누스라는 트로이아를 세운 왕을 가리킨다. 『아이네이스』 제7권 195~242행에 따르면 다르나누스는 이탈리아에서 태어났다고 한다. 마지막으로 〈나는 이탈랴와 조국과 유피테르의 자손을 찾고 있습니다 *Italiam quaero et patriam et genus ab Iove summo*〉로 읽어 목적어를 세 개로 만들 수 있다.

파도와 동풍에 겨우 일곱 척의 함선만 남았고
낯선 리뷔아 사막을 처량하게 떠돌고 있나니,
385 유로파와 아시아 멀리……」하염없이 탄식할 그를
보다 못해 베누스는 슬픔 가운데 말을 잘랐다.
「그대가 뉘든, 하늘 뜻의 미움을 샀다면 기필코
생명을 숨 쉬며 튀리아 도시에 오지 못했을 것.
이제 나아가, 여왕의 문턱으로 발을 옮기시오.
392 내 부모가 헛되이 조짐을 가르치지 않았다면,
390 그대에게 전우들과 선단이 되돌아왔노라 내
391 이르되, 북풍이 가시자 게서 안식처를 찾았소.
한 무리로 즐거워하는 열두 백조들을 보시오.
유피테르의 새가 창공에서 내리 덮쳐 하늘에

381행 올랐습니다 : 〈conscendi〉의 번역어다. 배가 항구를 떠나 프뤼기아의 바다를 나아가 항해를 시작하는 장면을 〈(배에) 올라타다〉라는 동사로 묘사하고 있다. 〈배가 파도를 타다〉라고 말할 수 있는 것처럼 자연스러운 표현으로 볼 수도 있고, 다른 한편 〈배가 출항하다〉를 나타내는 전문적인 용어로 사용된 것일 수도 있다(Conington).

393~400행 : 스무 척의 배로 트로이아를 출발한 아이네아스 일행은 도중에 배 한 척을 잃고 열아홉 척으로 이탈리아를 향하고 있었다. 폭풍을 만나 선단이 둘로 갈라졌다. 앞서 말한 것처럼 일곱 척은 아이네아스와 함께 어딘지 모를 해안에 무사히 닿았고, 열두 척은 실종되었다. 베누스 여신의 말에 따르면 열두 마리 백조는 아이네아스가 잃어버린 열두 척의 배를 상징한다. 유피테르의 새는 독수리를 의미하는데, 독수리가 높은 하늘로부터 백조들에게 덮쳐 〈열린 하늘〉에서 백조들을 흩어 놓은 것처럼, 아이네아스의 일행도 〈열린 바다〉에서 하늘로부터 덮친 폭풍들에 의해 둘로 갈라졌다. 그런데 여신은 백조들의 모습을 볼 때, 열두 척의 배가 디도 여왕의 땅에서 안식처를 찾았고 무사하다는 것에 기뻐하며 즐거워하고 있을 것이라고 말해 주고 있다. 여신 베누스는 지금 아이네아스에게 여왕 디도가 그들을 기꺼이 받아 주었음을 말해 주면서 여왕을 찾아가 보도록 일러 주고 있다.

흩었으나, 다시 길게 한 줄로 대지에 내려앉고,   395
벌써 앉은 대지를 일부 내려다보고 있지요.
날개를 퍼덕이며 되찾은 동무들과 희롱하고
무리 지어 하늘을 맴돌며 울음을 우는 것처럼,
꼭 그처럼 그대의 선단과 그대의 젊은이들이
항구를 찾았고 혹 돛 바람 가득 항구로 향하오.   400
이제 나아가, 길 닿는 데로 발걸음을 놓으시오.」
　말하고 돌아서니 장밋빛 뒷덜미는 해사하고
어여쁜 머리채는 정수리에서 영묘한 향기를
흩뿌렸다. 옷자락은 발아래까지 흘러내렸다.
걸음 맵시는 영락없이 여신이라. 그는 어미를   405
알아보고 멀리 가는 어미를 목소리로 쫓았다.
「잔인한 이여, 어이 매번 아들을 거짓 모습으로
놀리십니까? 어이하여 손으로 손을 맞잡도록,
제 목소리를 주고받도록 허락지 않으십니까?」
그는 그렇게 원망하고 걸음을 도시로 옮겼다.   410
베누스는 걷는 그들을 어두운 안개로 에웠고,

404행 : 앞서 320행에서 여신 베누스는 사냥꾼처럼 옷을 짧게 동여매고 있었는데, 여기서 갑자기 옷차림이 바뀌었다. 옷자락을 늘어뜨리는 것은 여신들의 특징이다. 따라서 402행부터 언급된 것들은 지금 베누스 여신이 자신의 본래 모습으로 돌아왔음을 가리킨다(Conington).

410행 이하 : 『오뒷세이아』 제7권 14행 이하. 〈바로 그때쯤 오뒷세우스가 도시로 가려고 일어서자 오뒷세우스에게 마음속으로 호의를 품고 있는 아테네가 그의 주위에 짙은 안개를 쏟으니 늠름한 파이아케스족 가운데 어느 누구도 그와 마주쳐 말로 그를 조롱하거나 그가 누군지 캐묻지 못하게 하려는 것이었다.〉(Williams)

여신은 두터운 구름 장막을 주위에 둘러쳤다.
누구도 그들을 알아보거나 만나지 못하도록,
찾아온 이유를 캐물어 지체시키지 못하도록.
415 여신은 날아 파푸스로, 원래 자리로 기뻐하며
돌아갔다. 거기에 여신의 사원, 사바의 유향은
일백 제단에 타고, 갓 엮은 화관은 향기롭더라.

한편 그들은 발자취가 남긴 길을 따라 서둘러
이제 산에 오르고 있었다. 웅장한 산은 도시에
420 맞서 맞은편 성채를 위에서 굽어보고 있었다.
에네앗은 규모에 놀랐다. 예전 오두막이던 곳,
성문과 포장도로와 길가의 분주함에 놀랐다.
튀리아인들은 지며리, 일부는 성벽을 올리고
성채를 짓고 석재를 손으로 굴려 가고 있었다.
425 일부는 자리를 골라 집터 주변을 파고 있었다.

415행 : 〈날아〉는 〈*sublimis*〉의 번역이다. 주석가들은 〈*sublimis abit*〉를 〈하늘을 날아 떠났다〉라고 풀이하고 있다. 파푸스는 아프로디테의 사원이 있는, 퀴프로스 섬의 남서쪽에 위치하는 도시다. 〈기뻐하며 *laeta*〉는 아프로디테에게 붙는 판박이 문구다. 따라서 문맥과 상관없이 쓰인 것으로 볼 수 있다.

416행 사바 : 아라비아 서남부 지역으로 지금의 예멘에 해당한다. 금과 향신료로 유명한 지역이다.

421행 예전 오두막이던 곳 : 아이네아스의 생각을 반영한다기보다는 시인 베르길리우스의 생각이 끼어든 것으로 보아야 한다(Conington).

422행 성문과 포장도로와 길가의 분주함에 놀랐다 : 『오뒷세이아』 제7권 43행 이하. 〈그리하여 오뒷세우스는 항구들과 균형 잡힌 배들과 영웅들 자신의 회의장들과 말뚝들을 박아 놓은 길고도 높다란 성벽들을 보고는 감탄을 금치 못했으니, 그것들은 보기에 장관이었다.〉

법과 관리들과 경건한 원로들을 선출하는가,
일부는 부두를 파내고 극장 될 기초를 깊숙이
파내어 터를 마련하고, 일부는 우람한 기둥을
절벽에 깎아 내니, 장차 무대의 높은 장식이라.
마치 초여름 꽃 가득한 들판에 온통 꿀벌들이　　　　　　　　430
태양 아래 분주히 일하면서, 다 자란 꿀벌들을
데려 나온다, 맑게 흐르는 벌꿀을 알뜰히 채워
벌집을 달콤한 수액으로 불린다, 돌아온 벌의
꿀 봇짐을 받아 준다, 전열을 챙겨 날건달 족속
수벌들을 벌통에서 내친다 하여 바쁠 때처럼.　　　　　　　　435
열띤 역사에 백리향 꿀 향기가 천지 가득하다.
「너희 벌써 도시를 일으키는 행복한 이들아!」
에네앗은 말하며 도시 마천루를 쳐다보았다.
(어찌 설명하리오) 안개에 싸여 그는 도심으로
들어 군중에 섞였으나 누구도 보지 못했다.　　　　　　　　　440
　　도심 한가운데 녹음이 짙게 걸친 숲에 닿았다.
풍랑에 시달리던 페니캬는 육지에 닿자마자

426행 법과 관리들과 경건한 원로들을 선출하는가 : 편집자들은 이 행은 앞의 368행 이하로 옮겨야 한다고 여기고 있다. 베누스 여신이 카르타고의 내력을 들려주는 부분으로 말이다. 사실 아이네아스가 도시의 건설 현장을 멀리서 바라보며 기술하고 있는 장면에 어울리지 않기 때문이다. 하지만 재판관, 행정관, 원로원 위원들이 그들의 일을 보는 장소를 언급하는 것으로 해석할 여지도 있다(Conte).

430행 이하 : 『일리아스』 제2권 87행 이하. 〈마치 수많은 벌 떼들이 속이 빈 바위 틈에서 끝없는 행렬을 지어 쉴 새 없이 날아 나와 포도송이처럼 한데 엉켜 가지고 봄꽃 사이를 여기저기 떼 지어 날아다닐 때와 같이……〉(Williams)

그 숲에서 여왕 유노가 그들에게 보여 준 징조,
　　　용맹한 말의 두상을 파냈으니 그들이 전쟁에
445　막강하여 수 세기 생활에 유복할 민족일지라.
　　　여기에 시돈의 디도는 유노의 거대한 신전을
　　　건립하니, 제물 가득한 데 여신상이 들었더라.
　　　신전 층층계마다 청동 문턱이 섰고, 청동 못을
　　　댄 들보가 얹히고 청동 문돌쩌귀는 삐걱인다.
450　이때 숲에서 마주한 뜻밖의 광경에 근심이
　　　사라지고, 이때에 처음으로 에네앗은 감히
　　　평안을 바라며 노고에 뒤따를 행복을 믿었다.
　　　왜냐면 거대한 신전을 찬찬히 살피는 가운데
　　　여왕을 기다리며, 도시가 뭔 운명을 겪었는지
455　서로 솜씨를 겨루는 조각들과 웅장한 역사에
　　　놀라는 중 일리온 전투를 발견했기 때문이다.

444행 용맹한 말의 두상 : 카르타고 사람들이 도착하여 도시 건설을 위해 토목 공사를 하는 와중에 처음에 소의 두상이 땅에서 나오고, 다음으로 말의 두상이 이어 나왔다고 한다. 소의 두상은 굴종의 삶을 상징하며, 말의 두상은 전쟁을 각각 상징하지만, 이 둘을 합하면 풍요와 승전을 의미한다(Conington). 앞서 14행 이하에서 〈물산이 넘치고 전쟁에는 되우 굳센 도시〉라고 한 것과 일맥상통한다.

447행 여신상 : 〈numen divae〉를 직역하면 〈유노 여신의 뜻〉이라는 추상적인 의미이지만, 형용사 〈가득하다〉와 연관하여 무언가 구체적인 사물로 해석해야 한다. 따라서 〈유노 여신의 신상〉으로 보는 것이 옳다(Conington).

454행 여왕을 기다리며 : 직역한 표현인데, 문제는 아이네아스가 도대체 어떻게 디도 여왕이 거기에 나타날 것을 알고 기다리고 있었겠느냐 하는 것이다. 아마도 도심에 원로원 의원들이 도열해 서 있는 등 여왕을 맞을 채비를 하는 것을 아이네아스가 보았을 것이라는 추측이 가능하다(Conington).

제1권　**39**

이미 온 세상에 익히 알려진 전쟁을, 아트렛의
자식들과 프리암, 둘에게 잔혹했던 아킬렛을.
멈춰 눈물지으며 말했다. 「아카텟, 어느 고장,
세상 어느 곳이 여태도 우리 노고를 모르겠나?   460
프리암을 보라! 예서도 명예는 보상을 받는다.
세상의 눈물, 사람 일은 사람 마음을 적시는 법.
안심하라! 우리 명성이 아마 우리를 살리리라!」
 그리 말하고 무심한 그림에 생각을 곱씹으며
한숨지었다. 한없이 흐른 눈물이 볼을 적혔다.   465
그는 펠가마 주위 병사들의 싸움을 보았다.
그래웃이 도망가고 트로야 청년이 뒤쫓고
프뤼갸군(軍)을 투구 쓴 아킬렛이 마차로 내몬다.
그 머지않아 흰 장막을 두른 레수스의 막사를
눈물 가운데 보았다. 선잠에 배신당한 막사를   470
무참한 살육으로 튀데웃의 아들이 도륙한다.
들끓는 기세의 말들은 그의 막사로 끌려가니
트로야 초원과 크산툿 강물을 마시지 못한다.

 462행 세상의 눈물 : ⟨lacrimae rerum⟩에서 ⟨rerum⟩은 앞서 178행 ⟨fessi rerum⟩에서와 같이 ⟨겪은 일⟩을 의미하여 따라서 460행 ⟨우리 노고⟩를 가리킨다. ⟨우리가 겪은 고생을 듣고 세상 사람들이 누구나 동변상련의 마음으로 눈물을 지을 것이다⟩라는 뜻으로 해석할 수 있다. 아마도 신전 벽을 장식한 트로이아 전쟁 장면에 누군가 프리아무스의 일을 애통하게 여겨 눈물짓는 장면이 포함되어 있었을 것이다.
 473행 : 디오메데스가 레수스를 죽이는 장면은 『일리아스』 제10권 469행 이하에 등장한다. ⟨그러나 튀데우스의 아들(인용자: 디오메데스)은 왕에게 다가가서 열세 번째로 그의 달콤한 목숨을 빼앗았다. 그는 숨을 헐떡이고 있

> 다른 곳에 트뢰룻이 무기를 버리고 도망치고
475 아킬렛의 적수가 못 된 가련한 소년이 덤비다
> 떨어져 넘어져 주인 잃은 마차에 매달려 간다.
> 손에 고삐를 쥔 채 그의 목과 머리채가 맨땅에
> 끌려가고, 끌리는 창끝은 흙먼지를 긋고 있다.
> 한쪽에선 공평치 못한 팔라스의 신전을 향해
480 산발한 일리온 여인들이 옷을 제단에 바치고
> 탄원하며 슬퍼하며 손으로 가슴을 내리친다.
> 여신은 외면한 채 땅바닥에 시선을 고정한다.
> 일리온을 세 번 돌아 헥토르를 끌고 다니더니
> 황금 몸값으로 아킬렛은 시신을 팔아넘긴다.
485 마음속 깊은 곳에 차오르는 신음을 뱉어 내며

었는데 그 까닭은 그날 밤 그의 머리맡에 아테네의 계략에 의하여 오이네우스의 손자(인용자: 디오메데스)라는 악몽이 서 있었기 때문이다.〉(Williams) 오뒷세우스와 디오메데스는 돌론이 가르쳐 준 대로 트로이아의 성벽 밖 맨 가장자리에 잠들어 있는 레수스 일행을 죽이고 그가 데리고 온 말을 빼앗아 희랍 진영으로 되돌아간다.

474행 트뢰룻: 『일리아스』(제24권 257행 이하)에서 프리아무스는 자신의 아들들을 언급하는데 이때 트로일로스의 이름이 포함되어 있다. 아킬레우스가 트로일로스를 죽이는 장면은 트로이아 서사시 연작 가운데 하나인 소위 「퀴프리아Kypria」에 들어 있었던 것으로 보인다.

478행 창끝: 앞서 474행 〈무기를 버리고〉라고 하였지만, 여기서 아직 창을 손에 쥐고 있는 것을 볼 때 창을 제외한 여타의 무기, 예를 들어 방패와 갑옷 정도가 아니었을까 싶다.

482행 옷을 제단에 바치고: 베르길리우스는 여기서 『일리아스』 제6권 300행 이하를 흉내 내고 있다. 〈그러자 그들은 모두 통곡하며 두 손을 들어 아테네에게 기도했고, 볼이 예쁜 테아노는 옷을 받아 머릿결이 고운 아테네의 무릎 위에 올려놓고는 위대한 제우스의 딸에게 기도하고 빌었다. (……) 이렇게 그녀는 기도했으나 팔라스 아테네는 들어주지 않았다.〉

빼앗긴 무장과 전차와 지난날 전우의 시신과
프리암이 내밀던, 무기를 놓은 빈손을 보았다.
아카야 장수들과 분투하는 자신을 보았고,
검은 피부의 멤논과 동방군의 대오를 보았다.
초승달 방패의 아마존 부대를 진두지휘하는   490
성난 펜테실랴는 병사들 가운데 불을 뿜는다.
밖으로 드러낸 젖가슴 아래 황금 띠를 잡아맨
여장부, 처녀 몸으로 과감히 사내들과 맞선다.

   달다냐의 에네앗은 이런 놀라운 광경에 놀라
넋을 잃고 보느라 눈을 떼지 못하고 있노라니   495
신전으로 여왕, 곱고 아름다운 자태의 디도가
크게 모여 도열한 청년 군중 속으로 들어섰다.
마치 유로탓 강둑 혹은 퀸투스 산마루를 지나
디아나가 무리를 이끌었고, 여신을 수천의
요정들이 몰려와 에워쌌고, 여신은 화살통을   500

486행 : 〈빼앗긴 무장〉은 분명 전사한 헥토르의 무장을 가리킬 것이며, 이는 시행의 마지막에 〈시신〉과 조응하고 있다. 그렇다면 〈전차〉는 누구의 전차를 말하는 것일까? 아킬레우스의 전차, 혹은 헥토르의 전차, 아니면 다음 행에 등장하는 프리아무스의 전차일 가능성도 배제할 수 없다. 여기서 아킬레우스가 헥토르의 시신과 그 무장을 자신의 마차에 매달아 극악한 행동을 하는 장면 묘사라고 볼 때, 가장 유력한 것은 아킬레우스의 마차다(Conington).

489행 동방군 : 트로이아 서사시 연작 가운데 하나인 소위 「아이티오피스」에 등장하는 이야기다. 이 서사시는 『일리아스』에 이어지는 것으로 아마존의 여왕 펜테실리아와 아이티오피아의 왕 멤논이 트로이아의 동맹군으로 참전한 것 등을 다룬다. 서사시 「아이티오피스」에는 아킬레우스의 죽음이 포함된다. 이때 멤논이 이끌고 온 군대를 가리켜 동방군이라고 하는데, 멤논은 여명의 여신인 에오스의 아들로 동방에서 왔기 때문이다.

메고 앞서 가매 출중한 가운데 돋보일 때처럼,
(라토나의 기쁨이 형언할 수 없는 가슴에 인다)
디도는 꼭 그러했다. 기쁜 마음으로 재촉하며
군중 사이에서 미래의 왕국 건설을 독려했다.
505 이윽고 여신좌의 입구, 신전 중앙의 궁륭 아래
호위병을 두르고 높은 권좌에 기대어 앉았다.
인민들에게 시비 판결을 내려 노역의 과제를
공평하게 할당하고 혹은 추첨으로 나누던 차,
그때 에네앗은 커다란 군중에게로 다가서는
510 안테웃과 셀게툿과 용감한 클로안툿을 보았다.
테우켈족의 다른 병사들을, 바다 검은 폭풍이
쓸어 멀리 다른 데로 데려갔던 이들을 보았다.
그는 아카텟이나 매한가지 놀라 어리둥절히

501행 : 이상 디아나 여신의 비유는 『오뒷세이아』 제6권 102행에서 나우시카 공주를 아르테미스 여신에 비유한 것과 같다. 〈마치 활의 여신 아르테미스가 높은 타위케톤이든 에뤼만토스든 산을 쏘다니며 멧돼지들과 날랜 사슴들을 사냥하기를 즐기고 아이기스를 가진 제우스의 딸들인 들에 사는 요정들이 그녀와 어우러져 놀 때 그녀가 그들 모두보다 머리와 이마만큼 커서 쉽게 알아볼 수 있기에 레토가 마음속으로 기뻐하듯이 — 그러나 그들도 모두 다 아름다웠다 — 꼭 그처럼 미혼의 처녀는 시녀들 사이에서 돋보였다.〉(Williams)

505행 여신좌의 입구 : 헤라 여신에게 바쳐진 신전은 따라서 중앙에 궁륭 천장의 중앙 현관을 두고, 다시 여신상이 모신 방을 따로 설치한 것으로 보인다. 디도는 여신좌가 있는 방으로 들어가는 문 앞에 앉아 있다.

513행 놀라 어리둥절히 : 전승 사본에 따라 〈혼비백산하다*perculus*〉가 나타나기도 하고, 〈놀라다*percussus*〉가 나타나기도 한다. 〈*perculus*〉를 선택하는 경우(Conington) 그 논거는 〈어리둥절히*obstipuit*〉 혹은 〈두려웠다*metu*〉에 부합한다는 것이다. 하지만 다음 행의 〈기쁘고*laetitia*〉와 연결시키기에는 너무 강한 뜻을 갖고 있다.

기쁘고 두려웠다. 전우들을 안고 싶은 마음은
불타고 있었지만, 영문을 몰라 혼란스러웠다.   515
텅 빈 구름을 뒤쓰고 숨죽여 지켜보기로 했다.
어떤 운명인지, 어느 해안에 선단을 두었는지
어찌 오게 되었는지. 선원들 대표로 다가오며
선처를 구하는데, 탄원이 신전에 크게 울렸다.
　안에 들어와 여왕 앞에서 말하도록 허락되자   520
연장자인 일요넷이 침착하게 말을 시작했다.
「여왕이여! 유피테르가 새로 나라를 세우도록,
드센 족속들을 정의로 제압토록 승낙하시니.
폭풍에 온 바다를 떠돈 가련한 트로야인들이
청합니다. 저희 배가 끔찍한 화염을 면케 하고   525
충직한 종족을 아끼어 저희 사정을 살피소서.
저희는 뤼비아의 신주를 칼로 노략하거나 혹
금품을 앗아 바닷가로 가려는 것이 아닙니다.
패주한 신세로 이는 언감생심 큰 오만입니다.

　523행 드센 족속들을 : 많은 번역자들이 〈무법의*lawless*〉(Ruden) 혹은 〈거친*wild*〉(Dryden)이라고 번역하였는데, 아프리카 땅에 살고 있던 원주민들을 가리키는 것으로 해석하고 있는 것으로 보인다. 또한 〈종족*gentes*〉은 카르타고인들을 가리키는 데 쓰이지 않는다는 견해도 이를 뒷받침한다(Conington). 하지만 디도 여왕이 도시를 건설하고 법령을 수립하는 등의 과업을 수행하고 있다는 507행 이하의 내용으로 보아, 디도와 함께 도래한 카르타고인들을 가리키는 것으로 볼 수도 있다.
　525행 끔찍한 화염 : 트로이아인들은 카르타고인들에게, 아래 일리오네우스가 말하고 있는 것처럼 쳐들어와 노략질을 일삼는 해적으로 보였을 것이다(Conington).

530　그래웃들이 서쪽 끝 저녁 땅이라 부르는 곳,
　　오래된 고장, 군사와 비옥한 대지로 강력한 곳,
　　포도의 백성이 살았고 이제 소문에 후손들이
　　족장 이름을 따라 이탈랴라고 부른다는 터전,
　　그곳이 가려던 뱃길입니다.
535　그때 비바람을 부르는 오리온이 물 위로 솟아
　　어둔 바다로, 광포한 남풍에 깊디깊은 곳으로,
　　치솟는 물결의 파도 속으로, 길 없는 암초 속에
　　처박히고 소수만이 여기 해안에 닿았습니다.
　　이게 인간입니까? 어떤 야만족이 이런 처사를
540　방관합니까? 해변에 우릴 받아 주지 않았으며
　　전쟁을 걸어 땅끝조차 밟지 못하게 했습니다.
　　보잘것없는 힘의 인간들이라 모질게 대하니,
　　다만 선악을 담아 두시는 신들을 명심하소서.
　　우리 왕은 에네앗으로 그는 누구보다 의롭고
545　충직과 전쟁의 용맹으로 그만한 분은 없으니,

534행 : 미완성의 시행이다. 『아이네이스』 전체로 보면 모두 58행의 미완성 시행들이 있다. 베르길리우스는 이런 시행들을 나중에 완성하려 하였으나, 희랍 여행 도중 병사하는 바람에 결국 완성하지 못했다. 모든 권마다 미완성 시행이 분포하며, 제2권에서는 특히 많은 미완성 시행을 볼 수 있다(Austin).

535행 그때 : 〈이탈리아로 항해하고 있을 때〉를 가리킨다. 제3권의 말미에 보면 아이네아스 일행은 시킬리아 섬을 한 바퀴 돌아 이탈리아로 항해하고 있었고, 앞서 보았듯이 유노가 폭풍을 보낸 것은 막 시킬리아 섬의 마지막 모퉁이를 돌아섰을 때다.

539행 이게 인간입니까 : 일리오네우스는 디도 여왕의 부하들을 질책하여 난파한 사람들을 마치 도적 떼인 양 취급한 일을 거론하며 항의하고 있다.

그분을 운명이 보우하사 아직 맑은 대기를
호흡하며 아직 끔찍한 죽음을 당한 게 아님을
확신하며, 호의를 여왕이 먼저 베푼 걸 후회치
않으리라 봅니다. 시킬랴 곳곳에 많은 도시도,
트로야의 군대와 고귀한 아켓텟도 있습니다.   550
풍랑에 어그러지고 깨진 배를 뭍으로 올리고
나무로 선체를 짜 맞추고 노를 갖추게 하소서.
벗들과 왕이 돌아와 이탈랴로 떠날 수 있을 때,
즐겁게 이탈랴와 라티움을 찾아갈 수 있도록.
테우켈의 장한 아비여, 당신 안녕이 요원하고   555
리뷔아 바다가 삼켜 율루스마저 무망하다면,
그때는 시카냐의 여울목, 마련해 둔 안식처를,
게서 여기로 떠내려온 아켓텟을 찾으럽니다.」
일요넷이 이렇게 말하자 입을 모아 환호했다

547행 끔찍한 죽음을 : 〈죽음〉으로 번역한 〈umbrae〉는 흔히 망자의 혼령을 가리킨다. 〈끔찍한 죽음을 맞이한 망자들〉을 장소의 탈격으로 읽는 경우도 있다.

549행 않으리라 봅니다 : 일리오네우스는 디도 여왕에게 아이네아스가 돌아와 여왕의 〈호의officium〉에 〈답례officium〉할 것임을 확신하는 뜻을 분명히 한다.

549행 도시도 (……) 아켓텟도 : 접속사 〈et〉에 대한 번역이다. 일리오네우스는 자신들이 여왕 디도의 땅을 침범하여 노략질하려고 온 것이 아님을 더욱 확실히 하고 싶었던 것으로 보인다. 아이네아스가 돌아오면 곧 이탈리아로 떠날 것이며, 그가 혹은 그의 상속자 율루스가 돌아오지 않으면 그 경우에도 카르타고에는 머물지 않고 같은 민족이 세운 시킬리아의 도시로 떠날 것을 보증한다. 한편 아케스테스는 여왕 디도에게 호의에 대하여 보상할 것임을 암시하고 있다(Conington).

554행 라티움 : 205행을 참고하라.

560　달다눗 후손들이.

　　그러자 디도가 고개를 떨구고 짧게 대답했다.
「언짢은 마음을 풀고, 트로야여, 진정들 하시오.
새 왕국의 험한 일들에 나는 도리 없이 그렇듯
대비할밖에, 크게 주변을 방비토록 하였던 것.
565　누가 에네앗의 종족을, 도시 트로야를 모르며
영웅들과 용맹과 오랜 전쟁의 참화를 모를까?
우리 페니캬가 그토록 물정에 어둡지 않으며
태양이 튀리아를 따돌려 말을 몰지도 않았소.
당신들이 커단 저녁 땅, 사툰의 대지를 원하든
570　아니면 에릭스의 영토, 왕 아켓텟을 선택하든
당신들을 물심 도와 무사히 떠나보낼 것이오.
내남 없이 이곳 왕국에 정착해도 좋지 않겠소?
내 나라는 당신네 것이라. 배를 끌어 올리시오.
트로야와 튀리아를 나는 전혀 차별치 않겠소.
575　왕 에네앗 본인이 같이 남풍에 실려 왔더라면
좋았을 것을. 해안을 샅샅이 뒤져 찾아보도록,
뤼비아 구석구석을 뒤져 보라 명할 작정이오.

560행 : 미완성의 시행이다.
568행 태양이 튀리아를 따돌려 말을 몰지도 않았소 : 여왕 디도는 자신의 고향 튀리아가 태양마저 비치지 않을 정도로 외지고 궁벽한 곳이 아니라는 것을 과장하여 말하고 있다.
572행 내남 없이 이곳 왕국에 정착해도 좋지 않겠소 : 여왕 디도가 갑자기 트로이아 사람들이 예상하고 있지 않던 전혀 다른 대안을 제시한다. 여왕은 트로이아 사람들이 카르타고에 정착하길 희망하는 것처럼 보인다. 정착한다는 것을 전제로 하여, 디도는 다음 행에 강한 의미를 부여한다.

어디 숲 속 혹 마을에 헤매고 있지는 않는지를.」
 이런 격려에 용기가 되살아 용감한 아카텟과
아버지 에네앗은 진작부터 구름을 벗어나길   580
열망하였다. 아카텟이 먼저 에네앗을 재촉해
「여신의 아드님, 마음에 어떻게 생각하십니까?
배와 전우들 모두를 무사히 되찾은 걸 보시니.
오직 한 명, 폭풍 중에 파도에 휩쓸려 가는 그를
보았더니, 여타는 어머님 말씀 그대로입니다.」   585
이렇게 말한 터에 느닷없이 사방에 둘러쳐진
구름이 산산 흩어지고 높은 대기로 사라졌다.
에네앗이 서 있었다. 밝은 태양 아래 빛을 뿜는
그의 얼굴과 어깨는 신과 같았다. 그의 모친이
아들의 머리에 윤기를 보태고 청년의 홍조를   590
얼굴에, 눈동자에 기쁨의 영광을 불어넣었다.
마치 손길이 상아에 멋을 더할 때처럼, 황금을
은그릇이나 파로스의 대리석에 입힌 것처럼.

582행 어떻게 생각하십니까? : 아카테스는 아이네아스에게 구름 밖으로 나가면 어떻겠느냐고 묻고 있다.
 584행 오직 한 명 : 113행 이하에서 언급된 오론테스를 가리킨다. 그의 영혼을 아이네아스는 나중에(제6권 334행 이하) 다시 만난다.
 590~593행 : 이 비유는 『오뒷세이아』 제6권 229행 이하 혹은 제23권 156행 이하에 등장하는 비유와 흡사하다. 오뒷세우스가 집에 돌아와 목욕을 하는 장면이다. 〈그리고 아테네는 그의 머리에서 아래로 아름다움을 듬뿍 쏟아부어 그를 더 크고 풍만해 보이게 했고, 그의 머리에서는 고수머리가 마치 히아신스 꽃처럼 흘러내리게 했다. 어떤 솜씨 좋은 사람이 은에다 금을 입힐 때와 같이 ― 헤파이스토스와 팔라스 아테네가 온갖 기술을 가르쳐 주어 그는 우아한 수공예품을 만들어 낸다 ― 꼭 그처럼 여신은 그의 머리와 어깨 위

그가 여왕을 향해 또한 모두에게 생각지 않게
595 말을 걸어, 「당신들이 찾는 내가 바로 여기 있소.
리뷔아 바다에서 살아 온 트로야의 에네앗이.
말 못 할 트로야의 고통을 슬퍼하는 분이여,
다나웃의 피난민을, 땅에서나 바다에서나
숱한 몰락에 진작 지치고 모두 잃은 우리를
600 도시와 집에 받아 주나, 마땅한 보답의 여력이
우리에겐 전혀 없습니다, 디도여. 산지사방에
뿔뿔이 흩어진 달다냐의 누군들 그러하리까.
신들께서 당신께, 하늘이 충직함을 기리시며
정의와 바른 도리의 마음이 아직 살아 있다면
605 합당 보상하시리라. 뉘 행복한 세월이 당신을,
어느 훌륭한 부모가 그런 당신을 낳으셨는가?
냇물이 창해로 내쳐 흐르고 준령의 산그늘이
비탈을 쓸어내리며 하늘 축이 천문을 먹이는
세월 영원히 당신의 명성, 칭송은 이어지리라.
610 나를 일컫는 곳이면 어디서나.」 이렇게 말하고

로 우아함을 쏟아부었다.〉(Williams)

598행 다나웃의 피난민을 : 제1권 30행을 보라.

602행 달다냐의 누군들 그러하리까 : 제3권을 이끌어 가는 주요 개념인바 〈모든 것을 잃고 고생하였고 이제 완전히 지쳐 버린 트로이아의 유민〉이 강조되며, 유민들 가운데 조금이나마 힘이 남아 있는 자들도 전혀 없다고 말하고 있다.

607행 이하 : 태양의 운행에 따라 산에 펼쳐진 그림자가 시시각각 달라지는 것을 표현하고 있다. 또한 북극성을 중심으로 하늘을 맴도는 별자리들의 운행을 〈가축을 먹이는〉 일에 비유하고 있다(Conington).

전우 일요넷과 세렛툿을 좌우 손으로 잡았다.
이들에 이어 용감한 귀앗과 용감한 클론툿을.
　시돈의 디도는 앞서 그의 출현에 실색하고
이제 사내의 커다란 몰락에 놀라 입을 열었다.
「여신의 아들인 당신이 고난 길로 어인 몰락에　　　　　　　　　　615
쫓겨, 어떤 억압에 잔인한 해안에 닿은 겁니까?
당신이 달다냐의 앙키사께 모친 베누스께서
시멧 강변에서 낳아 준 바로 그 에네앗입니까?
나는 테우켈이 시돈을 찾은 것을 기억하노니
그는 조국에서 추방되어 새로운 왕국을 얻되　　　　　　　　　　620
벨루스의 도움을 받았지요. 내 아비 벨루스는
부유한 퀴프롯의 정복자로 거길 다스렸지요.
그 무렵에 이미 나는 들었으니, 트로야 도시의
몰락, 당신 이름, 펠라스갸 장군들을 말입니다.
자신의 적이던 테우켈족을 놀라운 칭송으로　　　　　　　　　　625
치켜 자신 테우켈의 옛 혈통임을 내세웠지요.
그러니 청년들이여, 우리 집으로 어서 드시오.
비슷한 운명은 수많은 고초에 시달린 나 또한
마침내 바로 이 땅에 정착하게 만들었습니다.

616행 잔인한 : 디도 여왕은 앞서 일리오네우스(563행 이하)에게 자신의 백성들이 가혹하게 대한 것을 사과하였으며, 이제 다시 한 번 아이네아스에게 이런 사과의 뜻을 내비치고 있다. 물론 뤼비아 땅 전체를 또한 염두에 두고 있음은 분명하다.
619행 테우켈 : 트로이아의 테우켈이 아닌 텔라몬의 아들 테우켈을 가리킨다. 그는 트로이아 전쟁에 참전한 것으로 알려져 있다.

630 남의 고통을 외면하지 않는 베풂을 배웁니다.」
　　 이렇게 되새기며 에네앗을 궁으로 이끌었고
　　 신전마다 제사를 모시도록 포고령을 내렸다.
　　 바닷가의 일행에도 빼놓지 않고 챙겨 보냈다.
　　 황소 스무 마리, 잔등 털이 뻣센 우람한 수퇘지
635 백 마리, 어미들과 함께 살 오른 양 백 마리를,
　　 하루의 즐거움과 선물을.
　　 왕궁의 안채는 왕실다운 호사들로 화려하게
　　 꾸며졌고, 중앙 회당에는 잔칫상이 차려졌다.
　　 정교한 솜씨와 근엄한 자색으로 물들인 융단,
640 식탁마다 큼직한 은 식기와, 조상들의 용감한
　　 행적이 새겨진 금붙이, 기다란 업적의 행렬이

　630행 배웁니다 : 원문의 시제는 현재다. 과거의 시련을 통해 〈배웠습니다〉라고 말하는 것이 일반적이겠으나, 여기서 디도는 굳이 현재 시제를 사용하고 있다. 그 전까지는 미처 생각지 못했으나 이제 일리오네우스와 아이네아스의 탄원을 듣고 보니 그렇게 하는 것이 옳다고 생각하기 시작했다는 뜻으로 보인다.

　636행 하루의 즐거움과 선물을 : 미완성의 시행이다. 전승 판본의 일부는 〈하루의 즐거움과 선물을 *munera laetitiamque dii*〉로 읽기도 하며 일부는 〈신의 즐거움과 선물을 *munera laetitiamque dei*〉이라고 읽기도 한다. 그런데 유력한 전거라고 할 수 있는 겔리우스는 이 시행을 〈*dii*〉라고 읽었으며 이를 〈*diei*〉(〈하루*dies*〉의 소유격)와 같은 것으로 해석하였다. 따라서 전자를 따르는 것이 좋을 것으로 보인다. 하지만 의미는 불분명하다. 고대 주석가들은 불분명한 의미를 바로잡고자 이를 〈바쿠스〉를 가리키는 〈신*deus*〉의 소유격 〈*dei*〉로 고쳐 읽었다. 634~635행에 언급된 것들을 〈선물과 즐거움 *munera laetitiamque*〉과 동격으로 이해할 경우, 그 많은 선물을 〈하루 치〉 잔치 음식이라고 할 수는 없다. 따라서 추가 선물 목록으로 이 구절을 읽는 것이 보통이다. 현대의 많은 번역자들은 〈바쿠스의 선물과 즐거움〉이 추가된 것으로 보고 이런 해결 방법을 택하고 있다(예를 들어 드라이든Dryden의 번역을 보라).

태고의 비조에서 수많은 조상들로 이어졌다.
 에네앗은, 사무치는 부정이 한시도 마음 편히
두질 않아, 서둘러 아카텟을 선단으로 보내니
이를 전하고 아스칸을 도시로 데려오게 했다. 645
아비 된 근심 걱정은 온통 아스칸을 향했던 것.
더불어 폐허의 일리온에서 구출해 낸 선물을
가져오라 명했다. 금박 문양들을 박은 외투를,
주황 망초로 테두리를 돌려 수놓은 면사포를.
아르곳의 헬레나가 입던 예복으로 뮈케네서 650
그네가 펠가모로 허락받지 못한 혼인을 좇아
올 때 입은 것으로 어미 레다의 귀한 선물이라.
더불어 프리암의 딸들 가운데 맏딸인 일요네
공주가 들었던 권장과 목을 장식하는 진주의
목걸이, 두 줄 보석 장식 금관을 가져오라 했다. 655
이를 받들어 아카텟은 선단으로 서둘러 갔다.
 그때 퀴테레는 새로운 책략, 새로운 계획을
가슴에 품으니, 쿠피도는 용모를 탈바꾸어
어여쁜 아스칸을 가장하고 선물을 건네며

649행 주황 망초 : 여기서 〈망초〉라고 번역한 〈acanthus〉는 우리말로 도깨비망초라고 불린다. 고대에는 그 잎사귀를 딴 장식 문양이 널리 쓰이면서 이 문양의 이름으로도 쓰였다. 그런데 도깨비망초는 하얀 꽃이 피지만, 무슨 이유에서인지 알 수는 없으나 고대 시인들은 주황색 꽃이 핀다고 생각했다.
650행 아르곳의 헬레나 : 『일리아스』 제2권 158행 이하. 〈이렇게 아르고스인들은 프리아모스와 트로이아인들에게 그들의 자랑거리인 아르고스의 헬레나를 남겨 둔 채 바드의 넓은 들을 타고 사랑하는 고향 땅으로 달아나야만 하나요!〉

660 광염이 여왕에게 사무치게 만들라 일렀다.
여신은 말을 바꾸는 튀리아 종족이 무서웠고
모진 유노의 불씨가 살아, 밤이면 속 끓였다.
여신은 날개 달린 아모르에게 이리 말하였다.
「아들아, 나의 힘이여, 나의 큰 능력이여, 너만은
665 튀폰을 물리친 내 아비의 창을 우습다 여기니
네게로 도망 와 너의 신성에 나는 탄원하노라.
네 동생 에네앗이 바닷가로 이리저리 밀려가
지독한 유노의 미움으로 떠돌고 있음을 네가
알 터인즉, 너 또한 종종 내 아픔을 함께하였다.
670 지금 페니캬의 디도에 닿았으며 친절한 말로
맞아 주었으나, 유노의 환대가 어떻게 변할지
두렵다. 여신은 고난의 기로에서 쉬지 않더라.
674 해서 여왕이 유노의 뜻에 따라 마음을 바꾸기
673 전에, 광염의 간계로 여왕을 사로잡아야 한다.
675 에네앗의 커다란 연모로 그네를 묶어야 한다.

661행 말을 바꾸는 : 직역하면 〈두 개의 혀를 가진〉이며, 이는 뱀의 혀를 염두에 둔 것이라고 할 수 있다. 여기서 은유적으로 〈거짓을 말하는〉 등의 뜻을 발전했다고 본다. 물론 단어 자체는 〈두 가지 언어를 사용하는〉이라는 뜻으로도 쓰인다. 베누스는 디도 여왕의 말을 신뢰하지 않는다. 이후 베누스가 말하는 것처럼 유노 여신의 의지에 따라 디도 여왕이 말을 번복하고 환대를 철회할 수도 있을 것이라고 생각하고 있다.

672행 : 고대 주석가들은 〈일이 문추(門樞)에 놓였다 *res in cardine est*〉 등의 속담에 기대어 이 구절을 해석하고 있다. 퀸틸리아누스는 〈*litium cardo*〉라는 말을 써서 〈소송 사건의 핵심〉을 나타냈다. 역자는 〈고난 *rerum*〉의 번역에서 앞서 178행 〈풍파에 지쳐 *fessi rerum*〉 혹은 204행의 〈갖은 역경과 시련을 뚫고 *per tot discrimina rerum*〉 등을 반영하였다.

제1권 **53**

네가 이를 어찌 실행할지 나의 생각을 들어라.
제 아비의 부름을 받아 왕가의 소년은 시돈의
도시로 떠날 채비를 하고 있다. 나의 노심초사
아이는 바다와 불에서 살려 낸 선물을 챙겼다.
나는 아이를 꿈으로 잠재워 퀴테라 높은 곳에 680
아니면 이달륨에 선 내 신전에 숨겨 둘 것이다.
내 계략을 알아채거나 혹 끼어들지 못하도록.
너는 그 아이의 얼굴을 하루 저녁만 속임수로
겉꾸미고 소년으로 예의 소년 표정을 지어라.
그렇게 왕궁의 잔치와 바쿠스의 음료로 취한 686
디도가 너를 제 무릎에 올려놓고 행복해하며 685
품에 안아 준다거나 달콤한 입맞춤을 할 틈에
은밀히 네 광염, 그 독약을 몰래 불어넣어라.」
아모르는 제 어미의 말에 복종하여 깃날개를
벗어 놓고 율루스의 걸음을 가붓하게 걷는다. 690
그때 베누스는 아스칸의 몸에 평온한 휴식을
쏟아붓고 포근한 품에 안긴 아이를 이달륨의
높은 숲으로 데려갔다. 푹신한 귤향풀이 그를
향긋한 내음 달콤한 꽃그늘 아래 감싸 주더라.

쿠피도는 지시대로 여왕의 선물을 아카텟을 695
앞세워 튀리아 인들에게로 즐겁게 가져갔다.
도착해 보니 굉장한 휘장을 치고 여왕은 이미
황금 의자에 기대어 가운데 자리 잡고 있었다.
벌써 아버지 에네앗과 트로야 청년들이 벌써

700 자리에 모여 자줏빛 의자 위에 엎드려 있었다.
　　　하인들은 손에 물을 붓고 케레스를 바구니에
　　　담아내고 부드러운 천의 손수건을 돌렸다.
　　　안에 쉰 명의 하녀들이 있어 차례대로 길게
　　　음식을 진설하였고 화덕의 불을 지펴 올렸다.
705 다른 백 명의 시녀들과 동수의 동갑 시종들은
　　　손님상에 연신 음식을 나르고 술잔을 채웠다.
　　　못지않게 튀리아도 즐거운 문턱을 지나 계속
　　　모여들었으며 수놓은 식탁에 앉도록 청하니
　　　에네앗의 선물에 놀라고 율루스에 감탄했다.
710 진면목을 감춘 신의 빛나는 외모와 말솜씨에,
　　　외투와 주황 망초 꽃을 수놓은 면사포에도.
　　　누구보다 불행한, 장차 다가올 열병에 희생될
714 페니캬 여인은 소년과 선물에 감동하였다.
713 보노라니 타오르는 마음을 주체할 수 없었다.
715 그는 에네앗의 목에 매달리고 품에 안겼으며

698행 황금 : ⟨aureā⟩를 ⟨aurea⟩로 읽어 디도를 꾸미는 것으로 생각한 고대 주석가도 있다. ⟨~eā⟩를 하나의 소리걸음으로 읽는 예외의 경우라고 보는 것이 일반적이다. 제7권 190행에서도 이런 현상을 발견할 수 있다.

700행 엎드려 있었다 : 고대 희랍 로마의 관습에 따른 식사 자세라고 하겠다. 연회에 참석한 사람들은 식사 자리에 누운 듯 기대거나 엎드린 자세로 식사를 했다.

704행 화덕의 불 : ⟨penates⟩를 소문자로 읽어 ⟨화덕⟩이라고 번역하였다. 로마에서 가정의 수호신 ⟨페나테스 Penates⟩ 또한 흔히 집안에서 불씨를 관리하는 곳에 모셔져 있다. 여기서는 하녀들이 음식을 장만하는 장면을 보여 주는 것으로 앞서 ⟨안에는⟩(703행)은 음식이 장만되고 있는 곳을 가리킨다.

제1권　55

거짓 아비의 큰 사랑을 실컷 충족시키고 나서
여왕에게 갔다. 그네는 눈으로 가슴으로 온통
사로잡혀 때로 품에 안으니, 가련한 여인에게
강력한 신이 덫을 치는 걸 깨닫지 못했다. 그는
베누스의 명에 따라 점차 쉬케웃을 몰아내기   720
시작했다. 꿈틀거리는 열정으로 꼼짝 못 하게
그미의 잠든 영혼과 닫혔던 마음을 제압한다.

  우선 연회가 한바탕 끝나고 상들을 치우더니
커단 술동이를 꺼내 꽃으로 술동이를 꾸몄다.
좌중에 탄성이 일어나 넓은 회당을 가로질러   725
굴러갔다. 황금을 입힌 천장에는 등이 매달려
불타고 있고 횃불은 어둠을 몰아내고 있었다.
이때 여왕은 보석 박은 술잔을 가져오라 하여
잔에 술을 가득 채우니, 벨루스와 벨루스에서
이어진 가문의 주배라. 사방에 정적이 흘렀다.   730
「유피테르여, 손님을 환대토록 법을 세우시니
튀리아와 트로야에 오늘이 즐거운 날이 되게
하시며, 저희 자손들이 이날을 기억케 하소서.
기쁨을 베푸는 바쿠스, 선하신 유노여, 오소서.
튀리아 사람들아, 너희는 이 자리를 축하하라!」   735
말을 마치고는 음료의 영광을 자리에 뿌리며

724행 : 식사가 끝나고 나서 포도주를 마시는 것은 로마의 관습이다.
729행 벨루스 : 여기서의 벨루스는 디도의 아버지 벨루스가 아니라, 디도
집안을 일으킨 먼 선조 벨루스를 의미한다.
  736행 음료의 영광을 자리에 : 〈음료의 영광〉은 포도주를 가리킨다. 〈자리

헌주하고, 먼저 술을 권하되 입술만 적신 후에
비티앗에게 잔을 주며 종용하였고 그는 선뜻
거품의 술잔을 비워 황금 음료로 목을 축였다.
740 곧이어 다른 수령들도 들었다. 장발의 요팟이
장엄한 아틀랏에게 배운 키타라를 연주했다.
그는 떠도는 달과 태양의 노고를 노래하였다.
인간과 짐승들이, 물과 불이 어디서 생겨나고,
아륵툿, 비를 부르는 휘아뎃, 쌍둥이곰자리를,
745 어찌 겨울 해가 오케아눗에 서둘러 잠기는지,
무엇이 겨울밤을 지체시키는지 노래하였다.
튀리아는 거듭 환호하니 트로야는 뒤따랐다.
못지않게 여러 가지 이야기로 저녁을 늘리며

에 ⟨in mensam⟩라고 하였으나 앞서 잔칫상들(723행)은 모두 치워졌다. 앞서 언급은 없었으나 ⟨손님을 접대하는⟩ 유피테르에게 헌주하기 위해 제사상이 마련된 것으로 보인다(Conington).

740행 장발의 : 머리카락을 길게 기른 것은 흔히 아폴로의 모습과 연관을 갖고 있다. 시인 이오파스는 아폴로의 모습을 닮았다.

741행 장엄한 아틀랏 : 아틀라스는 하늘을 떠받들고 있는 신으로 제4권에 나타나듯 북아프리카의 서쪽 끝에 있는 높은 산맥을 의미하기도 한다(Conington). 헤시오도스『신들의 계보』제1행 이하 ⟨헬리콘 산의 무사 여신들로부터 노래를 시작하기로 하자. 그분들은 크고 신성한 헬리콘 산을 차지하시고는……⟩에서처럼 높은 산은 무사 여신들의 거처로서 시인들이 노래를 배우는 장소다. 헬리콘 이외에 피에리아 지방에도 무사 여신들의 거처가 있다.

742행 태양의 노고 : 달의 운행처럼 태양의 운행을 가리키는 것으로 설명하려는 시도가 있었으나, ⟨태양의 노고⟩는 일식으로 보는 것이 일반적이다.

744행 아륵툿, 비를 부르는 휘아뎃, 쌍둥이곰자리를 : 제3권 516행과 동일하다.

748행 못지않게 : ⟨nec non et⟩라는 접속사는 707행에서도 나타난다. 707행에서는 잔치에 모이는 사람들 가운데 트로이아의 병사들도 있었지만 그들과 불행한 디도도 사랑을 깊게 들이켜고 있었다.
프리암을 묻고 또 물었고, 헥토르를 캐물었다.   750
새벽의 아들이 어떤 무기를 갖고 왔는지를
디오멧의 말들은 어땠는지, 아킬렛은 어떤지.
「손님이여, 처음부터 우리에게 말해 주시오.
다나옷의 속임수와 당신네 나라의 멸망과
당신의 방랑을. 벌써 일곱 번째 여름이 온 세상   755
유랑하는 당신을 땅과 바다로 실어 간다지요.」

더불어 카르타고의 많은 사람들이 모여들었다는 사실을 설명하고 있었다. 여기서는 소리꾼 이오파스가 부르는 노래에 못지않게 디도의 여러 질문들이 잔치를 저녁 늦게까지 이어가게 만들고 있음을 보여 준다.

750행 이하 : 디도가 묻고 있는 것들을 모아 보면, 레수스의 이야기(『일리아스』 제10권 469행 이하), 헥토르의 죽음(『일리아스』 제22권 이하), 아우로라의 아들 멤논이 전쟁에 참전한 이야기와 아킬레우스의 죽음(소위 「아이티오피스」) 등에 이어져 마지막에 「트로이아의 멸망」으로 이어진다.

752행 디오멧의 말들 : 제1권 469행 이하에서 아이네아스가 보았던 신전 벽화의 장면을 연상시킨다. 『일리아스』 제20권 160행에서 아킬레우스와 아이네아스는 조우한다. 〈가장 용감한 두 전사가 서로 싸우기를 열망하며 양군의 중앙에서 마주치니 그들은 곧 앙키세스의 아들 아이네아스와 고귀한 아킬레우스였다.〉(Williams)

제2권

모두 숨죽이고 고개를 돌려 그를 쳐다보았다.
아버지 에네앗은 앉은 채로 이렇게 시작했다.
「여왕이여, 쓰거운 고통을 다시 겪으라 하니
트로야의 국부와 슬픈 왕국을 어찌 비참하게
5   다나웃들이 파괴했는지, 직접 목격한 비극의
나 자신 그 일부인데. 누군들 이런 것을 말하며
뮐미돈, 돌로펫 사람, 혹은 잘 참는 울릭셋의
병사인들 울음을 참을까요? 벌써 촉촉한 밤이

3행 이하 : 『오뒷세이아』 제7권 241행 이하를 모방한 것이다. 〈왕비님! 나의 고난을 모두 이야기하기는 어려울 것이오. 하늘의 신들께서 고난을 내게는 많이도 내려 주셨으니까요. 그러나 그대가 내게 묻고 질문하시는 것은 말씀드리지요.〉

7행 뮐미돈, 돌로펫 사람 : 아킬레우스를 따라 트로이아 전쟁에 참가한 사람들이며 아킬레우스의 성격이라고 할 〈잔혹함〉(이하 29행)과 연관시켜야 한다.

7행 잘 참는 : 이는 호메로스 서사시에 등장하는 오뒷세우스의 별칭이다. 이하 261행과 762행의 〈잔혹한〉, 90행의 〈꾀 많은〉, 164행의 〈악행의 주모자〉, 제3권 273행의 〈잔인한〉 등의 별칭이 보인다(Austin).

하늘에서 내려, 저무는 별들이 잠을 권하지만
만일 우리네 망국을 알고자 하는 마음이 크고   10
짧으나마 트로야의 마지막을 듣고자 한다면
비록 많은 기억을 꺼리고 설움은 북받치지만
시작해 보지요. 전쟁에 지치고 운명에 내몰려
다나웃 장수들은 무정한 세월이 그리 지나자
산에 버금가는 말을 팔라스의 신성한 솜씨로   15
만들었다. 적송을 켠 널로 가슴팍을 잇대고
귀향의 제물인 척하고 그런 소문을 퍼뜨렸다.
실은 제비 뽑힌 사람들의 몸을 여기에 몰래,
어두운 안쪽에 숨겼다. 깊이 속이 빈 뱃구레가
굉장한데 그 공간을 무장한 병사들로 채웠다.   20
  건너보이는 데 테네돗이 있었다. 명성이 높은
섬이었다. 프리암이 다스릴 동안은 풍요의 섬,

9행 저무는 별들이 잠을 권하지만 : 『오뒷세이아』 11권 330행 〈지금은 잠잘 시간이오〉에서 오뒷세우스는 밤이 늦었으니 이야기를 잠시 중단하자고 한다. 아이네아스는 디도의 청을 거절할 핑곗거리를 이와 같은 데서 찾고 있다.

11행 트로야의 마지막 : 트로이아 전쟁이 발생하기 전에 벌어진 사건들을 보여 주는 「퀴프리아 이야기」, 「트로이아 전쟁」, 아킬레우스의 죽음을 이야기하는 「아이티오피스 이야기」, 트로이아의 멸망을 이야기하는 「일리온의 파괴」, 영웅들의 귀향을 다루는 이야기 「귀향의 노래」, 마지막으로 오뒷세우스가 방랑하면서 얻은 아들을 다루는 「텔레고노스 이야기」 등이 전체『트로이아 서사시 연작』에 들어 있는 이야기들이다. 이 가운데 아이네아스는 「일리온의 파괴」를 이야기한다.

15행 팔라스의 신성한 솜씨로 : 『오뒷세이아』 제8권 493행 이하. 〈에페이오스가 아테네의 도움으로 목마를 만들자 고귀한 오뒷세우스는 일리오스를 함락한 남자들로 가득 채운 다음 이 올가미를 성채로 몰고 갔지요.〉

지금은 그저 배들에게 신뢰를 잃은 항구일 뿐.
그곳에 배를 대고 황량한 해안에 몸을 숨겼다.
25 우리는 뮈케네로 바람을 타고 떠났다 믿었다.
테우켈 땅 전체가 오랜 슬픔에서 벗어났다.
성문이 열렸다. 밖으로 나와 도리아의 막사,
버려진 흔적들, 남겨진 해안을 보고 기뻐했다.
여기 돌로펫 병사들, 잔혹한 아킬렛이 머문 곳,
30 배들이 정박한 곳, 치열한 전선이 펼쳐지던 곳.
일부는 처녀 신 미넬바를 위한 죽음의 선물에,
목마 크기에 놀라 얼어붙었다. 먼저 튀뫼텟이
성안으로 옮겨 시 중앙에 갖다 두자 제안하니
간계든 트로야의 운명이든 일은 그리 되었다.

27행 도리아의 막사 : 도리아 사람들은 『일리아스』 제2권의 참전자 목록에 언급되지 않는다. 베르길리우스는 여기서 〈희랍 사람들〉을 뜻하는 말로 〈도리아〉라는 단어를 사용하고 있다.

29행 돌로펫 병사들 : 정확하게 말하자면 돌로펫 병사들은 아킬레우스가 사망한 이후 그의 아들 퓌루스가 참전하면서 데리고 온 테살리아 출신의 병사들이다(Williams).

31행 처녀 신 미넬바를 위한 죽음의 선물에 : 전설에 따르면 트로이아의 목마에는 〈다나이 사람들이 미네르바께 선물로 드립니다 *Danai Minervae dono dant*〉라는 글귀가 적혀 있었다고 한다. 아테네 여신의 팔라디온에 대하여 오뒷세우스가 불경을 저질렀기 때문에 희랍 사람들이 귀향할 수 없었고, 이런 불경의 죄를 씻기 위해 아테네 여신에게 목마를 희생 제물로 바친 것처럼 보이도록 했다는 것이다. 〈죽음의〉는 나중에 비로소 밝혀지는 목마의 정체를 앞서 드러낸 것으로 트로이아 사람들은 아직 이것이 도시의 멸망을 초래할 것을 알지 못한다(Austin).

34행 간계든 트로야의 운명이든 : 튀모에테스는 『일리아스』 제3권 146행 이하에서 트로이아의 헬레나를 보고 비난하던 노인들 가운데 한 명이다. 전설에 따르면 그는 트로이아의 프리아무스에 대하여 반감을 갖고 있었다고 한

한편 카퓌스와 올바른 생각을 가진 사람들은　　　　　　　　　35
다나옷의 계략과 의심스러운 선물을 바다에
처넣자고 주장했고 불태워 버리자고 말했다.
또 배 속 은신처를 구멍 뚫어 살펴보자고 했다.
군중은 의견들만 분분한 채 결정하지 못했다.
　그곳에 커다란 무리를 이끌고 모두에 앞장서　　　　　　40
라오콘이 들불같이 성채를 한참 달려 내려와
멀리서 〈한심한 사람들아, 이 무슨 미친 짓인가?
적들이 떠났다고 믿는가? 또 다나옷의 선물에
간계가 없다 생각하는가? 울릭셋을 모르는가?
어쩌면 여기 목마 속에 아카야가 숨어 있고　　　　　　　　45
어쩜 이 기계가 우리 도시를 노리고 만들어져
성안을 살피다가 도시를 급습할지도 모른다.
음모가 있다. 테우켈 족아! 목마를 조심하라!

다(Conington). 따라서 〈간계〉는 뒤모에테스의 배반을 암시하고 있다.

　37행 주장했고 (……) 말했다 : 원문에 따라 순접으로 했으나 내용적으로는 이접(離接)에 해당한다. 고대의 주석가들도 순접의 〈*que*〉가 이렇게 쓰인 것에 주목하고 있었다.

　39행 의견들만 분분한 채 : 31행 이하에서 의견이 크게 둘로 나뉜 것(*studia in contraria*)처럼 보인다. 하지만 도시로 목마를 끌어들이는 것을 반대한 쪽의 경우 다시 여럿으로 의견이 갈라진다. 『오뒷세이아』 제8권 505행 이하. 〈목마는 트로이아인들이 손수 성채로 끌어들였던 것이다. 목마가 서 있는 동안 트로이아인들은 그 주위에 모여 앉아 서로 다른 이야기들을 많이 했다. 세 가지 상이한 조언이 그들의 마음에 들었으니, 속이 빈 목조물을 무자비한 청동으로 쪼개 버리거나 아니면 꼭대기로 끌고 가 바위에서 내던져 버리거나 아니면 신들을 기쁘게 해주기 위해 크나큰 자랑거리로서 그대로 내버려 두는 것이었다.〉

그게 무엇이든 선물조차 다나웃은 두렵다.〉
이렇게 말하고 있는 힘을 다하여 기다란 창을
잇댄 판자가 불룩한 옆구리, 짐승의 복부에
던졌다. 창이 꽂힌 채 떨었다. 두들겨 맞은 배는
크게 울렸고, 속이 빈 몸통은 신음을 토해 냈다.
그런데 신들의 운명, 못난 생각이 아니었다면
칼로 아르곳의 은신처를 깨도록 설득했으며
트로야, 프리암의 고성은 지금껏 건재할 것을.

 그럴 때에 보라. 등 뒤로 손을 결박당한 청년을
달다냐의 목자들이 고함을 지르며 왕에게로
끌고 왔다. 이방인은 자진해서 목자들에게,
이를 꾸며 아카야에 트로야를 열 생각으로
투항했다. 굳은 결심으로 어찌 되든 각오하여
속이든 아니면 돌이킬 수 없는 죽음을 당하든.
사방에서 트로야의 청년들이 보려는 생각에
몰려들어 포로를 놓고 앞다투어 조롱하였다.
다나웃의 간계를 들어라. 이런 범행 하나로
그들 실체를 파악하라.

54행 그런데 신들의 운명, 못난 생각이 아니었다면 : 라오콘의 설득에 이어지는 두 개의 사건을 언급하고 있는 것이다. 하나는 시논의 거짓말이며, 다른 하나는 라오콘과 아들들을 공격하는 뱀의 등장(199행 이하)이다. 이런 것들이 아니었다면 라오콘은 사람들을 설득하는 데 성공했을 수도 있었다.

60행 이를 꾸며 : 〈이를〉이라 함은 우선 적들에게 발견되어 트로이아의 프리아무스 왕 앞으로 끌려 나와 심문받을 기회를 얻는 것을 의미하며, 이어 목마에 대한 거짓말로 도시를 여는 것을 의미한다.

66행 : 미완성의 시행이다.

모두가 쳐다보는 가운데 넋이 나가 무력하게
서서 힐끗거리며 프뤼가의 군중을 둘러보다
말하되, 〈이제 어떤 땅이, 어느 바다가 나를 받아
주려는가? 가련한 신세에 어떤 일이 닥치려나? 70
다나웃에게도 내 자리가 없으며, 또한 여기
분노한 달다늣 후손도 피의 처벌을 원하누나.〉
그의 통탄에 분노가 잦아들고 격정이 모두
사라졌다. 우리는 뉘 혈통에 속하는지 말하라,
무엇인지, 뭘 믿고 포로가 되었는지 달랬다. 75
  〈왕이여, 어찌 되든 모든 걸 당신께 아뢸 것인즉 77
진실인바, 전 보시다시피 아르곳 사람입니다.
먼저 이를 아뢰니, 운명이 저 시논을 불행하게
만들지만, 허언의 사기꾼이 되진 않을 겁니다. 80
행여 들리는 풍문이 그대의 귀에까지 이르러
벨루스의 자손, 팔라멧의 이름과 명성 자자한

76행 : 몇몇 사본에 〈그는 마침내 두려움을 떨치고 이렇게 말했다〉라는 문장이 나타난다. 제3권 612행과 일치하며 여기서는 후대 삽입으로 보인다. 주요 필사본에는 이 행이 생략되어 있다.

78행 아르곳 : 본인은 진실만을 말하겠다고 공언하였지만 그럼에도 불구하고 몇몇 오류가 보인다. 먼저 고향을 아르고스라고 밝힌 점이다. 다시 95행에서 아르고스를 언급한다. 사실 시논의 고향은 아르고스가 아니라 에우보이아다(Conington). 이하 팔라메데스의 족보에 관한 설명(82행), 팔라메데스가 전쟁을 회피하였다는 주장(84행) 등 많은 오류가 보인다. 시논은 또한 자기 자식에 관한 언급(138행), 목마를 세운 이유(183행)와 팔리디움의 현재 소재지(172행 이하의 논쟁)에 관해 앞뒤가 잘 맞지 않는 말을 이어 간다.

82행 벨루스의 자손 : 팔라메데스는 일반적으로 나우플리오스의 아들로 알려져 있다. 팔라메데스는 트로이아 전쟁에 참전에 전사들 가운데 가장 현

영광을 아실는지. 펠라스갸는 그를 누명에
죄 없이, 전쟁을 회피하려 했기에 거짓 고발로
85 죽여 놓고, 이제와 빛을 잃은 그를 애도합니다.
친족인 그분에게 전우로서 어린 나이의 저를
가난한 제 아비가 전쟁터로 딸려 보냈습니다.
그분의 왕권이 건재하고 왕족 회의에서 그가
힘을 쓰던 때에 저희도 얼마간 명성과 영예를
90 누렸습니다. 꾀 많은 울릭셋의 질투로 인해
(모두가 아시겠지만) 그분이 이승을 떠나자
저는 어둠과 슬픔 가운데 고통으로 살았으며
죄 없는 친구의 죽음에 저 홀로 분노했습니다.
정신 나간 저는 속마음을 내비쳐 기회가 되면,
95 언젠가 정복자로 아르곳에 귀향하게 되면
복수하겠다 말하여 말로 화를 자초했습니다.
그때 제게 고생이 시작되어 울릭셋은 끝없이
새로운 악행들로 위협하며 애매한 소문들을

명한 자로서 늘 자신의 지혜를 좋은 쪽에 사용하였다. 오뒷세우스의 참전 기피를 밝혀낸 것도 팔라메데스의 지혜인데, 이 일로 인해 오뒷세우스는 팔라메데스에게 원한을 품고 있었다. 오뒷세우스는 팔라메데스의 막사에 날조된 프리아무스의 편지와 돈을 숨겨 놓고는, 그를 뇌물죄와 반역죄로 고발하였고 결국 팔라메데스는 희랍 사람들에 의해 사형에 처해진다. 베르길리우스는 두 가지 점에서 전통에서 벗어난바, 팔라메데스가 벨루스의 자손이라는 것과 그가 트로이아와의 화평을 원했다는 것이다(Conington).

86행 : 81행 이하 〈행여 (……) 아실는지〉에서 이어지던 문장이 중간에 긴 삽입절을 안고 다시 이어진다. 〈혹시 팔라메데스라는 사람을 들어 보셨는지 모르겠으나, 저는 그 팔라메데스의 전우이자 친족입니다〉라고 시논이 자신을 소개하고 있다. 이는 74행에 있었던 첫 번째 물음에 대한 대답이다.

주변에 퍼뜨려 알고도 무기를 찾았습니다.
결코 멈추지 않고 마침내 칼카스의 도움으로…… 100
한데 왜 이런 쓸데없는 이야기를 지껄이는가?
시간 낭비일 뿐, 아카야가 다 같다 여기신다면
충분히 들으셨으니 이제 처형을 거행하시라.
이는 이타카 왕의 소원, 아트렛 아들들의 포상.〉
　그때 우리는 사연을 알고자 열렬히 물었을 뿐 105
펠라스갸 간계와 커단 악행은 알지 못했다.
벌벌 떨며 그는 거짓된 흉중의 말을 이어 갔다.
〈종종 다나웃은 트로야를 버리고 도망치길,
긴 전쟁에 치이고 시달려 떠나길 원했습니다.
그러길 바랐는데! 그때마다 거친 겨울 바다가 110
떠나는 그들을 막았고 남풍이 위협했습니다.
특히 단풍나무 널판을 잇대어 만든 이러한
목마를 세우자, 온 하늘 구름이 요란했습니다.

99행 알고도 : 오뒷세우스는 시논에게 죄가 없음을 알고 있었음에도 불구하고 시논을 제거하기 위해 공모자를 찾았다.

100행 칼카스의 도움으로…… : 시논은 칼카스를 언급하는 부분에서 갑자기 말을 끊는데, 이 부분이 상대방이 더 물어 듣지 않고는 배길 수 없는 부분이라고 생각한 것으로 보인다. 시논의 예상대로 이후 트로이아 사람들은 그의 이야기를 계속해서 청해 듣는다. 칼카스는 아울리스 항에서 바람에 뱃길이 막혔을 때 이피게니아를 희생물로 바칠 것을 말했으며, 『일리아스』제1권에서는 희랍 사람들의 진영에 퍼진 역병이 아폴로의 사제를 모욕한 아가멤논 때문이라고 말했다.

103행 충분히 들으셨으니 : 자신이 희랍 사람임을 밝혔고 희랍 사람이라는 사실만으로 죄를 받을 것 같으면 이것으로 충분하지 않겠느냐는 반문을 담고 있다.

115	우왕좌왕 우리는 유뤼퓔을, 아폴로의 신탁을
알아보라 보냈고 슬픈 소식을 가져왔습니다.
117	《다나웃, 너희가 처음 일리온으로 오던 그날
116	너희는 처녀를 죽인 피로 바람을 진정시켰다.
	피로 귀향을 구해 아르곳의 목숨을 희생으로
바쳐야 한다.》이런 말이 백성의 귀에 들어가자
120	놀란 가슴에 싸늘한 두려움은 깊이 뼛속까지
차니, 운명은 누굴 찾고 아폴로는 누굴 원할까?
이때 이타카 왕은 야단 떨며 예언자 칼카스를
한가운데로 끌어냈고, 신들의 뜻이 무엇이냐

113행 목마를 세우자 : 183행 이하에서 목마를 세운 이유를 설명하는바, 오뒷세우스가 저지른 불경을 씻기 위해서였다. 불경을 씻기 전에는 전쟁에서 승리할 수 없다고 예언자가 신탁을 풀이했기 때문이다.

116~117행 : 루크레티우스 『사물의 본성에 관하여』 제1권 84행 이하. 〈그런 식으로 아울리스에서 다나오스 인들의 선발된 지도자들이, 인간들 중 으뜸인 자들이, 삼거리 처녀 신의 제단을 이파아낫사의 피로써 끔찍하게 더럽혔도다. (……) 순결한 그녀가 불결하게, 바로 혼인의 순간에 제물로 아버지의 타격에 슬퍼하며 쓰러지도록 하기 위해서였으니, 행복하고 복받은 출발이 함대에게 주어지게 하려 함이었다.〉

121행 운명은 누굴 찾고 아폴로는 누굴 원할까? : 이 의문문은 〈두려움〉의 내용을 가리킨다.

122행 야단 떨며 : 〈*magno tumultu*〉의 번역어다. 물론 이 어구는 다음 행의 〈한가운데로*in medios*〉에 연결시켜 〈왁자지껄 큰 소리로 떠들고 있는 청중 한가운데로〉라고 이해할 수도 있다. 하지만 백성들이 심각한 표정으로 입을 굳게 다물고 있을 때 오뒷세우스가 자신의 본마음을 감추려고 오히려 쓸데없는 소리를 지껄이며 저 혼자 떠들어 대고 있는 상황을 보여 준다. 이는 오뒷세우스를 〈모리배〉라고 부르는 것과 일치한다. 오뒷세우스는 이하 164행에서 〈악행의 주모자 울릭셋*scelerumque inventor Ulixes*〉라고, 또 제6권 529행에서 〈악행의 선동자*hortator scelerum*〉라고 불린다.

떠듭니다. 대개는 저 모리배의 잔인한 범죄를
노래했고 닥칠 일을 묵묵히 지켜보았습니다.   125
그는 두 번의 닷새를 침묵하며 막사에 처박혀
제 입으로 희생자를 지명하길 거부했습니다.
하지만 끝내 이타카 왕의 성화에 못 이겨 그는
계획된 대로 말하되, 저를 제물로 지목합니다.
모두 동의했고 자신에게 닥칠까 두렵던 일을   130
불행한 타인의 죽음으로 돌려놓았던 겁니다.
이제 비참한 그날이 되어 제사가 준비되었고
소금 뿌린 곡식과 두를 머리띠를 마련합니다.
고백하건데 저는 죽음과 결박을 끊고 도망쳐
밤새도록 습한 늪에 몸을 감추고 갈대밭에   135
행여나 출항할까, 출항하길 숨어 기다립니다.
사랑하는 자식들과 꿈에 그리던 아비는 물론   138

125행 노래했고 : 이는 〈*canebant*〉의 번역인데 〈묵묵히 *taciti*〉와 모순되는 것처럼 보인다. 백성들은 오뒷세우스가 두려워 공공연히 반대 의사를 밝히지는 못하고 혼잣말을 했다고 가정한다(Conington). 〈소리 없는 아우성〉으로 이해하는 것이 좋을 것 같다. 누군가 희생되어야 한다는 신탁에 모두 얼어 버린(120~121행) 상황이지만 모두의 두려운 표정은 그들의 걱정을 웅변적으로 보여주고 있다.

136행 행여나 출항할까, 출항하길 : 시논은 출항의 조건이 충족되지 못한 상황에서 희랍 사람들이 과연 어떻게 출항할 수 있었는가에 대해 스스로 의문을 품는 태도를 보인다. 누가 과연 대신 인신 공양의 희생물이 된 것일까 시논도 알 수 없는 처지였다.

138행 사랑하는 자식들 : 앞서 87행에 비추어 시논의 말은 앞뒤가 맞지 않는다고 볼 수 있다. 고대 주석가들도 시논이 자식을 두기에는 너무 어린 나이에 고향을 떠났음에 주목하고, 이는 다만 더 큰 동정심을 유발하기 위한 술수라고 해석하였다. 문장을 다시 해석하여 〈나의 아버지와 그의 자식들〉이라고

|137| 이제 제게 옛 조국을 볼 일은 무망할 뿐입니다.
식구들은 어쩜 저들에게 제 죗값을 치르고
|140| 제 잘못을 불행하게도 죽음으로 갚을 겁니다.
하늘과, 진실을 아시는 신성께 맹세하거니와
인간들의 어딘가에 아직 남아 있을지도 모를
정결한 신의에 걸고 비오니 이와 같은 아픔을,
부당한 일을 감당할 영혼을 가엽게 여기소서.〉
|145| 이런 읍소에 그를 살려 주고 가엽다고도 했다.
먼저 몸소 묶인 사내의 손과 오라를 풀어 주라
프리암은 명하고 친절한 말로 말을 건넸다.
〈자네가 누구든, 떠나간 그래웃을 이젠 잊으라.
자네는 우리 사람. 내 묻노니 진실을 말하라.
|150| 이 엄청난 말을 왜 만들며, 누가 만들자 했는가?
뭔 목적인가? 신의 제물인가, 전쟁의 기구인가?〉
물었다. 펠라스갸의 기술, 속임에 능한 그자는
풀린 양손을 하늘을 향해 벌려 들고 말했다.
〈만세의 불이여, 당신들, 불가침의 신성이여,
|155| 나의 증인이여, 너희들 제단과 잔혹한 칼이여,
너를 도망치며 제물인 내가 썼던 머리띠여!
그래웃의 신성한 맹세를 저버리는 게 아니며,

풀면 〈사랑하는 자식들〉은 시논의 형제들로도 볼 수 있다. 물론 어린 나이에도 자식을 두었을 가능성은 배제할 수 없다.
　148행 이하 자네가 (……) 우리 사람 : 리비우스는 〈자네가 누구든, 자네는 우리 사람〉이라는 말을 일종의 관용적 표현으로 보았는바, 실제 적의 진영에서 도망쳐 온 병사를 같은 편으로 받아들일 때에 쓰는 말이었다(Conington).

그들을 증오하고 모두 폭로해도 죄가 아니리,
비밀이 있다면. 난 조국의 법에 매이지 않으리.
그대 트로야가 약속을 지키며 굳건한 동안 160
신의가 굳건하길. 진실로 크게 갚고자 하니.
다나웃의 모든 희망과 전쟁 초에 믿던 구석은
늘 팔라스의 도움이었습니다. 하지만 불경한
튀데웃의 아들과 악행의 주모자 울릭셋이
신성한 신전에 난입하여 훔쳤던 생사가 달린 165
팔라듐을, 높다란 요새의 병사들을 죽였던
피 묻은 손으로 신성한 신상을 앗아 왔을 때,
여신의 정결한 머리띠를 감히 건드린 때에
그때부터 허물어지고 미약해져 사라져 버린
다나웃의 희망, 꺾인 사기, 돌아선 여신의 마음. 170
팔라스는 뜻을 분명한 징조로 표시하였더니
여신상은 진영에 모셔지자마자, 곧 번뜩이는
화염이 부릅뜬 눈에서 솟고, 몸체에는 짜디짠

166행 팔라듐 : 팔라디움을 둘러싼 신화는 매우 복잡하다. 팔라디움이 트로이아의 안전을 보장한다. 이 팔라디움을 오뒷세우스와 디오메데스가 훔쳐냈다. 희랍 사람들이 훔쳐 간 팔라디움은 모조품이고 진품은 트로이아가 멸망할 때까지 트로이아에 있었다. 진품 팔리디움은 아이네이스가 가져다 로마의 베스타 신전에 모셨다. 디오메데스가 신탁을 두려워하여 이탈리아에 도착한 트로이아 유민들에게 팔라디움을 건넸다 등의 다양한 종류의 이야기들이 서로 착종되어 있다. 분명한 것은 팔라디움이 결국에는 로마에 베스타 신전에 모셔져 있었다는 것이다. 여기서 베르길리우스는 오뒷세우스와 디오메데스가 팔리디움을 훔쳐 냈다는 이야기를 따르고 있다.
168행 정결한 머리띠 : 미네르바 여신이 투구가 아닌 머리띠를 두르고 있다는 것은 좀처럼 납득하기 어려운 형상이다.

땀이 흘렀고, (그저 놀라워라) 세 번이나 땅에서
175　방패와 창을 흔들어 들고 솟구쳐 올랐습니다.
178　만약 그들이 아르곳에서 하늘 뜻을 새로 물어
179　과거 굽은 배로 올 때처럼 다시 오지 않는다면
177　아르곳 창칼에 펠가마는 파괴되지 않으리라,
176　즉시 바다 건너 도망치라 칼카스는 예언했고
180　그래서 지금 그들은 조국 뮈케네를 향했으니,
　　　무기와 신의를 전우 삼아 바닷길을 되짚어
　　　홀연히 돌아오리라, 칼카스가 푼 신의입니다.
　　　이렇게 팔라듐 대신, 더럽혀진 신상을 대신해
　　　참담한 불경을 씻을 요량에 목마를 세웁니다.
185　그런데 칼카스는 이렇게 엄청난 거구가 되어

178행 하늘 뜻 : ⟨numen⟩의 번역어다. 원정 중에 불행한 일이 생기면 다시 로마로 돌아와 신탁을 되묻는 것이 일반적이 로마의 관례였음을 여기서 생각해야 한다. ⟨numen⟩은 오뒷세우스와 디오메데스가 훔쳐 낸 팔라디움이 아니라, 181행에서 다시 언급된 ⟨신의⟩, 다시 말해 희랍으로 돌아가 다시 받아 와야 할 신탁을 의미한다(Conington). 물론 ⟨numen⟩을 신상으로, 따라서 179행의 ⟨avexere⟩를 희랍 사람들이 팔라디움을 ⟨가져가 버렸다⟩고 해석하기도 한다(Austin, Horsfall, Conte). 여기에서는 ⟨avexere⟩를 희랍 사람들이 ⟨가지고 왔다⟩라고 해석했다. 주목할 점은 172행에 팔라디움은 아직 희랍 진영에 남아 있는 것으로 보인다는 점이다.

184행 목마를 세웁니다 : 시논의 거짓말을 따라 사건을 재구성하면, (1) 오뒷세우스와 디오메데스의 팔라디움 약탈, (2) 팔라디움을 피로 더럽힘, (3) 이런 불경에 대한 아테네의 분노, (4) 새로운 신의를 다시 가지러 희랍으로 귀향, (5) 목마를 세워 불경의 죄를 씻음, (6) 갑작스러운 폭풍우, (7) 시논을 인신 공양하기로 함, (8) 시논의 탈주, (9) 희생제를 지내지 못했음에도 불구하고 희랍으로의 귀향 등으로 이어진다. 많은 주석가들은 (3)과 (4) 사이에 팔라디움이 이미 희랍 땅에 옮겨졌고, 옮겨진 팔라디움 대신 목마를 바친 것이라고 해석하기도 한다.

하늘에 닿도록 목판을 덧대 만들라 지시하고,
성문을 지나 목마를 성안에 들여놓지 못하게,
옛 신앙이 백성을 보호치 못하게 하라 합니다.
만일 미넬바의 제물을 당신들이 파괴한다면
거대한 파멸이(신들께서 파멸은 예언자에게   190
주시길!) 프리암과 그의 왕국에 있을 것이나,
만일 당신들이 당신들의 도시로 끌고 간다면
그때 아시아가 펠롭스의 성벽에 커단 전화를
끼칠 운명을 저희 후손들이 가지리라 합니다.〉
이런 간계와, 맹세마저 못 믿을 시논의 농간을   195
믿고 그렇게 우리는 거짓 눈물에 함락되었다.
튀데웃의 아들도, 라릿사인 아킬렛도 못했고
십 년 세월 수천의 전함도 어찌하지 못했건만.

　이때 훨씬 더 큰 몸서리쳐지는 끔찍한 일들이
닥쳐와, 짐작도 못 했던 가슴은 크게 놀랐다.   200
넵툰을 모실 제사장으로 선출된 라오콘이

　188행 옛 신앙 : 팔라디움을 대신해서 만들어진 목마를 도시로 가져 들어가면, 예전처럼 팔라스 아테네가 트로이아를 보호하게 될 것이라는 생각을 시논은 보다 분명하게 트로이아 사람들에게 밝힌다.
　195~198행 : 선호 목록시(Priamel)의 형식을 볼 수 있다. 이런 형식을 우리는 예를 들어 호라티우스의 『마이케나스 헌정시』에서 또는 더 멀리 사포의 단편에서 볼 수 있다. 〈어떤 이들은 기병대가, 어떤 이들은 보병대가 어떤 이들은 함대가 검은 대지 위에서 가장 아름답다 하지만, 나는 사랑하는 이라 말하겠어요.〉(사포 단편 16LP)
　201행 넵툰을 모실 제사장으로 선출된 라오콘 : 라오콘은 아폴론의 사제로 알려져 있지만, 베르길리우스는 넵투누스의 사제라는 전승을 취하고 있는 듯 보인다. 앞서 40행 이하에서도 라오콘이 아폴론의 사제라는 단서를 전혀 경건한 제단에 바치려고 황소를 잡고 있었다.
보라, 테네돗에서 숨죽인 바다를 지나 쌍둥이
뱀들이 (말하려니 떨리는데) 크게 굽이치며
바닷물을 건너와 나란히 해안으로 돌진한다.
목을 곧추세우고 물을 지나니 대가리 비늘은
핏빛 붉게 파도를 넘었고 나머지는 수면에
길게 늘어져 엄청난 덩치의 물결을 만들었다.
거품으로 부서진 파도의 노호. 이제 뭍에 오른
뱀들은 핏발 선 눈에 이글거리는 불을 켜고
날름거리는 혀로 식식 을러대며 입을 다셨다.
우리는 실색하여 흩어졌다. 뱀들은 주저 없이
라오콘을 쫓았다. 먼저 어린 두 자식의 여린
육신을 뱀이 하나씩 나눠 덤벼들어 휘감더니
움켜쥐고는 가련한 사지를 뜯어 삼켜 버렸다.
이어 자식을 구하려 창을 집어 든 라오콘에게
같이 대들더니 칭칭 그를 감돌아 묶었다. 이제
이중으로 허리를 감돌아, 이중으로 목덜미를
비늘 몸으로 조이며 머리와 목을 높이 세웠다.

찾을 수 없다.
  206행 : 뱀의 머리에 달린 비늘은 현실적으로는 존재하지 않는 듯하다. 고대의 학자들도 이를 본 사람은 없다고 말하고 있다. 어쩌면 과장된 그림에서 괴물의 형상으로 그려 넣을 것이 수 있다.
  208행 물결을 만들었다 : 〈엄청난 덩치〉를 〈물결치다〉의 주어로 생각한 사본도 있지만, 여기에서는 이를 목적어로 해석하였다. 상상해 보면 뱀들은 지금 머리를 곧추세우고 꼬리를 뒤로 늘어뜨리고 있다. 뱀들은 넘실거리는 파도에 맞추어 꼬리로 큰 파도 모양을 만들고 있다.

사제는 조여 오는 매듭을 손으로 풀려는 동시 220
머리띠까지 핏물과 검푸른 독이 퍼져 나가자,
목에 맞은 빗나간 도끼질에 상처 입은 황소가 224
날뛰다 제단을 뛰쳐나가 괴성을 지를 때처럼 223
진저리 나는 끔찍한 비명을 하늘까지 질렀다. 222
한편 쌍둥이 뱀은 제단 꼭대기로 미끄러지듯 225
도망쳐 잔혹한 팔라스의 성채로 올라가더니
여신상의 발아래로, 방패 아래로 몸을 숨겼다.
그때 우리 모두의 떨리는 가슴속으로 새로운
공포가 기어들고 죄의 대가를 라오콘이 치른
것이라 소문이 돌았다. 신성한 목마를 창으로 230
훼손하였으니 저주의 창을 그가 휘둘렀던 것.
목마를 신전으로 옮겨 놓고 여신의 뜻을 청해
물어야 한다 외쳤다.

223행: 황소 비유는 일반적인 경우라기보다는 직접 라오콘이 희생으로 바칠 황소를 잡는 장면(202행)에서 벌어진 사건이라고 볼 수 있다. 황소 비유를 통해 보자면 어쩌면 라오콘과 그의 아들들이 살아 있을 수 있다는 추론이 가능하다. 실제로 그가 다만 실명한 채 살아 있다는 이야기도 전한다. 베르길리우스도 실제 죽음을 표명하지 않았다. 다른 해석에 따르면 희생 황소가 탈출했다는 것 자체는 불길한 전조이며, 이는 라오콘의 죽음을, 다시 라오콘의 죽음은 트로이아의 패망을 여는 큰 사건이다. 225행의 〈한편〉이라는 한 마디에 라오콘의 죽음이 함축되어 있다고 보기도 한다(Austin).

232행 여신의 뜻을: 뱀들을 어떤 신이 보냈는지, 또 왜 뱀들이 미네르바 여신의 신상 아래로 사라졌는지에 대해 트로이아 사람들은 라오콘이 팔라스에게 바쳐진 제물에 불경한 행동을 했기 때문이라고 생각하게 되었다. 이로써 시논의 거짓말에 속은 트로이아 사람들은 여신의 뜻이 분명하다고 믿고 지체 없이 목마를 도시로 가지고 들어간다.

233행: 미완성의 시행이다.

우리는 성벽을 부수고 도시 성곽을 허물었다.
모두가 힘을 보태어 목마의 발아래 차바퀴를
굴러가게 달았으며 단단한 밧줄을 목마 목에
걸어 묶었다. 파멸의 기계가 성곽을 넘어든다,
무기를 가득 싣고. 주변 청년, 미혼의 처녀들이
찬가를 부르며 기뻐하며 밧줄에 손을 얹었다.
성벽을 넘자, 시 중앙으로 을러대며 굴러간다.
조국이여, 신들의 거처 일리온이여, 전쟁으로
유명한 달다늣의 성채여, 성 문턱에 걸려 네 번
멈춰 섰고, 네 번 배 속에서 무기 소리가 울렸다.
광기에 눈이 멀어 알아채지 못한 채 밀어붙여
우리는 액운이 낀 괴물을 신전에 안치했다.
그때 카산드라는 앞날의 운명을 언급하고자
신의 저주로 테우켈족이 안 믿는 입을 열었다.
불행한 우리는 신전마다, 그날이 우리 마지막
날인 것을, 도시 곳곳 축제의 화관을 장식했다.

　그새 천체가 돌아 오케아늣에서 밤이 달려와
깊은 어둠에 대지며 하늘을 감추고, 뮐미돈의
간계도 숨겼다. 테우켈족은 흩어져 도시 두루
잠잠하더니 깊은 잠이 지친 몸을 휘감았다.
그때 아르곳은 전함을 줄지어 대형을 갖추고
입 다문 달의 달가운 침묵 속에 테네돗을 떠나
익숙한 해안을 찾았다. 사령선이 봉화를 밝혀

253행 깊은 잠이 지친 몸을 휘감았다 : 제3권 511행을 보라.

올리자, 신들의 부당한 가호를 누리던 자는
배 속에 숨어 있던 다나웃을, 소나무 감옥을
시논은 은밀히 열었다. 그들은 목마가 열리고
바람이 닿자 기뻐하며 속 빈 몸통에서 내렸다.　　　　　　　　260
테산둘과 스테넬을 필두로 잔혹한 울릭셋이
내려진 밧줄을 내려왔고 아카맛도, 토아스도,
펠레웃의 손자 네옵톨도, 탁월한 마카온도,
메넬랏도, 속임수를 제작한 장본인 에페옷도.
그들은 단잠과 술에 파묻힌 도시를 유린했다.　　　　　　　　265
초병들을 죽이고, 성문을 활짝 열어젖혀 모두

256행 이하: 베르길리우스의 설명대로라면 아가멤논의 사령선이 테네도스 섬을 출발하면서 봉화를 올렸고, 이 불빛을 발견한 시논이 목마의 배를 열었고, 다시 목마의 배에서 나온 전사들이 성문을 열어 희랍군을 받아들였다. 이후 시논은 329행에서 언급되는 것처럼 도시를 불태운다. 다른 전승에 따르면 신호를 먼저 보낸 것은 시논, 혹은 안테노르, 혹은 양자가 힘을 합한 것이라고도 한다. 베르길리우스는 트로이아 멸망과 관련하여 시논의 역할을 부각시키고자 시논에게 매우 중요한 임무, 희랍군에게 신호를 보내는 일과 목마를 여는 일을 부여한 것으로 보인다(Horsfall).

258행 시논은 은밀히 열었다: 전승에 따르면 오뒷세우스가 목마 안에서 출구를 개방하였다. 물론 밖에서 시논의 신호가 있었다고 한다. 또 다른 전승에서는 시논을 완전히 배제하고 다만 희랍의 전사들이 밖에서 소리가 들리지 않자 모두가 잠들었다고 판단하고 문을 열고 나왔다고도 한다. 베르길리우스는 시논에게 중요한 역할을 부여하고 있다(Austin).

263행 탁월한: 〈primus〉의 번역이다. 마카온은 의사이며 아스클레피오스의 아들이다. 〈primus〉라는 말에 따라 〈제일 먼저〉 내린 것으로 해석할 수도 있다(Ruden). 하지만 이렇게 해석할 경우 앞서 〈필두로〉(261행)와 상충된다. 여기에서는 〈primus〉를 마치 마카온에게 붙은 서사시적 별칭으로 생각하며 이를 〈만인에 앞서는, 탁월한〉이라고 해석하였다. 『일리아스』 제11권 511행 이하 〈마카온을 옆에 태우고 (……) 화살을 잘라 내고 고통을 멎게 하는 약을 뿌려 주는 의사야말로 만군의 가치가 있기 때문이오.〉

전우들을 불러들여, 공모자의 군대를 합했다.
 그때는 바로 고달픈 인생들에게 첫잠이 이제
시작돼 신들의 선물로 달갑게 찾아들 때였다.
270 보라, 꿈속에 헥토르가 처참한 몰골로 눈앞에
나타나 내 옆에 서서 한없이 눈물을 쏟았다.
먼저 전차에 끌려다녀 피 먼지로 뒤범벅되고
부은 발은 가죽끈에 꿰였을 적 모습 그대로.
그는 어떠했는가! 지난날의 헥토르와 얼마나
275 다른가! 아킬렛의 무장을 걸치고 돌아왔을 때,
다나옷 전함에 프뤼갸 화공을 가할 때와 달리
흐트러진 수염, 핏덩이와 단단히 엉킨 머리털,
상처투성이 온몸, 조국의 성벽을 끌려다니며
상처 입은 그대로 아닌가! 통곡하며 내가 먼저
280 사내를 부르며 목멘 목소리를 겨우 토했다.
 〈달다냐의 빛, 믿음직한 테우켈족의 희망이여

273행 꿰였을 적 모습 그대로 : 아이네아스는 왜 이런 모습의 헥토르를 꿈에서 보았을까? 이때는 이미 프리아모스가 제1권 463행 이하에서 헥토르의 시신을 몸값을 주고 받아 와 성대한 장례식을 마친 상태였다. 헥토르의 이런 모습은 『일리아스』 제22권 395행 이하에 묘사된 것과 같다. 〈두 발의 뒤쪽 힘줄을 뒤꿈치에서 복사뼈까지 뚫고 그 사이로 쇠가죽 끈을 꿰어 (……) 머리는 뒤로 끌려오도록 해놓았다 (……) 이처럼 그의 머리는 온통 먼지투성이가 되었다.〉 앞서 제1권 355행 이하에서 베누스가 아이네아스에게 들려준 여왕 디도의 사연 가운데에도 이와 유사한 장면이 등장했다.

281~286행 : 꿈을 꾸고 있는 아이네아스는 헥토르가 죽었다는 사실을 모르고 있는 듯하다. 또한 아킬레우스의 마차에 끌려다니며 입은 온몸의 상처가 무슨 일 때문에 생긴 것인지를 전혀 알지 못하고 있는 듯 말하고 있다. 다만 헥토르가 어디 멀리 떠나 있다가 이 순간 갑자기 나타난 것처럼 말을 건네

왜 그리 오래 걸린 겁니까? 헥토르여, 어데서
오십니까? 그립던 이여! 당신 전우들의 무수한
장례와, 사람들과 도시가 갖은 고생을 치르며
지쳐 당신을 얼마나 기다렸는데. 어찌 맑았던   285
얼굴은 상한 것이며, 이 상처는 무엇입니까?〉
그는 헛되이 묻는 질문에 아무런 대꾸도 않고
가슴 깊은 곳에서 힘겨운 신음을 토해 내며
〈여신의 아들아, 도망쳐 화염에서 몸을 피하라!
적군이 성벽을 장악했다. 트로야는 무너진다.   290
조국과 프리암께 이제 충분히 했다. 펠가마를
구할 수 있었다면 이 손으로 구했을 것이나.
트로야는 제 성물과 신주를 너에게 맡긴다.
이들을 운명의 동반자로 이들을 위해 우뚝한
성벽을 구하니 헤매던 뱃길에 끝내 찾으리라.〉   295
말하고 양손에 받쳐 띠를 묶은 영험한 베스타,
꺼지지 않을 불을 성소 깊은 곳에서 꺼내 왔다.

고 있다.

287행 헛되이 : 헥토르는 아이네아스의 질문에 아무런 대답도 하지 않고 자신이 말하고자 하는 것을 바로 이야기한다. 〈헛되이〉는 헥토르가 대꾸를 하지 않았기 때문에 결과적으로 〈헛된 질문〉이 되었다는 뜻이다.

296행 이하 : 베스타 여신을 띠로 장식한다는 것은 있을 수 없다. 베스타 여신의 신상이 언급되는 전거는 있지만, 실제 로마에 있는 베스타 신전에는 신상 자체가 존재하지 않기 때문이다(Horsfall). 또 자고 있는 아이네아스에게 헥토르가 찾아온 것으로 되어 있는데, 갑자기 베스타 여신의 성소가 등장한다. 베스타 여신의 성소는 아이네아스의 집과는 거리가 멀다. 앞서 아이네아스가 헥토르의 죽음에 대하여 전혀 모르고 있었던 것과 마찬가지로 헥토르의 현몽 장면은 불가해한 많은 요소로 가득하다.

그새 도시는 여기저기 울음바다가 되었다.
차츰차츰 또렷이, 비록 부친 앙키사의 집은
숲에 가려 멀찍이 외떨어진 곳에 있었지만,
무기의 아우성이 커지며 공포로 가까워졌다.
나는 꿈을 떨치고 일떠서 건물 높은 꼭대기로
올라가 섰고 귀를 기울여 사방을 살펴보았다.
화염이 광분한 남풍을 타고 요원을 덮치듯
혹은 계곡에서 쏟아져 내린 급류가 포효하며
들판, 즐거운 작물과 농우의 수고를 쓸어 내고
초목을 뒤집어엎을 때, 놀라며 영문도 모른 채
바위 등에 올라 소동을 바라보는 목동 같았다.
마침내 진실이 명명백백 드러나고 다나웃의
간계가 밝혀졌다. 데이폽의 저택이 무너진다.
불칸에게 굴복했다. 바로 옆에 붙은 우칼렉도

302행 나는 꿈을 떨치고 일떠서 : 298~301행에서 언급된 소음과 비명 때문에 아이네아스는 그런 모습의 헥토르를 꿈에서 보았을지도 모른다.

307행 이하 : 『일리아스』 제11권 492행 이하. 〈마치 크게 불어난 겨울철의 강물이 제우스의 비에 쫓겨 산에서 들로 쏟아져 내리며 마른 참나무와 소나무들을 수없이 휩쓸어 가고 많은 진흙을 바닷속으로 던져 넣을 때와도 같이.〉

308행 소동을 바라보는 목동 같았다 : 소위 〈목동 비유〉다. 『일리아스』 제4권 450행 이하. 〈그러자 죽이는 자들과 죽는 자들의 신음 소리와 환성이 동시에 울렸고, 대지에는 피가 내를 이루었다. 마치 겨울철에 두 줄기의 산골 급류가 큰 샘들에서 움푹 팬 골짜기를 따라 세차게 흘러내리다가 골짜기가 마주치는 지점에서 서로 합류할 때와도 같이 — 그것들의 둔중한 소리는 멀리 산속에 있는 목자의 귀에도 들린다 — 꼭 그처럼 어우러져 싸우는 자들에게서 함성과 노고가 들린다.〉 〈바위 등에 앉아 있는 목동〉 비유는 호메로스를 원용한 베르길리우스의 창작으로 보인다.

불탄다. 불빛은 시게움 넓은 바다에 물든다.
사내들의 함성이, 나팔의 괴성이 크게 울린다.
나는 미쳐 무기를 잡았다. 무턱대고 무장하고
싸울아비들을 모아 전우들과 더불어 보루로   315
달려 나갈 생각에 불타올랐다. 광기와 분노에
제정신을 잃었다. 장렬한 전사를 생각했다.
　한데 여기에 아카야의 창칼을 피한 판투스가,
오트륏의 아들 판투스, 아폴로 신단의 사제가
성물, 정복된 신주를, 어린 손자를 손 붙잡고   320
몸소 모셔 온다. 얼이 빠져 내 집으로 달려온다.
〈판투스여, 어디가 격전지, 우리의 보루입니까?〉

　317행 장렬한 전사를 생각했다 : 헥토르가 꿈에 나타나 이야기한 것을 모두 잊고 지금 아이네아스는 오로지 적과 싸울 것과 싸우다 죽을 것만을 생각하고 있다. 어느새 아이네아스는 지붕에서 내려와 있다.
　320행 정복된 신주 : 헥토르가 꿈에 나타난 아이네아스에게 건네려고 하던 바로 신주를 현실에서 판투스가 아이네아스의 집으로 가지고 온다. 이후 베르길리우스는 판투스가 아이네아스에게 신주를 건넸는지에 관해 언급하지 않았다. 아이네아스는 이때 황급히 집을 나갔다가 프리아모스의 죽음 이후에야 집으로 되돌아온다. 판투스가 가져온 성물이 717행 이후에 다시 언급되는 〈조국의 신주〉라고 추정할 수 있다. 판투스는 신주를 아이네아스의 집에 두고 다시 싸우러 돌아간 것으로 보이는데, 429행 이하에서 전사한다(Austin). 판투스가 왜 〈조국의 신주〉를 아이네아스의 집으로 가져왔는지에 대한 설명은 어디에서도 찾을 수 없다(Horsfall).
　322행 격전지 : 아이네아스의 질문은 〈현황〉을 묻고 있는 것처럼 보이며, 판투스 또한 그렇게 이해한 것으로 보인다. 하지만 아이네아스의 보다 구체적인 의도는 〈현재 가장 격렬한 전투가 벌어지는 곳, 우리가 방어하고 있는 곳〉이다. 그는 지금 달려갈 생각에 마음이 조급한 상태다. 하지만 판투스는 아이네아스의 물음에 제대로 답하지 않고, 다만 이미 도시 전체가 적의 수중에 들어갔다고 말하고 있다. 그는 이렇다 할 저항의 보루가 남아 있지 않음을 내 말이 끝나기 무섭게 그는 신음하며 말했다.
〈최후의 날과 벗어날 수 없는 때가 이르렀소,
달다냐에. 우리 트로야, 일리온은 사라졌소.
테우켈의 영광도. 성난 유피테르가 아르곳에
모두 양도했소. 불탄 도시에 다나웃만 설치오.
당당하게 도시 가운데 버티고 서서 병사들을
목마가 뱉고, 정복자 시논은 도시를 불 지르며
악담을 토하오. 개방된 성문들로 들이닥치오,
넓은 뮈케네로부터 도래했던 수천 병사들이.
일부는 장창을 겨누어 들고 시내 도처 골목을
봉쇄했소. 서슬이 시퍼런 군도를 벼르고 서서
살육을 준비하오. 처음 맞닥뜨린 파수병들은
변변한 전투의 시도도 없이 눈먼 전쟁을 했소.〉
오트륏의 아들이 답하고 나는 신들의 뜻대로
화염과 무기들 속으로, 끔찍한 복수의 여신이
이끄는 대로 치솟는 비명이 오르는 데로 갔다.
리페웃이 동무로 힘을 보태고 싸움에 강력한

은연중에 말하고 있다.

335행 눈먼 전쟁 : 고대 주석가들은 두 가지로 해석하는데, 첫 번째는 〈어두운 밤에 펼쳐진〉 전쟁이며, 두 번째 〈아무런 계획도 없이 되는대로 마구잡이로 펼쳐진〉 전쟁이다.

336행 신들의 뜻대로 : 348행 이하에서 아이네아스는 신들이 모두 트로이아를 버리고 떠나 버렸다고 말하고 있다. 또 602행에서 베누스는 신들이 모두 트로이아를 공격하고 있다고까지 말하고 있다. 이어지는 〈화염과 무기들〉을 꾸미고 있는 것으로 보아야 할 것이다.

340행 달빛에 모이고 : 청년들은 어둠을 뚫고 아이네아스의 집으로 모여

에퓌툿이 달빛에 모이고, 휘파닛과 뒤마스가　　　　　　340
우리 측면으로 합류했다. 청년 코뢰붓 또한
뮈그돈의 아들로 그즈음에 트로야를 때마침
찾았다. 카산드라를 사랑해 미친 듯 불타올라
사위로서 프리암과 프뤼갸를 돕고 있었으나
불행하게도 그는 신들린 약혼자의 가르침을　　　　　　345
듣지 않았다.
나는 그들이 싸우고자 뭉치려는 걸 보았을 때
이렇게 말을 꺼냈다. 〈청년들아, 헛되이 용맹한

들었다. 더 이상 언급이 없는 에퓌투스를 제외하고 425행 이하에서 모두 전사한다. 에퓌투스를 434행에 등장하는 이피투스와 동일시할 수 있다고 보기도 한다(Conington).

341행 청년 코뢰붓 : 카산드라에게 장가들기 위해 트로이아를 찾아온 인물은 『일리아스』 제13권 361행 이하에 따르면 오트뤼오네우스다. 〈이자는 최근에야 전쟁의 소문을 좇아 이곳에 와서는 프리아모스의 딸들 중에서도 제일 미인인 카산드라에게 구혼했다. 그는 구혼 선물은 주지 않았지만 그 대신 아카이아인들의 아들들을 트로이아에서 강제로 내쫓겠다고 엄청난 일을 약속했던 것이다. 그래서 프리아모스 노인은 그에게 딸을 주기로 머리를 끄덕여 약속했고, 그는 또 이 약속을 믿고 싸우고 있었다.〉 오트뤼오네우스의 이야기를 코로이부스에게 덮어씌운 시인이 베르길리우스 본인인지, 아니면 『소(小)일리아스』에서 그렇게 언급되어 있는지 확정할 수 없다. 베르길리우스는 사랑에 빠진 젊은 청년이 사랑하는 여인을 위해 기꺼이 전쟁에 참여하여 싸우는 다분히 낭만적인 장면을 넣음으로써 카산드라에 대한 연민과 전쟁의 끔찍한 공포를 고조시키고 있다(Austin).

345행 불행하게도 : 코로이부스는 트로이아를 위해 열심히 싸웠으나 마지막 전투에서 사망한다(425행). 아마도 코로이부스는 목마를 도시로 들여오는 데 있어 약혼자 카산드라의 뜻을 거슬러 열심히 트로이아 사람들을 도왔을 것이다. 부지런히 도왔으나 결국 불행한 결과를 막을 수 없었다.

346행 : 미완성의 시행이다.

348행 헛되이 : 아이네아스는 최후까지 싸우겠다고 결심한 한편, 이미 트

가슴이여, 너희에게 최후까지 싸우려는 나를
따를 결단이 섰다면, 지금의 상황을 알 것이다.
신전과 신단을 버리고 신들 모두 우릴 떠났다.
왕국을 지키던 그들이. 불타는 도시로 너희는
뛰어든다. 죽음을 구하자! 이제 전장으로 가자!
살길 희망하지 않는 것은 패자의 유일한 살길.〉
청년들의 마음에 광분이 솟았다. 마치 늑대를
어두운 안개 속 약탈자로 굶주린 배 속 광기가
앞뒤 없이 무섭게 내몰고 뒤에 남은 새끼들이
못 먹고 보챌 때처럼, 창을 헤치고 적들을 뚫고
우리는 죽을 각오로 나아갔고 시내 한가운데
이르렀다. 검은 밤이 빈 어둠으로 날고 있었다.
누가 그 밤의 참상을, 누가 그 밤의 죽음을 말로
형언하거나 고통의 값만큼 울어 줄 수 있을까?

로이아의 패망을 예감하고 있다.

351행 신들 모두 우릴 떠났다 : 앞의 336행의 주석을 보라.

354행 살길 희망하지 않는 것은 패자의 유일한 살 길 : 317행에서 언급된 말의 또 다른 표현이다. 아이네아스는 이미 죽음을 생각하고 있었다.

360행 검은 밤 : 〈검은〉은 밝은 낮에 대비하여 〈밤〉을 강조하기 위해서 쓰인 것으로 보인다. 달빛마저 구름에 가려 보이지 않게 되었다고까지 생각할 이유는 없다. 앞서 340행에서 달이 밝게 빛나고 있는 것으로 보기에 충분하다. 255행에서도 희랍 군대는 〈침묵하는 달〉을 바라보며 트로이아로 다시 돌아오고 있었다.

362행 : 『오뒷세이아』 제3권 113행 이하. 〈그 밖에도 우리는 많은 다른 불행을 당했다네. 필멸의 인간들 중에 누가 그것을 다 말할 수 있겠나? 자네가 오 년이고 육 년이고 이곳에 머물며 고귀한 아카이오이족이 그곳에서 얼마나 많은 불행을 당했는지 묻는다 해도 다 말할 수 없을 것이네.〉

수많은 세월 군림하던 옛 도시는 사라졌다.
골목마다 수많은 목숨들이 힘없이 여기저기
죽어 누워 있었다. 집집마다, 신들을 모시던   365
문턱마다. 테우켈만이 피로 죄받은 건 아니다.
때로 패자들에게도 울분이 용기로 솟아나니
정복자 다나웃도 쓰러졌다. 사방에 처참한
슬픔, 천지에 온통 공포와 죽음의 숱한 모습들.
　다나웃 중 제일 먼저 한 패거리 병사를 거느린   370
안드록과 부닥뜨렸다. 그는 동맹군으로 믿고
우릴 알아보지 못하고 먼저 다정히 채근했다.
〈친구들, 서두르게! 어찌하여 그렇게 묵새기며
지체하는가? 다른 이들은 불타는 펠가마에서
한몫 챙기는데, 자네들은 배에서 지금 오는가?〉   375
말하다가 이내 믿을 만큼 충분히 대답이 없자
자신이 적진 한가운데 떨어졌음을 눈치챘다.
굳어져 뒷걸음질 쳤고 목소리도 기어들었다.
마치 사나운 가시밭에서 누운 뱀을 얼떨결에

　375행 지금 오는가? : 이를 후대 편집자들의 추정으로 보고 이를 의문문에서 평서문으로 바꾸어 놓은 경우도 있다(Conington). 하지만 대부분의 편집자들과 번역자들이 의문문을 택하고 있다.
　376행 믿을 만큼 충분히 대답이 없자 : 423행으로부터 알 수 있는바 희랍군과 트로이아군이 서로 다른 말을 쓰고 있었기 때문에 아이네아스 일행은 자신들을 못 알아보는 희랍군에게 정체를 드러내지 않기 위해 일부러 침묵한 것으로 보인다. 또는 고대 주석가들의 다른 의견에 따라 원문 〈대답*responsa*〉이 〈군사 암호〉와 같은 것을 가리키는 것으로 볼 수도 있다.
　379행 이하 : 『일리아스』 제3권 31행 이하. 〈신과 같은 알렉산드로스는 간

380 지르밟고는 두려움에 떨며 황급히 도망하여
    잔뜩 약이 오른 검푸른 목덜미의 뱀을 피하듯
    꼭 그처럼 안드록을 보고 놀라 도망치려 했다.
    우리는 달려들어 촘촘하게 무기로 포위하고
    공포의 포로가 되어 우왕좌왕 헤매는 그들을
385 쓰러뜨렸다. 행운은 우리의 첫 과업을 도왔다.
    그러자 이때 성공에 용기가 충천한 코뢰붓이
    말하되, 〈전우들아, 첫 행운이 알려 준 안녕의
    길로, 호의로써 몸소 알려 준 대로 따릅시다.
    방패를 바꿔 다나웃의 상징을 우리가 듭시다.
390 간계냐 용기냐를 적 앞에서 누가 따진답니까?
    적들이 무기를 줄 겁니다.〉 곧이어 깃털 장식의
    투구와, 안드록을 벗겨 상징이 새겨진 방패를
    걸쳤다. 또 옆구리에는 예의 아르곳 칼을 찼다.

담이 서늘해져 죽음의 운명을 피하여 도로 전우들의 무리 속으로 물러서고 말았다. 마치 산골짜기에서 구렁이를 본 사람이 깜짝 놀라 뒷걸음질 치며 사지를 부들부들 떨고 얼굴이 파랗게 질린 채 도로 물러설 때와도 같이.〉

388행 안녕의 길 : 390행에 나오는 것에 비추어 〈간계*dolus*〉, 다시 말해 속임수와 거짓과 잔꾀가 안녕의 길이라고 코로이부스는 역설하고 있다. 과연 간계가 안녕의 길일까? 401행 이하에서 곧 밝혀지는바, 코로이부스는 자신이 선택한 간계로 인해 아군의 공격을 받고 죽임을 당한다. 희랍군에게는 간계가 전쟁을 승리로 이끄는 방법이었는바 목마 작전 자체가 그러하며, 시논의 간계가 그러하다. 앞서 〈간계〉는 마치 희랍 사람들의 전유물인 양 〈속임수〉와 함께 〈희랍 사람〉을 가리키는 단어들에 붙어 다녔다. 예를 들어 152행 〈펠라스가의 기술 (……) 속임에 능한 그자*ille dolis* (……) *et arte Pelasga*〉, 252행 〈뮐미돈의 간계*Myrmidonum dolos*〉, 310행 〈다나웃의 (……) 간계*Danaum* (……) *insidiae*〉 등.

이를 리페웃이, 이를 뒤마스도, 청년들이 모두
순순히 따라 했다. 저마다 적을 벗겨 무장했다.   395
우리는 남의 신명을 모시고 다나웃과 섞였다.
눈먼 밤을 내내 적들과 맞붙어 수많은 전투를
벌였다. 무수한 다나웃을 하계로 내려보냈다.
일부는 배로 뿔뿔이 도망쳐 달음질로 안전한
해안을 찾고, 일부는 흉측스런 공포에 커단   400
목마를 도로 올라 친숙한 배 속에 몸을 숨겼다.
  남의 신을 억지로 모시는 건 언제나 불경한 일.
프리암의 딸 카산드라가 머리채를 잡힌 채
미넬바를 모시는 신전 성소에서 끌려 나가고
애타는 눈을 들어 하늘을 쳐다보지만 헛된 일.   405
결박된 고운 손을 들 수 없어 두 눈을 들었으나.
이 모습에 코뢰붓은 미친 듯 정신을 잃었으며
죽자 하고 적군 가운데 몸을 던져 뛰어들었다.
우리 모두는 그를 좇아 무기를 모아 달려갔다.

 396행 남의 신명 : 희랍군의 방패 등 무장에 희랍군의 상징이 장식되어 있
었을 것을 생각해 볼 수 있다. 혹은 〈신들의 가호〉라고 이해할 수도 있겠으며
따라서 〈적을 보호하는 신들의 가호를 받으면서〉라고 번역할 수 있겠다
(Conington).
 397행 눈먼 밤을 내내 : 360행부터 논쟁이 되는 부분이다. 호스팔Horsfall
은 360행 이후 계속해서 이런 유의 문제가 나올 때마다 달이 잠시 가려지는
상황을 머릿속에 떠올리고 있는 것으로 보인다. 360행과 마찬가지로 〈어두
운〉이라는 것 말고는 다른 뜻을 부가할 필요는 없다. 402행 이하에서 카산드
라가 적군에 끌려가는 것을 육안으로 확인할 수 있을 정도로 밝았다는 점은
달빛 이외에도 화염에 휩싸인 트로이아의 불빛으로도 설명 가능하다.

410 먼저 이때 신전의 높은 지붕에서 아군의 창이
우리에게 날아들었고 불쌍한 죽음을 맞으니
무장한 그래웃의 투구를 보고 오인한 것이다.
이어 처녀를 뺏겨 격분해 고함치며 다나웃이
사방에서 모여들었다. 몹시 사나운 아약스가,
415 아트렛의 두 자식과 돌로펫의 병사들 모두가.
마치 돌풍이 몰아닥쳐 바람들이 마주쳐 불다
뒤엉키면, 서풍과 남풍과 동방마를 좋아하는
동풍에 초목이 신음하고, 삼지창으로 격노한
거품을 문 네레웃이 바다 밑까지 흔들 때처럼.
420 엎친 데 덮쳐 어두운 밤의 그림자 아래 우리가
시내를 휘젓고 다니며 간계로 쫓았던 자들이
다시 나타났다. 맨 먼저 방패와 창의 속임수를
알아챘고 소리가 다른 말을 감지했던 이들이.
이내 우리는 숫자에 밀려 맨 처음 코뢰붓이
425 전쟁에 강한 여신의 제단에서 페넬롯의 손에

413행 처녀를 뺏겨 : 베르길리우스는 코로이부스가 아주 잠깐이나마 카산드라를 되찾은 것으로 만들고 있다. 하지만 이하에서 보듯이 코로이부스는 곧 최후를 맞으며 결국 카산드라는 희랍군에게 다시 잡혀간다.

418행 삼지창으로 격노한 : 제1권 138행의 〈섬뜩한 삼지창〉은 넵투누스의 것인데, 여기서는 네레우스의 것으로 이야기된다. 삼지창은 일반적으로 바다와 관련된 신들의 상징이다(Horsfall).

421행 간계로 : 388행 〈안녕의 길〉에 대한 각주를 보라.

425행 전쟁에 강한 : 404행 이하의 문맥으로 보건대 아테네 여신을 수식하는 장식 어구로 보인다. 아테네를 꾸미는 말로 제11권 438행에서도 〈전쟁에 강한 *armipotens*〉이 보인다. 하지만 제9권 717행에서는 전쟁의 신 아레스를 꾸미는 말로도 사용된다.

고꾸라졌다. 리페웃이 쓰러졌다. 정의롭기로
공정하기로 테우켈족의 첫째가는 인물이나
신들은 생각이 달랐다. 휘파닛과 뒤마스가
아군에게 맞아 떠났다. 판투스여, 네 지극한
충직함도, 아폴로의 두건도 널 지키지 못했다. 430
일리온의 잿더미여, 동포의 마지막 불꽃이여,
증언하라. 너희 최후에 나는 어떤 창과 공격도
결코 회피하지 않았으며, 내 운명이 그랬다면
나는 다나웃의 손에 죽었으리. 우린 흩어졌다.
이피툿과 펠랴스는 날 따라 — 이피툿의 노구는 435
무겁고, 펠랴스는 울릭셋에게 당해 둔했다 —
비명을 듣고 프리암의 궁전으로 이끌려 갔다.
여기 전투가 치열했다. 여기 비하면 다른 곳은
전투가 아니며, 시내엔 전사자가 없을 정도로.
전쟁신이 날뛰고 다나웃이 궁전에 덤비는 걸 440
나는 보았다. 밀집 대형이 문턱을 뒤덮었다.

428행 신들은 생각이 달랐다 : 고대 주석가들은 이 부분에서 불경의 뜻을 지우려고 하였다(Austin). 하지만 분명 아이네아스는 신들의 처사가 틀렸다며 신들을 원망하고 있다. 탁월한 덕을 지닌 인물이라고 트로이아 사람들은 믿었으나, 신들은 그런 인물에게 최선의 보상을 주지 않았다는 것이다. 아이네아스는 속임수를 쓰는 희랍은 승리를 거두는 데 반해, 트로이아는 계속해서 불행을 겪는 것에 대해 분개하고 있는 듯 보인다. 훌륭한 덕을 갖춘 인물이라고 반드시 신의 보호를 받는 것은 아니다. 제3권 제1행 이하를 보라. 〈아시아의 위업과 프리암의 죄 없는 백성들을 신들이 뒤엎어 놓은 후……〉라고 아이네아스는 다시 한 번 말하고 있다. 베르길리우스의 생각도 이와 다르지 않은 것 같다. 〈빼어나게 충직한 사내가 그런 고난을 겪게끔……〉(제1권 10행)

441행 밀집 대형 : 〈testudo〉라는 용어는 공성 작전에서 로마군이 사용한

벽에는 사다리가 걸렸고, 성문 기둥 너머로
사다리를 밟고 올라와 왼손 방패로 창을 막아
덮어쓰고, 오른손은 성벽 위를 잡고 매달렸다.
445 달다눗 후손은 맞서 첨탑과 궁전 지붕을 모두
뜯어냈다. 마지막을 감지하고 이것들을 던져
죽는 순간까지 스스로를 방어할 채비를 했다.
옛 어른들의 자랑거리였던 황금 서까래마저
떼어 내 던졌다. 일부는 칼을 빼어 들고 성 아래
450 성문으로 몰려들어 막아섰고 성문을 지켰다.
　내 용기가 되살아났다. 왕의 궁전을 지키는 데

방어 무기로 위에서 던지는 투석 등으로부터 공성 부대를 지켜 내는 나무 구조물을 가리킨다. 442행의 〈사다리〉 또한 로마군이 공성 작전에 사용한 장치로 보인다. 다른 가능성으로 이는 희랍식 〈밀집 대형phalanx〉와 흡사한 진형을 가리킨다고 볼 수도 있다. 밀집 대형에 대해 『일리아스』 제11권 131행 이하에서는 다음과 같이 설명하고 있다. 〈선발된 장수들이 트로이아인들과 고귀한 헥토르를 기다리며 창에는 창을 맞대고 방패에는 포개 놓고 있었으니 말이다. 그리하여 방패는 방패를 투구는 투구를 사람은 사람을 밀었다. 그리고 그들이 머리를 끄덕일 때마다 말총 장식이 달린 투구의 번쩍이는 뿔들이 서로 닿았다. 그만큼 그들은 촘촘히 붙어 서 있었다.〉 밀집 대형의 보다 발전된 형태로 마케도니아 군대가 사용한 밀집 대형은 병사들의 머리 위로 방패를 들어 올려 방어하였다고 한다. 베르길리우스가 이런 것들을 생각하고 있었다면 이는 상당히 시대 착오적인 발상이다.

447행 스스로를 방어할 채비를 했다 : 트로이아 사람들은 방어를 위해 트로이아를 파괴하고 있다. 트로이아를 공격하고 약탈하며 불태우고 유린한 것은 물론 대부분 희랍 사람들이었지만, 트로이아의 군대는 프리아모스의 궁전만이 최후의 보루로 남은 시점에 이제 스스로를 지키기 위해 스스로 자신을 파괴하지 않을 수는 막다른 골목으로 내몰리고 있다. 그들의 처참한 저항을 묘사하고 있다(Conington).

448행 황금 서까래 : 한때는 트로이아의 부유함을 상징하던 황금 서까래가 이제 망국의 순간에 적을 공격하는 무기로 쓰이게 되었다.

밀리는 아군을 원조하여 힘을 보태기로 했다.
    문이 있었다. 숨겨진 출입구였다. 비밀 통로로
프리암의 식구들이 오갔다. 외딴곳에 마련된
뒷문이었다. 왕국이 건재할 때, 이리로 불행한 455
안드로마케는 종종 수행을 물리고 오고 갔다.
시부모를 찾아 아낙스를 조부에게 데려갔다.
나는 지붕 맨 꼭대기에 이르렀다. 그곳에서
가련한 테우켈족은 헛된 무기를 잡아 던졌다.
가파르게 뾰족탑이 별들을 향해 뻗어 나가 460
서 있었다. 거기서 트로야 전체를 조망하고
다나웃 전함과 아카야 군영을 볼 수 있었다.
우리는 쇠로 탑에 덤벼들어 느슨한 구석들을
찾아 층층마다 부수어 넘어뜨렸고 높다란
데서 던졌다. 던져진 탑은 갑작스러운 파멸을 465
굉음과 함께 가져다 다나웃의 밀집 대형 위로
쏟아 냈다. 곧 다른 이들이 자릴 메웠고 투석과
온갖 투척이 멈추지 않았다.
    궁전 대문 바로 앞, 문턱에 바투 붙어 퓌릇이
번뜩이는 청동 날의 창을 들고 설치고 있었다. 470
마치 햇볕이 번뜩일 때 독초로 살을 찌우다가

468행 : 미완성의 시행이다.
469행 퓌릇이 : 퓌루스는 263행에 언급된 네오프톨레모스(네옵톨)의 다른 이름이다. 그는 목마에서 내려 도시로 사라진 이후 여기서 처음 다시 등장한다. 그는 외할아버지가 다스리던 스퀴로스 섬의 청년들(477행)을 대동하고 아버지 아킬레우스의 죽음 이후에 트로이아 전쟁에 참전하게 된다.

잔뜩 부어 차가운 겨우내 대지 아래 숨었더니
이제 새로 허물을 벗고 청춘으로 빛을 발하며
미끈거리는 몸으로 똬리를 틀고 고개를 들어
475 태양을 향해 세 갈래 혀를 날름거리는 뱀처럼.
그와 함께 덩치 큰 페리팟이, 아킬렛의 마부
구종 들던 오토멧이, 스퀴롯의 청년들 모두가
궁전에 다가서서 불덩이를 지붕에 던졌다.
퓌룻은 선봉에서 도끼를 잡고 굳건히 버티는
480 문을 부쉈고 철갑을 두른 문짝을 돌쩌귀에서
떼어 냈다. 판목을 뜯어내고 굳세던 문짝에
구멍을 내고 널찍하게 입 벌인 창문을 냈다.
궁전 내부가 드러났다. 넓은 앞마당이 열렸다.
옛 군주들과 프리암의 첩첩 심처가 드러났다.
485 첩첩 심처가 문 앞에 닥쳐온 병사들을 보았다.

471~475행 : 베르길리우스는 독사 비유를 『일리아스』 제22권 93행 이하에서 가져왔다. 〈그는 거대한 아킬레우스가 가까이 다가오기를 기다리고 있었다. 마치 산속의 구렁이가 독초를 잔뜩 뜯어 먹고 독기가 오를 대로 올라 사람을 기다리며 굴 옆에서 또아리를 틀고 무시무시하게 노려보듯이 꼭 그처럼 헥토르는 번쩍이는 방패를 툭 튀어나온 탑에 기대 놓고 꺼질 줄 모르는 용기를 갖고 뒤로 물러서지 않았다.〉

472행 잔뜩 부어 : 뱀이 독초를 먹고 독기가 올랐음은 앞의 『일리아스』 인용에서도 확인할 수 있는 내용이지만, 독기를 품은 상태가 동면에 들어가기 직전이라면 모를까 동면이 끝나가는 시점까지 지속되었다는 납득하기 어려운 내용이다. 베르길리우스가 이제 갓 참전한 네오프톨레모스를 마음에 두고 저지른 과장이 아닐까 싶다.

485행 첩첩 심처가 : 바로 앞 문장의 주어와 달리 〈보았다〉의 주어는 퓌루스 등의 희랍 사람들이라고 보는 경향이 있다(Austin). 하지만 앞 문장과 똑같이 〈첩첩 심처〉가 주어라고 해도 무방할 것이다. 상반된 두 가지 시선이 이

왕궁 안은 통곡과 처참한 아우성이 어지럽게
뒤엉켰다. 깊은 곳까지 고대광실마다 여인의
비명이 들려왔고 절규가 붉은 하늘에 닿았다.
겁먹은 여인들이 넓은 궐 여기저기 우왕좌왕
전각 기둥을 끌어안고 매달려 입을 맞추었다.　　　　　　　　490
퓌룻의 무력은 아비에 맞먹었다. 성문 빗장도,
근위병들도 버틸 수 없었다. 잦은 타격에 문이
짜개지고 문짝이 돌쩌귀에서 떨어져 나갔다.
무력이 길을 텄다. 성문과 전위를 격파하고
돌입한 다나웃은 병사들로 마당을 채웠다.　　　　　　　　　495
터진 강둑으로 거품을 물고 쏟아지는 강물이
격류가 되면 막아서는 제방을 타고 범람하여
미친 듯 평원으로 질주하며 짐승과 우리를
쓸어 갈 때도 이렇지 않았다. 나는 보았다. 미친
살육의 네옵톨, 문턱에 선 아트렛의 두 자식을.　　　　　　500
나는 보았다. 헤쿠바와 백 명의 딸들을, 제단에

제 벌어진 문틈으로 서로 교차하고 있는 모습은 충분히 상상 가능하다.
　488행 붉은 하늘 : 제11권 832행에도 나타나는바 〈황금의 아름다운 빛〉은 문맥의 암울한 분위기와 전혀 관계없이 쓰였다(Conington). 혹은 극명한 대비를 통해 트로이아의 상황을 더욱 두드러지게 보이려는 것일 수도 있다(Austin; Horsfall). 여기에서는 불타고 있는 트로이아의 화재 규모를 과장하고 있는 것으로 보았다. 트로이아 도심 전체가 불에 휩싸였으며, 그 불빛이 하늘에까지 반영되는 가운데 이제 여인들의 울음소리가 더해지고 있다.
　501행 백 명의 딸들을 : 많은 주석가들은 프리아모스와 헤쿠바의 딸 쉰 명과 며느리 쉰 명을 합한 숫자라고 보고 있다. 『일리아스』 제6권 244행 이하. 〈궁전 안에는 잘 깎은 돌로 만든 침실 쉰 개가 나란히 붙어 있었으니 프리아모스의 아들들은 바로 그곳에서 그들의 혼인한 아내들과 같이 잤다. 또 딸들

봉헌했던 성화를 피 흘려 더럽히는 프리암을.
　　　쉰 개의 침실, 자손을 향한 그 만큼의 소망이,
　　　이방의 보화와 전리품으로 당당했던 문들이
505　　누웠다. 화재를 면한 곳은 다나웃이 차지했다.
　　　　프리암의 최후는 어땠냐 물을지도 모를 일.
　　　정복당한 도시의 몰락, 뜯겨 나간 궁궐의 문들,
　　　구중심처까지 쳐들어온 적병들을 보았을 때,
　　　노인은 한동안 놓았던 무장을 세월에 떨리는
510　　어깨 위에 하릴없이 걸쳐 입고 무기력한 칼을
　　　둘렀다. 빼곡한 적병들에게 죽음을 향해 갔다.
　　　궁전 한가운데 벌거벗은 천체의 운행 아래로
　　　거대한 신단이 있고 그 옆에 오래된 월계수가

을 위해서는 그 맞은편 안마당의 안쪽에 지붕으로 덮이고 역시 잘 깎은 돌로 만든 침실 열두 개가 나란히 붙어 있었다. 프리아모스의 사위들은 바로 그곳에서 그들의 존경스러운 아내들과 같이 잤다.〉호메로스에 따르면 딸과 며느리들의 숫자를 합하여 1백 명이 되지 않는다.

504행 이방의 보화 : 〈이방의 barbaricus〉는 보통 희랍 사람들의 입장에서 그 외의 민족을 가리킬 때 사용되는 말이며, 여기서는 〈동방의〉라고 해석할 수 있다. 키케로도 라티움어를 수식하는데 이 형용사를 사용한 예가 있다(Austin). 아이네아스가 스스로를 〈*Barbaricus*〉라고 부르는 것이 이상할 것도 없다.

506~558행 : 아이네아스는 소위 〈프리아모스의 죽음〉을 그리고 있다. 앞서 프리아모스 궁궐에서 높이 솟은 첨탑이 트로이아의 병사들의 손에 의해서 이지만 뜯겨 나가 적을 공격하는데 쓰였고, 이어 프리아모스의 궁궐 안까지 적들의 손아귀에 들어갔다. 이제 프리아모스가 죽음을 맞이함으로써 트로이아는 최종적으로 멸망했다고 할 수 있다. 이때 프리아모스의 죽음을 아이네아스는 궁궐 꼭대기에서 목격하게 된다. 아이네아스는 프리아모스에게 아무런 도움을 줄 수 없었다.

511행 죽음을 향해 갔다 : 늙고 무기력한 프리아모스는 여전히 용기를 잃지 않고 의젓한 모습으로 적과 싸우려고 준비하고 있다.

신단으로 기울어 그늘 속에 신주를 감추었다.
헤쿠바와 딸들이 하릴없이 이곳 제단 주변에   515
칠흑의 폭풍에 쫓겨 곤두질한 비둘기들처럼
바짝 달라붙어 신상을 부여잡고 앉아 있었다.
헤쿠바는 젊은 시절의 무장을 입은 프리암을
보고, 〈가여운 이여, 무슨 기막힌 생각을 하시어
이렇게 무기를 두르셨나요? 어디로 가시나요?   520
그렇게 손을 보태고 그렇게 막아선들 이제는
때가 늦었어요. 저의 헥토르도 못 할 일이에요.
이리로 오세요. 여기 제단이 모두를 구하거나
혹은 모두와 함께 죽음을 맞으세요.〉 이런 말로
잡아당기며 고령 노인을 신단에 주저앉혔다.   525

　보라, 퓌룻의 살육을 가까스로 벗어나 폴리텟,
프리암의 아들이 창칼을 뚫고 적병을 헤집고
긴 주랑을 따라 도망쳐 텅 빈 마당을 건너온다.
다쳤다. 치명적 상처의 그를 퓌룻이 맹렬히

516행 곤두질한 비둘기들 : 헤쿠바와 딸들과 며느리들을 폭풍을 비해 내려앉은 비둘기에 비유하고 있다. 『일리아스』 제21권 494행. 〈그리하여 여신이 울면서 달아나니 그 모습은 매를 피해 속이 빈 바위틈으로 날아가는 비둘기와 같았다. 비둘기는 붙잡힐 운명이 아니었던 것이다.〉 호메로스의 비유와 다른 점은 비둘기를 쫓고 있는 것과 비둘기의 운명이다.

518행 헤쿠바는 : 아이네아스는 일인칭 서술자 시점을 벗어나고 있다. 아이네아스의 위치로 보건대 헤쿠바가 프리아모스에게 건네는 말을 직접 들었을 리는 없고 나중에 어딘가에서 전해 들었다고도 할 수 없다. 헤쿠바의 연설은 내용상 애처로운 모습의 남편을 조용하고 차분하게 설득하여 그의 무의미한 행동을 만류하고 있는 것으로 보는 편이 좋을 듯하다.

530 뒤쫓으매 금세 붙잡아 창으로 찌를 기세였다.
마침내 도망쳐 부모의 눈앞까지 이르렀을 때
고꾸라져 핏덩이를 토하며 생명을 쏟아 냈다.
이때 프리암은 저승사자를 면전에 보면서도
물러서지 않고 목청껏 분노를 감추지 않았다.
535 소리쳐 〈너의 죄악, 그런 극악무도한 짓을 두고
신들은, 하늘의 경건이 이에 무심치 않을진대,
네게 합당한 은혜를 베푸시고 못다 한 보상을
갚으시길! 너는 자식의 죽음을 아비가 목격게
하였고 아비의 얼굴을 죽음으로 더럽혔으니.
540 네가 아킬렛의 씨라 하나, 이는 거짓말이로다.
그는 적인 프리암에게 이러지 않았다. 신의를

530행 금세 붙잡아 창으로 찌를 기세였다 : 네오프톨레모스는 프리아모스의 아들을 추격하고 있다. 이미 한 번 프리아모스의 아들에게 치명적인 부상을 입혔다. 네오프톨레모스는 계속해서 뒤쫓아 오는데 〈금방이라도 *iamiamque*〉 손을 잡아 다시 한 번 창으로 찌를 기세이다. 네오프톨레모스가 실제로 다시 한 번 창으로 찔렀다고 보기는 어렵다(Austin).

533행 저승사자를 면전에 보면서도 : 보통 명사 〈죽음*mors*〉으로 보기도 하나(Conte), 여기에서는 〈죽음의 신Mors〉으로 보았으며 이는 네오프톨레모스를 은유적으로 지시한다.

536행 하늘의 경건 : 제1권 10행의 주석을 참고하라. 〈*pietas*〉는 가족과 국가에 대한 의무라는 뜻에서 〈충직〉이라고 번역하였다. 여기서는 이와 달리 신들에 대한 〈경건〉을 뜻하는 것으로 보인다. 프리아모스는 신전에서 살인을 저지른 퓌루스를 신들이 벌할 것을 경고한다. 또한 662행 이하를 보라.

537행 네게 합당한 은혜를 베푸시고 못다 한 보상을 : 반어적으로 프리아모스는 네오프톨레모스를 비난하고 있다. 아래에서 프리아모스는 아킬레우스의 너그러움과 네오프톨레모스의 악행을 비교하여 그들의 부자 관계를 부정함으로써 비난의 수위를 더욱 높이고 있다.

541행 신의를 : 『일리아스』 제24권 780행 이하. 〈아킬레우스가 검은 함선

탄원자에게 표했고 장례를 치를 창백한 시신,
헥토르를 네게, 나를 내 왕국으로 보내 주었다.〉
이렇게 외치고 노인은 무력하게 무해한 창을
던졌다. 둔탁하게 울리는 청동을 맞히더니 545
방패의 한복판 장식 끝에 힘없이 매달렸다.
퓌릇이 그에게 〈가서 전하라. 전령이 되어 가서
펠레웃의 아들, 내 아비에게 내 끔찍한 짓을
잊지 말고 네옵톨은 불상놈이라고 전해 달라.
이제 잘 가라.〉 이런 말로 제단 옆에 떨고 있던 550
그는 흥건한 아들의 피에 미끄러져 끌려갔다.
왼손은 머리를 잡고 오른손은 서슬이 시퍼런
칼을 뽑아 폐부에 찔러 넣어 날밑까지 묻었다.
이것이 프리암의 최후였다. 이런 죽음이 그를
데려갔다. 그는 불탄 트로야를 보았다. 무너진 555
펠가마를. 한때 그리 백성과 영토를 자랑하던
아시아의 지배자를. 거쿨지던 몸통은 해변에

들에서 나를 돌려보낼 때, 열두 번째 새벽이 오기 전에는 우리를 해치지 않겠다고 약속했으니까.〉

550행 떨고 있던 : 프리아모스는 적어도 네오프톨레모스에 대한 두려움 때문에 떨고 있는 것은 아니다. 509행을 고려했을 때 노년 때문이라고 볼 수도 있고, 아들을 죽인 잔인한 자에 대한 분노가 그 원인일 수도 있다(Austin).

558행 머리를 잃어버린 채 : 호메로스에서 적의 목을 치는 일은 흔한 일이었다. 『일리아스』 제11권 146행 이하. 〈그는 그자도 땅 위에서 죽여 칼로 양팔과 목을 벤 뒤 몸뚱이는 발로 걷어차 절구처럼 무리들 사이로 굴러다니게 했다.〉 또 제13권 204행 이하. 〈화가 나서 그의 부드러운 목에서 머리를 잘라내어 그것을 공처럼 빙글빙글 돌리더니 무리들 사이로 내던졌다.〉 『일리아스』 제21권 117행 이하. 〈그러나 아킬레우스는 날카로운 칼을 빼어 목 옆 쇄

머리를 잃어버린 채 무명의 시신으로 누웠다.
그제서야 몸서리치는 공포가 나를 엄습했다.
560 나는 얼어붙었다. 가친의 모습이 떠올랐다.
부친과 동갑의 왕이 잔인한 공격에 쓰러져
절명하는 걸 보았을 때, 혼자 두었던 크류사와
약탈된 집과 어린 율루스의 죽음이 떠올랐다.
내 주변 병사들이 어떤지 뒤돌아 살펴보았다.
565 모두 지쳐 체념하고 말았다. 아래로 투신하여
진창에 처량하고, 불 속에 괴로운 몸을 바쳤다.
  거기 나는 홀로 남았다. 베스타 신전의 문턱에

골을 내리쳤다. (……) 아킬레우스는 그의 발을 잡아 강물 속에 내던지고는 그를 향하여 환성을 올리며 물 흐르듯 거침없이 말했다.〉 마지막 예는 아킬레우스가 프리아모스의 아들 뤼카온을 죽이며 그의 목을 자르는 장면이다. 아킬레우스는 이후 뤼카온의 몸통을 강물에 던져 버린다. 베르길리우스에서 아킬레우스의 아들은 머리를 자르고 이어 프리아모스의 몸통을 바다에 던져 넣는 행동을 보인다.

560행 가친의 모습이 떠올랐다 : 『일리아스』 제24권 487행 이하에서 아킬레우스는 프리아모스를 보며 고향에 계신 아버지를 떠올렸다. 아킬레우스는 이제 고향으로 돌아가지도, 아버지를 다시는 보게 되지도 못할 것을 알고 있었다.

567~588행 : 소위 〈헬레나 장면〉은 고대 주석가(Servius)만이 전하고 있다. 오늘날 진위 논쟁이 계속된다(오스틴Austin은 1859년부터 1961년까지 논쟁에 기여한 30여 편의 논문 목록을 제시하였다). 우선 쟁점은 제6권 511행 이하에 언급된 트로이아의 마지막 날 묘사와 이곳 묘사가 상충된다는 것이다. 또 〈헬레나 장면〉을 빼고 566행에서 589행으로 직접 이어지는 것도 충분히 가능하다. 〈헬레나 장면〉을 빼면 문맥은 이렇다. 〈프리아모스가 죽자, 아이네아스의 동료 병사들이 모두 자살한다. 이제 마지막으로 아이네아스가 남았고 그도 동료 병사들과 운명을 같이하고자 했다. 이때 어머니가 그의 자살을 말리려고 나타난다.〉 마지막으로 베르길리우스가 이 장면을 직접 썼다면 『아이네이스』를 편집한 바리우스Varius와 폴리우스 투카Polius Tucca가 〈헬

의탁하여 숨죽인 채 후미진 구석에 웅숭그린
튄다르의 딸을 보았다. 화염이 대낮 같은 빛을
우왕좌왕 사방을 살펴보던 내게 밝혀 주었다. 570
펠가마의 붕괴로 성난 테우켈족이 절 해칠까,
배신당한 남편의 분노에 다나옷이 절 벌할까
두려웠다. 트로야와 조국 모두를 파괴한 여인,
미움받는 여인은 제단에 몸을 감추고 있었다.
가슴속에 열불이 솟았다. 분노는 쓰러져 가는 575
조국을 복수하길, 범죄의 보복을 부추겼다.
〈분명 여자는 멀쩡히 스팔타와 조국 뮈케네를

레나 장면〉을 고의적으로 삭제했을 리 없다. 이런 의견에 따르면 〈헬레나 장면〉은 베르길리우스의 창작이 아닐 가능성이 높다. 하지만 〈헬레나 장면〉을 후대 삽입으로 보고 삭제할 경우, 아래 베누스의 발언에서 〈분노〉(594행)과 〈실성〉(595행)이 무의미해진다. 〈헬레나 장면〉을 넣고 문맥을 생각하면, 베누스는 아이네아스가 헬레나를 죽이려는 것을 말리려고 등장한 것으로 볼 수 있다.

570행 우왕좌왕 : 아이네아스는 그때까지 궁궐 성벽의 높은 곳에 자리 잡고 희랍 병사들을 막고 있었으며, 방금 프리아무스의 죽음을 목격했다. 트로이아의 왕이 살해되는 순간 그때까지 싸우던 트로이아의 병사들은 스스로의 선택에 따라 생을 마감했다. 이런 혼란 가운데 혼자 남은 아이네아스는 〈우왕좌왕 erranti〉하고 있었다. 632행 이하에서 아이네아스는 성벽을 내려온다.

574행 미움받는 : 원문 〈invisa〉는 〈보이지 않는〉이란 뜻으로 읽을 수도 있다. 그런데 지금 헬레네는 아이네아스의 눈에 들어왔으며 아이네아스는 그녀를 보고 있다(569행). 〈invisa〉는 601행에 반복된다.

576행 범죄 : 〈범죄〉의 함의는 여러 가지다. 우선 신전에서의 살인을 가리킨다. 제1권 쉬카이우스가 디도의 오라비 퓌그말리온에 의해 살해되는 장면에서 확인할 있는바, 일반적으로 신전에서의 살인은 〈범죄 scelere〉(제1권 347행)로 여겨진다. 다음으로 단순히 〈잔혹한, 끔찍한〉 등 복수의 잔인함을 강조하려는 뜻일 수 있다. 마지막으로 〈그 여자가 행한 범죄의 대가로 행해진〉이라는 뜻을 생각해 볼 수 있다.

보겠고, 개선식을 치르며 왕비로 돌아가겠지?
580 프뤼갸와 일리온 여인들의 시중을 받으며
579 남편을, 제 아비의 집을, 자식들을 만나겠지?
프리암은 칼날 아래 죽고, 트로야는 불탔으며
달다냐의 피는 무수히 해변을 적셨던 말인가?
그럴 수는 없다. 기억에 남을 명성도 아니며
여인에 대한 보복이 칭송될 승리도 아니지만
585 그래도 불의를 지우고 응분의 처벌을 했음을
칭찬으로 듣겠고, 분이라도 실컷 풀고 기꺼이
복수의 악명을 듣겠다. 동포의 한을 풀겠다.〉
이런 말을 토하며 분노에 실성한 채 다가갔다.
그때 네게 전에 없이 눈에 선명하게 나타나
590 보이시니 맑은 광채로 한밤 어둠을 밝히시며
어머니가 여신의 모습으로 천상의 주민에게
보여 주시던 그대로, 오른손으로 나를 붙잡아
말리셨다. 장밋빛 입술로 말씀을 덧붙이셨다.

582행 적셨단 말인가? : 예를 들어 〈결국 이런 꼴을 보자고〉 등의 말이 생략된 것으로 볼 수 있다. 아이네아스는 헬레나에게 일어나는 향후의 일들을 생각하며, 현재 벌어진 일들에 대한 개탄을 하고 있다.

587행 복수의 악명 : 〈*ultricis famae*〉라는 전승 사본을 따랐다. 아이네아스는 나중에 〈여인을 죽인 자〉라는 악명을 얻더라도 이를 개의치 않겠다고 말하고 있다.

593행 말씀을 덧붙이셨다 : 베누스 여신은 흥분한 아이네아스와 달리 차분하게 말을 걸고 있다. 일단 아이네아스를 만류하기 위해 강한 어조로 이성을 찾을 것을 촉구한다. 그리고 이어 가족에 대한 의무를 일깨우고 자신이 그를 지켜 줄 것을 약속한다. 이후 트로이아의 현재 상황을 아이네아스에게 설명하고 있다. 베누스가 전해 주는 트로이아의 종말인바, 넵투누스와 헤라와

〈아들아, 어인 통한에 분노를 자제치 못하느냐?
실성한 게냐? 우리 식구 걱정은 어디로 간 게냐? 595
먼저 돌봐야 하지 않느냐? 어디 세월에 지친 아비
앙키사를 두었는지, 아내 크류사는 무사한지?
아들 아스칸은? 그들 모두를 사방에서 그래옷
군대가 노리고 있었고 내가 돌보지 않았다면
벌써 불길이 앗아 가고 적의 칼이 벨 것이다. 600
네가 증오하는 튄다르의 딸, 스팔타의 여인도
죄 많은 파리스도 아니다. 신들의 무자비함이
번영하던 트로야를 정상에서 밀어 버렸다.
똑똑히 보아라. (내 이제 네게 덧씌워진 모든 걸,
네 아둔한 안목을 가려 어둡게 하였던 축축한 605
안개를 걷어 낼 것이니, 어미가 무엇을 명하든

아테네와 유피테르가 희랍군을 도와 트로이아를 파괴하고 있다.

594행 분노 : 575행을 염두에 둘 때만 설명이 가능하다. 따라서 〈헬레네 장면〉이 후대 삽입이 아님을 입증할 중요한 증거다.

596행 먼저 : 베누스는 훨씬 더 중요한 문제를 아이네아스에게 환기시켜 선택의 방향을 바꾸려고 한다. 〈자살과 식구〉라는 선택지(Conington)와 〈복수와 식구〉라는 선택지(Austin)가 있다. 〈헬레나 장면〉을 그대로 둘 경우 〈복수는 나중에라도 할 수 있으니 먼저 식구를 돌보라〉고 권고하는 것으로 해석된다.

601행 네가 증오하는 튄다르의 딸, 스팔타의 여인도 : 『일리아스』 제3권 164행 이하에서 프리아모스는 헬레나를 불러 희랍의 참전자들을 보여 주며 이렇게 말한다. 〈너에게는 잘못이 없다. 아카이아인들의 이 피눈물 나는 전쟁을 내게 보내 준 신들에게 잘못이 있는 것이다.〉

602행 신들의 무자비함이 : 앞서 351행 이하에서 신들이 더 이상 트로이아를 돌보지 않을 것이며 모든 신들이 트로이아를 버렸다. 그런데 이제 여기서 더 나아가 신들은 트로이아를 향해 무자비한 행동을 한다(Conington).

두려워하지 말며, 당부를 소홀히 여기지 말라.)
여기 흩어진 돌무더기, 돌덩이에서 깨져 나온
돌덩이, 먼지와 엉켜 물결치는 연기가 보인다.
610 넵툰이 커다란 삼지창으로 내리찍어 성벽과
기단을 흔들고 도시를 송두리째 파괴하는 게다.
여기 누구보다 끔찍한 유노가 스카야 성문을
먼저 차지하려고 미친 듯이 전함의 군대를
큰 칼 차고 부른다.
615 보라. 팔라스 아테네가 벌써 보루의 꼭대기를
구름으로 장악했다. 고르곤 방패가 번뜩인다.
아버지는 다나웃의 용기와 기운을 넘치도록
북돋으며, 친히 달다냐군에 신들을 맞세운다.
도망쳐라, 나의 아들아, 노역을 그만 접어라.
620 곁을 떠나지 않고 무사히 널 집에 데려가련다.〉
말씀하시고 짙은 밤 그늘 속에 몸을 숨기셨다.
흉악한 얼굴들이 나타났다. 트로야를 증오한
무지무지한 신들이.
　그때 내게 화재 속에서 모조리 주저앉고 있는
625 일리온이 보였다. 넵툰의 트로야가 송두리째.

610행 넵툰이 : 넵투누스는 신화에 따르면 트로이아를 건설한 신이며 이하 625행에서도 〈넵툰의 트로이아〉라는 구절이 보인다. 앞서 201행에서 라오콘은 넵투누스의 사제로 그려지고 있다. 따라서 넵투누스는 트로이아의 건설자이면서 동시에 트로이아의 파괴자다.
614행 : 미완성의 시행이다.
623행 : 미완성의 시행이다.

마치 산정에 우뚝 솟은 고령의 물푸레나무를
덤벼들어 칼과 잦은 도끼질로 베어 내고자
농부들은 앞다투고, 나무는 결국 쓰러질 듯
매 맞은 가지마다 이파리를 여의며 끄덕이다
차츰차츰 깊어 가는 상처에 끝내 무릎을 꿇고 630
비명을 지르며 폐허로 중턱에 엎어질 때처럼.
궁궐을 내려와 신의 도움으로 불과 적을 뚫고
헤쳐 가니 창은 길을 내주고 화염은 물러갔다.

   그리하여 이제 가문이 자리한 터전에 이르러
누대를 이어 온 집에 들어가 부친을 모셔 깊은 635
산속으로 먼저 피신코자 먼저 간청했건만
부친은 트로야의 패망 앞에 목숨을 이어 갈,
망명객이 되길 원치 않으셨다. 〈한창인 너희나,
혈기 왕성하고 사지 육신에 기운이 넘쳐 나는
너희나 피신하여라. 640
하늘 뜻이 나로 목숨을 이어 가길 원하셨다면
이 집을 구하셨을 것이다. 한 번으로 족하다.

632행 신의 도움으로 : 〈*ducente deo*〉는 전승 사본에 따라 〈*dea*〉로 읽는 사본도 존재하는데, 이는 문맥상 베누스 여신이 아이네아스를 이끌고 가고 있음을 보다 분명하게 보여 준다. 하지만 대부분의 고대 주석가들은 〈*deo*〉를 지지하고 있다. 베르길리우스의 실수일 수도 있다(Austin). 일종의 숙어처럼 〈신성한 뜻이 이끌 때 *divino numine ducente*〉정도로 이해할 것을 권하기도 한다(Conte).

640행 : 미완성의 시행이다.

642행 한 번으로 족하다 : 프리아모스의 아버지 라오메돈이 다스리던 시절의 트로이아를 헤라클레스가 파괴하였는데 그때 벌써 앙키세스가 태어났

>   눈앞의 망국, 조국의 굴복을 살아 겪는 것은.
>   노구일랑 이렇게 놓아두고 작별이나 고하라.
> 645 내 죽을 자린 내가 찾겠다. 안쓰러워할 적병의
>   전리품이 되련다. 무덤 없는 게 무슨 대수랴.
>   이미 오래 신들의 미움 속에 쓸모없는 세월을
>   지체한 것을, 신들의 아버지 인간들의 왕께서
>   번개의 폭풍을 몰아 불로써 나를 내리친 이래.〉
> 650   이런 말씀으로 고집을 세워 꿈쩍도 않으셨다.
>   이에 우리는 눈물을 쏟았다. 내 아내 크류사가,
>   아스칸이, 집안 모두가 읍소했다. 당신 스스로
>   만사를 단념치, 운명을 재촉치 마시라 했다.
>   이를 물리치며 먹은 마음을 돌리지 않으셨다.

다는 것이다. 베르길리우스는 앙키세스의 나이를 상당히 높게 보고 있다. 『일리아스』 제5권 639행 이하. 〈대담무쌍하고 사자의 용기를 가지신 나의 아버지 강력한 헤라클레스를 사람들이 어떤 인물이라고 말하던가! 그분은 일찍이 라오메돈의 말들을 찾기 위하여 불과 여섯 척의 함선들과 더 적은 전사들을 이끌고 이리 와서 일리오스를 함락하고 그 거리들을 폐허로 만드셨다.〉

645~646행 안쓰러워할 적병의 전리품이 되련다 : 앞서 프리아모스처럼 앙키세스도 조국의 패망을 지켜보면서 조국과 운명을 같이하기로 각오를 하였다. 늙고 힘없는 데다가 불구인 몸이지만 적과 끝까지 싸우자 한다.

646행 무덤 없는 게 무슨 대수랴 : 앙키세스는 무덤 없는 죽음이 〈대수롭지 않다facilis〉고 말한다. 호메로스에 보면 죽어 땅에 묻히지 못하는 일보다 더 끔찍한 일은 없었지만 지금 앙키세스에게 그것은 중요한 일이 아니다.

649행 불로써 나를 내리친 이래 : 베르길리우스는 『호메로스 찬가』 제5곡에서 언급된 전승을 따르고 있다. 앙키세스는 젊은 목동이었을 때 아프로디테의 유혹에 빠져 동침하였는데, 이때 아프로디테는 앙키세스에게 자신과의 동침을 떠벌리고 다니면 제우스의 번개를 맞게 될 것이라고 경고하였다(Austin). 앙키세스가 이에 죽었다는 전승이 있는가 하면 눈이 멀었다는 전승도 있다. 여기서는 앙키세스가 다리를 절게 되었다고 하는 전승을 따르고 있다.

참담한 심정에 전장에 돌아가 죽고나 싶었다. 655
달리 무슨 계획이, 무슨 희망이 있었겠는가?
〈아버지를 버리고 제 발이 떨어질 수 있으리라
생각하시며, 불가한 걸 어찌 입 밖에 내십니까?
커단 나라를 초토로 만드는 게 하늘 뜻이고,
결심하신 대로 트로야의 폐허에 아버지와 660
식솔을 그예 보태신다면, 열린 문으로 죽음이,
아비 앞에 자식을, 신전에서 아비를 도륙한 663
퓌룻이 프리암의 피를 적셔 들이닥칠 겁니다. 662
이것입니까? 어머니, 창칼과 불길을 헤쳐 내어
저를 구하신 이유가. 안채까지 돌입한 적병을, 665
아스칸이, 아버지가 그리고 그 옆에 크류사가
나란히 피 흘리며 죽는 꼴을 보라 하신 겁니까?
무기를 가져오라. 무길. 종말이 패자를 부른다.
다나웃에게 가련다. 두어라. 전투를 재개하게
두어라. 오늘 복수도 못 하고 전멸하진 않겠다.〉 670
　칼을 다시 옆에 차고 왼손을 방패 안으로 넣어
단단히 잡고 집 밖으로 나가려던 참이었다.
그때 아내가 문 앞에서 발걸음을 잡고 말리며
매달렸다. 어린 율루스를 아비에게 내보였다.

668행 이하 : 『일리아스』 제22권 303행 이하에서 헥토르는 아킬레우스를 피해 달아나다가 마침내 아테네 여신의 속임수에 걸려 아킬레우스와 마주 서게 되었다. 〈하나 이제는 운명이 나를 따라잡았구나. 하지만 내 결코 싸우지도 않고 명성도 없이 죽고 싶지는 않으니, 후세 사람들도 들어서 알게 될 큰일을 하고 죽으리라.〉

675 〈죽기로 가시려거든 저희도 함께 데려가세요.
허나 능숙한 무기에 뭔가 희망을 거신다면
먼저 우리 집부터 지키세요. 어린 율루스와
아버님과 한때 아내 된 저를 뉘게 맡기십니까?〉
　그렇게 원망하는 목소리가 온 집 안을 채웠다.
680 그때 돌연 말하기에 놀라운 징조가 나타났다.
슬퍼하는 부모의 손과 얼굴 사이로 나타나,
보아라, 율루스의 정수리에 비친 가느다란
불꽃이 빛을 뿌렸다. 닿아도 무해하게 여린
머리를 핥아 내리던 화염이 이마까지 커졌다.
685 우리는 기함하여 허둥대며 머리에 붙은 불을
쳐내고 상서로운 불꽃을 물로 끄려 하였다.
이때 부친 앙키사는 별들을 기쁨의 눈으로
바라보며 환호와 함께 하늘에 손을 받드셨다.
〈전능하신 유피테르여, 기도를 들어주신다면
690 저희도 살피소서. 오직 저희가 충직하였다면

　677행 먼저 우리 집부터 지키세요: 아이네아스는 역설적인 상황에 처했다. 어머니로부터 가족을 생각하라는 말을 듣고 가족을 살리려고 돌아왔지만, 아버지는 고향을 떠나지 않겠다고 한다. 아버지를 버리고 떠날 수 없어 같이 죽기로 결심하지만, 이제 또 자식을 버려 두고 전쟁터로 돌아가야만 하는 상황이다. 결국 가족을 버릴 수 없어 또 다른 가족을 버리는 역설적인 상황에 몰린 셈이다.
　678행 한때 아내 된: 『일리아스』 제6권 460행 이하에서 안드로마케는 자신이 노예로 끌려가 조롱을 받으며 살게 될지도 모를 상황을 예견하며 남편 헥토르의 출전을 말리고 있다. 노예로 끌려가 누군가가 자신을 가리키며 〈한때 아이네아스의 아내〉였던 여자라고 부르게 될지도 모른다고 크레우사는 생각하고 있다.

제2권　105

도우소서. 아버지, 이 모두를 다시 확인하소서.〉
 노친이 이렇게 기도하자 곧 난데없이 천둥이
왼편에 울리며 하늘에 어둠을 뚫고 미끄러진
별이 환하게 불을 밝혀 꼬리를 끌고 달려갔다.
우리 건물 지붕 꼭대기 너머로 스쳐 간 별이   695
이다 산에 찬연한 모습을 감추는 걸 보았다.
지나간 흔적이 확연했다. 길게 팬 고랑을 따라
화염이 솟구쳤고 주변은 온통 탄내로 덮였다.
이에 설복된 부친은 몸을 일으켜 허공을 향해
신들을 받들어 상서로운 운석에 경배하셨다.   700
〈더는 지체치 않고 이끄시는 대로 따르겠나니다.
조국의 신들이여, 가문과 자손을 보호하소서.
당신들의 징조, 트로야는 그 뜻에 달렸니다.
가련다. 아들아! 함께 길 떠나 길 마다치 않겠다.〉
말씀하셨다. 담장을 넘어 점점 또렷이 화마가   705
들려왔다. 점점 더 가깝게 불길이 달려들었다.
〈이제 아버지! 그럼 제 어깨에 올라앉으세요.
제가 직접 모실 것인즉 짐스럽다 하겠습니까?
무슨 일이 닥쳐오든 한 몸이 되어 죽어도 같이
살아도 같이 할 겁니다. 어린 율루스는 제 옆에   710
바짝 붙고 안사람은 뒤미처 오라 하겠습니다.

695행 이하 : 별똥별을 묘사하는 장면에서 아이네아스는 1인칭 서술자로서는 도저히 알 수 없는 것까지 보고하고 있으며, 따라서 여기서 갑자기 전지적 작가가 개입하는 것으로 보아야 한다.

711행 뒤미처 : 원문 〈longe〉는 〈멀찍이〉라고 번역된다. 〈멀찍이〉 따라오아범들아! 자네들은 내 말을 명심해 들으시게.
도성 밖으로 나가 산기슭, 오래된 신전이 있네.
후미진 케레스의 신전, 그 옆의 삼나무 고목은
715 오랜 세월 선조들이 경건하게 모셔 온 나무네.
각자 흩어져 바로 여기로 다시 모이도록 하세.
아버지! 성물, 조국의 신주를 손에 들고 계세요.
저는 전투와 살육의 현장에서 갓 돌아왔기로
삼가 손댈 수 없습니다. 흐르는 강물에 제 몸을
720 씻어 낼 때까지는.〉
이렇게 말하고 어깨에 넓게 목덜미에 걸쳐서
황금 사자의 가죽을 펼쳐 안장 되게 덮어썼다.
나는 짐꾼이 되었다. 어린 율루스는 오른손을
부여잡고 어림없는 걸음으로 아비를 따랐다.

도록 아이네아스가 지시하는 것은 탈출의 신속함을 위한 조치일 수 있다 (Conington). 이는 하인들에게도 각자 흩어져(716행) 약속한 장소로 모이도록 한 지시와 일치한다. 하지만 크레우사는 아이네아스와 일행이 되어 움직일 텐데 오히려 〈멀리〉 떨어진다면 그것이 탈출에 도움이 될지는 의문이다. 여기에서는 725행 〈뒤에〉의 의도와 일치하는 쪽으로 번역했다.

714행 후미진 케레스의 신전 : 원문 〈desertae〉는 〈버려진〉이라고 번역된다. 세르비우스는 케레스의 신전이 사제에 의해 버려졌을 가능성, 전쟁으로 폐허가 되었을 가능성을 들었으며, 여기에 추가하여 〈desertae〉가 케레스의 장식적 별칭으로 〈딸을 잃은〉 정도의 뜻을 가질 가능성 등을 제기하였다. 하지만 오늘날 주석가들은 케레스의 신전이 도시의 바깥쪽 인적이 드문 곳에 위치한다는 비트루비우스의 설명을 인용하고 있다(Conington; Austin).

717행 신주 : 320행 이하에 언급된 신주로서 판투스 아이네아스에게 가져다준 바로 그 신주를 의미한다. 293행 이하에서 헥토르가 꿈속에서 전달하려 했던 신주이기도 하다.

720행 : 미완성의 시행이다.

아내는 뒤에 왔다. 우린 어둔 데를 따라 걸었다. 725
조금 전 날아오던 창들도 나를 겁주지 못하고
밀집 대형으로 덤빈 그래웃도 못 흔들었건만
이제는 온갖 기척이, 온갖 소리가 나를 겁주고
긴장시켰다, 일행과 짐에 가슴 졸인 짐꾼처럼.
 그렇게 어느덧 성문에 가까워지자 길을 모두 730
벗어났다 싶었는데 갑자기 들려오는 듯 바쁜
발걸음 소리가 다가왔다. 부친이 어둠 속을
보며 외치셨다. 〈아들아, 피해라. 그들이 온다.
불타는 방패, 번뜩이는 청동이 내게 보인다.〉
이때 놀란 나는 뭔지 모를 고약한 신령에 홀려 735
정신이 아득했다. 그래서 길 아닌 길을 따라
줄행랑치다 눈에 익은 동네를 벗어나 버렸다.
안사람 크류사를 운명이 불행한 내게 빼앗아
갔는지, 길을 잃었는지, 기진해 쓰러졌는지?
알 수 없었다. 그 후론 눈길을 주지 못했던 것. 740

724행 어림없는 걸음 : 아버지의 걸음을 따라가려는 아들의 발걸음을 가리킨다. 당연히 어른과 아이의 보폭이 크게 다르기도 하거니와 아버지의 큰 걸음을 따라가느라고 바쁜 걸음을 재촉하고 있는 아스카니우스의 모습을 가리킨다.
738행 운명이 불행한 내게 빼앗아 : 〈불행한〉은 우선 〈운명〉에 연결시킬 수도 있다. 하지만 대부분의 주석가들은 〈불행한 내게 misero(mihi)〉로 보고 있다(Conington; Austin; Horsfall).
740행 알 수 없었다 : 738~739행을 만약 〈알 수 없었다〉의 목적절로 이해한다면, 그래서 간접 의문문으로 해석한다면 술어에 직설법이 쓰인 것을 설명할 방법이 없다. 호스팔Horsfall은 학교 문법 규칙을 넘어설 수 있는 여러 가지 문법적 설명을 시도하였다. 여기에서는 740행의 〈알 수 없었다〉를

정신을 차려 잃어버린 안사람을 돌아본 건
오랜 케레스 신전 산기슭, 신령스런 장소에
도착한 후였다. 여기에 모두 모였으나 오직
아내만이 없었다. 아들과 남편 일행을 놓쳤다.
745 광분해 원망치 않은 신은, 인간은 누구였는가?
망국의 지경에도 이보다 잔인한 건 무엇인가?
아스칸과 부친 앙키사와 테우켈족의 신주를
일행에게 맡겨 으슥한 골짜기에 숨겨 두었다.
나는 시내로 돌아갔다. 빛나는 무장을 둘렀다.
750 각오했다. 모든 파멸을 다시 겪기로, 되돌아가
트로야를 전부 뒤지기로, 다시 목숨을 걸기로.
맨 먼저 성벽 성문의 어둡고 막막한 문턱을,
탈주를 위해 지났던 곳을 찾아 다시 발자취를
더듬어 갔다. 어둠을 되짚어 눈을 밝혀 살폈다.
755 마음엔 온통 두려움, 조용해서 외려 두려웠다.
집으로 혹시 발길을 돌려 혹시 가지 않았을까
발을 돌렸다. 집은 침범한 다나웃의 차지였다.

독립된 문장으로 738~739행과 분리시켰으며, 앞을 직접 의문문으로 해석하였다.

741행 정신을 차려 잃어버린 안사람을 돌아본 건 : 콘테Conte는 〈정신을 차리거나 돌아본 건〉이라는 취지로 편집하였으나 여기에서는 이와는 다른 방향을 택했다.

749행 빛나는 무장을 둘렀다 : 여기에서는 아이네아스가 도시를 빠져나오면서 무장을 벗어 놓았다는 것을 앞서 보지 못했다. 그래서 몇몇 학자들은 이 시행을 지우기도 하였다. 하지만 도시로 되돌아가기에 앞서 무장을 다시 한 번 가다듬은 것으로 읽는다면 굳이 지우지 않아도 충분히 이해할 수 있다.

이내 굶주린 화마가 지붕까지 바람을 타고
덤볐다. 화염이 솟구쳐 열기가 하늘에 닿았다.
이어 프리암의 궁전과 성채를 둘러보았다. 760
유노에게 바쳐진 신전, 텅 빈 회랑에는 이미
푀닉스와 잔혹한 울릭셋이 호위병으로 뽑혀
전리품을 지키고 있었다. 여기 트로야의 보물,
사원을 불태우고 뺏은 탈취물, 신들의 제단들,
묵직한 순금 술동이들, 약탈해 온 옷감들이 765
쌓여 있었다. 소년들과 겁먹은 어미들이 길게
늘어서 있었다.
참다 못해 나는 어둠을 향하여 소리를 질러
고함으로 길을 채웠고, 울먹이며 크류사를
헛되이 거듭하고 거듭하여 반복해 불렀다. 770
처연한 환영, 다름 아닌 크류사의 그림자가, 772
실성하여 도성 곳곳을 끝도 없이 찾아다니던 771

760행 프리암의 궁전과 성채 : 아이네아스는 크레우사가 그녀의 옛집을 찾아가지 않았을까 생각했던 것이다. 베르길리우스는 크레우사를 프리아모스의 딸로 그리고 있다. 또 다른 전승에 따르면 아이네아스는 이름이 다른 아내 에우뤼디케를 데리고 트로이아를 떠났다고 한다.

761행 이하 : 희랍군이 트로이아를 점령한 밤을 묘사한 예를 아이스퀼로스의 비극 『아가멤논』 320행 이하에서 클뤼타임네스트라의 목소리로 들을 수 있다. 〈한쪽에서는 밤새 전투를 하느라 지친 나머지 그저 닥치는 대로 도시 안에 있는 것으로 주린 창자를 채울 테니 말이오. 그들은 제 몫을 알맞게 할당받는 게 아니라 각자 운수대로 제비를 뽑아 지금껏 정복된 트로이아인들의 집에 숙소를 정하고 있겠지요. 노천의 서리와 이슬에서 해방된 그들은 축복받은 자들처럼 보초도 세우지 않고 밤새도록 단잠을 자게 되겠지요.〉

767행 : 미완성의 시행이다.

내게, 눈앞에 기억보다 커진 형상이 보였다.
머리끝은 쭈뼛하고 얼어붙었다. 목이 메었다.
775 이렇게 말을 건네며 말로 근심을 덜어 주었다.
〈그렇게 슬픔에 정신을 잃으시면 어찌합니까?
사랑하는 이여, 이는 오로지 신들의 뜻에 따라
벌어진 일이니, 예서 크류사를 데려가는 일은
불가하며, 지고한 올림푯의 왕도 불허할 일.
780 추수할 수 없는 바다를 일구는 길고 긴 망명 길.
장차 저녁 땅에 닿을 것이니, 거기 뤼디아의 강
튀브릿이 유유히 농부들의 옥토를 흐르지요.
게서 좋은 일이 생긴즉, 왕국과 왕녀를 아내로
얻겠죠. 크류사를 그리는 눈물이랑 거두세요.
785 저는 뮐미돈의 혹은 돌로펫의 오만한 궁전을

774행 머리끝은 쭈뼛하고 얼어붙었다. 목이 메었다 : 제3권 48행에서 다시 등장한다.

775행 이렇게 말을 건네며 말로 근심을 덜어 주었다 : 제3권 153행, 제8권 35행에서 다시 등장한다.

781행 뤼디아의 강 : 전통적으로 에트루리아 사람들은 뤼디아에서 이탈리아로 이주한 사람들이라고 알려져 있다. 제8권 479행 이하를 참조하라 (Conington).

785행 이하 : 『일리아스』 제6권 453행 이하에서 헥토르는 아내 안드로마케가 당하게 될 미래의 고통을 예상하며 슬퍼한다. 〈청동 갑옷을 입은 아카이아인들 중에서 누군가가 눈물을 흘리는 그대를 끌고 가며 그대에게서 자유의 날을 빼앗을 때 그대가 당하게 될 고통만큼 내 마음을 아프게〉 하는 것은 없다고 말한다. 또 제22권 63행 이하에서 프리아모스는 헥토르를 향해 말한다. 〈아들들은 살해되고 딸들은 끌려가 포로가 되고 그리고 방들은 약탈되고 말 못 하는 어린아이들은 무시무시한 결전에서 땅바닥에 내동댕이쳐지고 며느리들은 아카이아인들의 잔혹한 손에 끌려가고!〉

보거나 그래 웃 여인을 시중들지도 않으리다.
달다냐의 여자, 베누스의 며느리.
저를 위대한 퀴벨레께서 이 땅에 묶으셨지요.
이제 떠나세요. 우리의 아들을 사랑해 주세요.〉
이런 말을 하더니 눈물로 수많은 말을 하려던   790
나를 떠나 홀연히 허공으로 사라져 버렸다.
세 번이나 나는 아내를 안으려고 시도하였고,
세 번이나 안긴 환영은 헛된 손을 빠져나갔다.
가벼운 바람처럼, 덧없이 날아가 버린 꿈처럼.
　그렇게 밤이 가고 나는 전우들에게 돌아갔다.   795
한편 여기 새로운 일행들이 크게 늘어난 걸
발견하고 숫자에 놀랐다. 어미들과 아비들,
도망쳐 모인 청년들, 가련한 신세의 백성들.
내가 가는 대로 바다 건너 어디든 따라가기로   800

787행 : 미완성의 시행이다. 〈당신의 아내〉라는 말을 보충한 고대 주석가도 있다. 크레우사는 노예로 끌려가 수모를 당하지 않고 예전과 변함없이 〈트로이아의 여인으로 베누스의 며느리〉로 남아 있을 것임을 밝힘으로써 남편을 위로하고 있다.

788행 퀴벨레 : 원문에 따라 〈신들의 위대한 어머니〉라고 번역할 수도 있다. 이는 다른 어느 곳보다 프뤼기아 지방에서 특히 숭배하는 신성으로 트로이아를 보호하는 여신으로 여겨진다. 여기서 크레우사는 퀴벨레를 모시는 자로 트로이아에 머물게 되었다고 말하고는 있는바, 앞서 남편의 미래를 예언하는 능력을 갖게 된 것 혹은 미래를 알게 된 것은 퀴벨레 때문인 것으로 추정된다. 제3권 111행, 제9권 82행 이하, 제10권 252행 이하를 보라.

795행 그렇게 : 마침내 그렇게 해서 아이네아스는 아내의 죽음을 받아들였다. 구술자 아이네아스는 자신의 고통과 슬픔을 이 한 마디에 담아 표현하고 있다(Conington).

799 마음과 채비를 갖추어 도처에서 모여들었다.
     샛별이 이다 산의 능선 너머로 솟아오르며
     아침을 이끌고 있었다. 다나웃은 뺏은 성문을
     걸어 잠갔다. 아무런 가망도 보이지 않았다.
     나는 발을 돌려 부친을 업고 산으로 들어갔다.

801행 샛별 : 샛별은 베누스 여신에게 바쳐진 별이다. 마치 베누스 여신이 트로이아의 유민들과 아이네아스를 이끌고 있는 것처럼 묘사되고 있다(Conington).

803행 아무런 가망도 보이지 않았다 : 〈가망〉은 아이네아스가 트로이아로부터 얻을 수 있을 만한 도움의 가능성은 물론, 아이네아스가 트로이아를 위해 할 수 있는 일의 가능성을 의미한다(Conington).

제3권

아시아의 위업과 프리암의 죄 없는 백성들을
신들이 뒤엎어 놓은 후, 무너져 내린 영광의
일리온, 넵툰의 트로야가 전부 소실되었을 때
여기저기 망명지로 인적 없는 땅을 찾으라는
5   신들의 뜻에 이끌려 우리는 전함을 안탄드롯,
프뤼갸의 이다 산자락 항구에서 마련하면서
운명이 어딜 향할지, 어데 정착할지 모른 채

4행 인적 없는 : 이탈리아와 카르타고 등은 이미 사람들이 살고 있었으므로, 원문의 뜻 그대로 〈황폐화 된〉 땅은 아니었다. 따라서 고대의 주석가들은 트로이아를 건설한 전설의 왕 다르다누스가 그 옛날 〈버리고〉 온 땅을 의미한다고 해석하기도 하였다. 여기에서는 다만 이제 망명지를 찾아 떠나야 하는 아이네아스가 〈남들이 살지 않고 놓아둔〉 땅이 어디에 없을까 걱정하는 마음을 반영하였다고 해석하고자 한다. 사실 번영하던 트로이아에 비하자면 어디에 있을지 모를 망명지가 그렇게 보이는 것도 당연하다. 디도 여왕도 이와 비슷한 곳에(제1권 308행) 정착하였다(Conington).

7행 어딜 향할지, 어데 정착할지 모른 채 : 제2권 781행 이하에서 크레우사는 남편에게 트로이아의 유민이 당도하게 될 땅을 예언하였으며, 당연히 아이네아스는 그런 의미에서 어디를 향하여 가서 어디에 정착할지를 알고 있었다(Horsfall).

제3권 **115**

사람들을 모았다. 첫여름이 막 시작될 무렵
부친 앙키사는 운명에 돛을 맡기라 명하셨다.
눈물을 흘리며 조국의 해안과 항구를 떠났다,   10
트로야의 들녘을. 망명객으로 바다에 올랐다.
전우들과 아들, 신주와 위대한 신들과 함께.
  멀리 넓은 벌판에 일구어진 마르스의 대지,
한때 뤼쿠룻이 다스린 트라캬의 땅이 있어
공동 신주를 모신 오랜 손님이었다, 트로야가   15
번영을 누리던 동안은. 거기 닿아 굽은 해안에
운명은 만만치 않았으되 첫 성벽을 쌓았다.
내 이름을 붙여 에네앗의 도읍이라 불렀다.
디오네가 낳은 모친께 희생을 바쳤고 신명께
역사의 시작을 돌보시라 기원하였고 빛나는   20
황소를 해안에서 하늘 주민들의 왕께 바쳤다.

9행 부친 앙키사 : 아이네아스의 아버지 앙키세스는 제3권에 걸쳐 매우 중요한 역할을 하고 있다. 계속해서 그는 아이네아스에게 중요한 결정을 내리고 행동을 지시함으로써 아들을 돕고 있다.

12행 신주와 위대한 신들 : 제2권 293행에 언급된 것들로 헥토르가 꿈속에서 아이네아스에게 맡겼다.

17행 운명은 만만치 않았으되 : 이어질 폴뤼도로스의 이야기와 트라키아 정착 실패의 배경 등을 미리 염두에 두고 있다.

20행 빛나는 : 〈빛나는〉이라는 형용사가 반드시 흰색을 의미하는 것은 아닙니다. 몸에 윤기가 흘러 빛에 반짝이는 것을 가리킨다고 볼 수 있다(Horsfall).

21행 황소를 (……) 바쳤다 : 『일리아스』 제2권 402행 이하 등에서 볼 수 있듯이 황소를 유피테르에게 바치는 일은 희랍 전통에서는 흔한 일이다. 하지만 고대 주석가들에 따르면 이렇게 황소를 유피테르에게 바치는 것은 로마 전통에 반하는 행동이므로, 아이네아스가 처음부터 잘못된 출발을 하고 있으며 따라서 그 결과 또한 좋을 수 없음을 암시하고자 베르길리우스가 일부러

근처에 언덕이 있어 그곳 꼭대기에 산딸나무
군락과 빼곡한 가지 은매화가 우거져 있었다.
거기 올라가 대지로부터 푸르른 숲을 뽑아다
25 신단을 싱싱한 가지로 장식하려고 애쓰던 차,
말하기에도 끔찍하고 놀라운 이변이 보였다.
첫 나무를 물색하여 흙을 들추고 뿌리를 뽑아
파내자, 뿌리에서 시커먼 핏방울이 듣는데
흙바닥을 피로 더럽혔다. 서늘한 공포가 나의
30 사지를 흔들고, 두려움에 혈류는 얼어붙었다.
다시 한 번 딴 나무의 억센 줄기를 뽑아내고
파헤쳐 깊이 묻힌 원인까지 보고자 하였다.
딴 나무의 껍질에서도 검은 피가 묻어 나왔다.
많은 생각을 하며 숲의 요정들에게 기도하고

이렇게 썼다고 설명하였다(Conington). 하지만 최근의 연구 결과에 따르면 유피테르에게 황소를 바치는 의식은 결코 로마의 전통에서 벗어나는 행위가 아니다(Horsfall). 따라서 베르길리우스의 의도라는 해석은 무의미하다.

23행 산딸나무 군락과 빼곡한 가지 은매화: 46행에 따르면 폴뤼도로스는 창에 수도 없이 찔려 목숨을 잃었고, 그때 몸에 박힌 창 자루가 자라나 숲을 이루었다는 것인데, 여기서 선택된 두 나무는 흔히 창 자루를 만들 때 사용되는 목재다(Conington).

24행 숲: 오히려 〈나무〉 혹은 〈나뭇가지〉를 의미하는 것으로 보인다.

31행 억센 줄기: 원문 〈*lentum*〉은 〈부드러운〉이라는 뜻과 함께 〈잘 부러지지 않는〉이라는 뜻을 가지고 있다. 나무가 뿌리가 깊어 잘 뽑히지 않는 것을 묘사하고 있는 것으로 보인다.

34행 숲의 요정들: 숲에서 자라는 나무에 살며 때로 물리적으로 동일시되는 요정으로 하마드뤼아데스라는 요정이 있다. 아이네아스는 자신이 뽑은 나무가 바로 그 요정들에게 바쳐진 나무가 아닐까 걱정하는 것으로 보인다. 오비디우스 『변신 이야기』 제8권 758행 이하. 〈데오의 참나무는 두려워 떨면

게타이 땅을 지키는 아버지 마르스께 빌었다.　　　　　　35
삼가 이런 광경이 길상이며 흉조가 아니길!
허나 세 번째 나무 기둥에 다리를 크게 벌려
바투 서서 무릎으로 바닥을 딛고 힘을 쓰자,
(말할까요, 침묵할까요) 처연한 탄식이 깊은
땅속에서 들려왔고 내 귀로 소리가 전해졌다.　　　　　　40
〈에네앗, 어찌 불행한 이를 찢느뇨? 내 무덤에
경건한 손으로 죄짓지 마라. 너의 트로야에
나는 남이 아니며, 피 또한 나무의 것이 아니다.
무자비한 대지를, 탐욕스러운 해안을 떠나라.
나는 폴뤼돌이다. 여기 붙박인 나를 덮은 것은　　　　　　45
창검의 강철 숲으로 몸에 박힌 창이 자라난 것.〉
그때 두 길로 닥치는 공포에 마음은 짓눌리고

서 신음 소리를 냈소. 그러자 잎도 동시에 창백해지기 시작했고 도토리도 동시에 창백해지기 시작했으며 긴 가지들도 창백한 빛을 띠었소. 한데도 그자의 불경한 손이 밑동을 쳐서 상처를 내자 갈라진 나무껍질에서 피가 흘러 나왔는데, 그 모습은 제물로 바친 거대한 황소가 제단 앞에서 쓰러지고 그 갈라진 목에서 피가 쏟아져 나올 때와 다르지 않았소.〉

35행 아버지 마르스께 : 아이네아스는 현재 자신이 도착한 땅을 다스리는 주요 신이 전쟁의 신 마르스임을 염두에 두고, 숲의 요정들에게 기원하는 한편 마르스에게 놀라운 괴변이 무엇을 의미하는지를 또한 묻고 있다(Horsfall).

39행 처연한 : 〈눈물 섞인〉으로 능동적으로 번역하여, 폴뤼도로스가 눈물 섞인 한탄을 하고 있는 것으로 해석할 수도 있다(Conington).

47행 두 길로 닥치는 : 원문 〈ancipiti〉는 〈이중의〉 혹은 〈두 갈래의〉라는 뜻을 가졌다. 현대의 주석가들은 아이네아스는 이 순간 이곳을 떠나야 하나, 아니면 남아야 하나를 두고 망설이고 있다는 방향으로 해석하려 한다(Conington). 하지만 문맥을 고려할 때 고대의 주석가들을 따라 〈목소리〉와 〈피〉라는 두 가지 이변을 가리키는 것으로 보는 것이 옳을 듯하다(Horsfall).

머리끝은 쭈뼛하고 얼어붙었다. 목이 메었다.
　　여기 폴뤼돌에게 지난날 황금을 한가득 들려
50　불행한 프리암이 적의 눈을 속여 돌보아 달라
　　트라캬 왕에게 맡겼다. 희망을 잃은 달다냐의
　　군대, 도시가 포위 공격에 갇힌 걸 보았을 때.
　　그는 테우켈족의 부가 결딴나 운명을 다하자
　　아가멤논을 편들어, 승리의 군대를 추종했다.
55　도의를 모두 저버리고 폴뤼돌을 죽여 황금을
　　강탈했다. 네가 뭔들 인간에게 사주치 못하랴?
　　저주의 탐욕아! 뼛속에 끼친 공포가 떠나자,

48행 머리끝은 쭈뼛하고 얼어붙었다. 목이 메었다 : 제2권 774행과 같다.
　49행 폴뤼돌 : 호메로스에 따르면 폴뤼도로스는 아킬레우스에 의해 죽음을 당한다. 『일리아스』 제20권 407행. 〈한편 아킬레우스는 프리아모스의 아들 신과 같은 폴뤼도로스를 창을 들고 뒤쫓았다. 그는 자식들 중에서 막내둥이고 또 가장 귀염둥인지라 그의 아버지는 한사코 그의 출전을 막았으나 달리기에는 누구보다 뛰어났다. 이때도 그는 철없는 생각에서 빠른 걸음을 과시하며 선두 대열들 사이로 달리다가 목숨을 잃고 말았던 것이다.〉 여기서 아이네아스는 잠깐 폴뤼도로스에 얽힌 과거사로 돌아가는데(49~56행), 이는 현재 이야기를 듣고 있는 디도 여왕에 전후 사정을 분명히 알리기 위한 것이다. 이야기하는 시점에 아이네아스는 폴뤼도로스의 죽음을 알고 있었지만, 폴뤼도로스의 원혼을 만난 시점에는 다만 트라키아의 왕 폴뤼메스토르에게 프리아모스가 막내아들 폴뤼도로스를 맡겼다는 사실만을 알고 있었던 것 같다. 폴뤼메스토르의 배반을 진작 알았다면 트라키아 땅에 정착할 생각을 애초부터 하지 않을 것이다(Conington). 오비디우스의 『변신 이야기』 제13권 428행 이하를 보라.
　56행 네가 뭔들 인간에게 사주치 못하랴? 저주의 탐욕아 : 앞서 디도 여왕의 오빠 퓌그말리온도 탐욕에 사로잡혀 디도 여왕의 남편 쉬카이우스를 살해하였음을 아이네아스는 벌써 알고 있었다. 따라서 아이네아스가 디도 여왕이 겪었던 고통과 유사한 것을 고른 의도를 생각해 볼 수 있다(Conington).

먼저 부친에게, 백성이 뽑은 우두머리들에게
신들의 이변을 전하고 그들의 생각을 물었다.
모두가 같은 마음, 죄 많은 땅을 떠나기로 했다.   60
빈객을 유린한 땅을 떠 남풍에 돛을 맡기기로.
폴뤼돌의 장례식을 새롭게 모시고 높다랗게
봉분을 쌓았다. 저승 원혼의 제단을 세웠다.
검푸른 띠와 어두운 삼나무의 슬픈 제단을.
일리온 여인들은 관례대로 머리를 풀었다.   65
우린 따뜻한 우유로 거품이 이는 잔을 들고
제물의 피를 담은 쟁반을 올리며 혼을 무덤에
안치하였다. 끝으로 소리 높여 혼백을 깨웠다.
　바다에 믿음이 생겨나며, 바람들이 평화로운
바다를 허락하고 순한 남풍이 바다로 부르자,   70
전우들은 배를 끌어내려 해안을 가득 메웠다.
항구를 떠나 순항하여 뭍과 도시가 멀어졌다.
바다 한가운데 신성한 땅이 있었다. 네레웃의
딸들을 낳은 어미와 에게 해 넵툰이 아끼는 땅.

62행 새롭게 모시고 : 폴뤼메스토르가 제대로 된 장례식을 치른 것도 아니기 때문에 〈새롭게 모시고 *instauramus*〉는 어폐가 있다. 혹은 장례식을 치르다가 잠시 중단하고 새롭게 이를 다시 시작한 것도 아니다. 앞서의 매장을 장례라고 부를 수 있다면 이제 제대로 된 장례를 새롭게 다시 치른다는 의미로 이해할 수 있다(Horsfall).

66행 따뜻한 : 갓 짠 우유는 아직도 따뜻하기 때문에 이는 〈신선한〉 우유를 의미한다. 제5권 77행 앙키세스의 장례식에서도 포도주와 우유와 피를 섞어 무덤에 뿌린다.

74행 에게 해 넵툰 : 호메로스에 따르면 에게 해는 바다의 신 포세이돈의

75 활을 메는 신은 고마움에 바닷가를 이리저리
　　떠돌던 섬을 높은 뮈코놋과 귀아롯에 매었다.
　　떠돌지 않고 바람 걱정 없이 살도록 허락했다.
　　이리 갔고, 평화 섬은 지친 객을 안전한 항구에
　　받아 주었다. 내려 아폴로의 도시를 경배했다.
80　인간들의 왕이자 아폴로의 사제 아니웃이

궁전이 위치한 곳이다. 『일리아스』 제13권 20행 이하. 〈세 번 걸음을 옮기고 네 번째로 옮기자 그는 목적지인 아이가이에 닿았는데, 그곳에는 바다의 심연 속에 그의 궁전이, 영원히 멸하지 않는 찬란한 황금 궁전이 세워져 있었다.〉

75행 고마움에 : 〈pius〉의 번역어로 『아이네이스』에서 이 단어가 신에게 형용사로 붙은 경우는 여기뿐이다. 사람에게 붙는 경우, 특히 아이네이아스를 가리키는 형용사로 〈충직한〉으로 번역하곤 하였다. 여기서는 아폴로가 자신의 어머니 레토에게 출산할 자리를 제공한 것에 보답하려는 마음을 가리킨다.

76행 높은 : 오비디우스의 『변신 이야기』 제7권 463행에 보면 〈야트막한 뮈코노스〉라고 적혀 있다. 실제 뮈코노스 섬이 높은지 야트막한지는 여기서는 다만 델로스 섬과의 비교에 의해 정해질 문제이다(Horsfall). 델로스 섬을 단단히 붙들어 줄 만큼 델로스 섬보다 커다란 섬이라는 것이 베르길리우스가 전하고 싶은 뜻이다.

77행 떠돌지 않고 바람 걱정 없이 : 〈바람 걱정 없이〉는 〈떠돌지 않고〉를 부연하는 것으로 예전에 델로스 섬은 바람이 부는 대로 떠밀려 다니던 섬이었음을 말해 주고 있다. 77행의 〈떠돌지 않고immotam〉과 76행의 〈떠돌던 errantem〉은 각각 행두에 위치하여 대조를 보다 분명히 한다.

78행 지친 : 제3권에서 여러 번 반복되는 단어이다. 85행, 145행, 276행, 511행, 568행, 710행에서 반복된다. 이런 반복을 근거로 〈지친〉이 제3권의 주요 주제라는 주석가들이 있다. 하지만 이는 방랑과 연관되어 으레 언급되는 관습적인 주제일 뿐이다. 그래서 방랑의 초반인데도 불구하고 〈지친〉이라고 말하고 있는 것이다. 『오뒷세이아』의 오뒷세우스, 『아르고호 이야기』의 영웅들도 마찬가지로 지쳐 있었다(Horsfall).

80행 아니웃이 : 베르길리우스는 아니우스 왕과의 사연을 짧게 처리하였으나, 『변신 이야기』 제13권 631~703행에서 오비디우스는 아니우스 왕과 앙키세스의 대화를 상세하게 다루고 있는데, 여기서 앙키세스가 첫 번째 아니우스 왕을 방문했을 때와의 차이점을 이야기하는 것으로 보아 두 번째 방

머리띠와 월계수 가지를 엮어 머리에 쓰고
달려 나왔다. 오랜 친구 앙키사를 알아보았다.
우리는 환대의 오른손을 잡았고 궁으로 갔다.

　나는 유서 깊은 석축 아폴로 신전에 경배했다.
〈튐브라여! 거처를 주소서! 지친 이에게 성벽과　　　　　　　　　　85
백성, 영원한 나라를. 돌보소서! 또 다른 트로야
펠가마, 다나웃과 잔혹한 아킬렛의 피난민을.
뉘를 따라 어디로 가라, 어데 정착하라 하시뇨?
아버지여! 알려 주소서. 저희 마음을 달래소서.〉
이렇게 말을 마치자 돌연 천지가 요동치는 듯　　　　　　　　　　　90
신전의 문턱, 신의 월계수, 주변 언덕 전체가
흔들렸다. 성소가 열리더니 세발솥이 울렸다.
우리는 바닥에 조아렸다. 소리가 귀에 닿았다.
〈굳센 달다늣 후손들아, 너희 선대의 어른들이
처음 살았던 땅, 그 땅이 넉넉한 가슴으로 너흴,　　　　　　　　　95
돌아오는 너흴 반기리라. 옛 어미를 찾아가라.

문임을 암시하고 있다. 『아이네이스』 제8권 155행 이하에 보면, 프리아모스와 앙키세스가 살라미스를 방문한 여행을 언급하고 있는데, 아마도 이때 델로스 섬을 방문하였을 것으로 추정해 볼 수 있다(Horsfall).

　87행 다나웃과 잔혹한 아킬렛의 피난민을 : 제1권 30행과 일치한다.

　89행 아버지 : 제3권 35행에서도 전쟁의 신 마르스를 가리켜 〈아버지〉라고 부른 것과 마찬가지로 여기서도 아폴로를 〈아버지〉라고 부르고 있다.

　94행 굳센 : 호메로스의 오뒷세우스처럼 아이네아스와 트로이아 유민들은 험난한 여정을 잘 견디고 있다(Conington). 하지만 다른 한편 장차 이탈리아에 상륙하여 그들이 보여 주는 〈모질고 잔혹한〉 태도를 암시하는 표현일 수도 있다.

그곳에 에네앗의 집안이 천하를 다스리리라.
그 자손의 자손들이, 그들에게 태어난 이들이.〉
포이붓이 이렇게 말하자 환호와 어울린 커단
100 반가움에 모두가 그 나라가 어디냐고 물었다.
포이붓이 유랑민더러 어디로 가라 하시는지.
그때 부친이 옛사람들의 유산을 곰곰 살피어
〈들어라, 우두머리들아! 너희 희망을 배워라.
대양 한가운데 위대한 유피테르의 섬 크레타,
105 그곳에 우리 민족의 요람 이다 산이 놓여 있다.
일백의 커다란 도시들을 거느린 풍요의 왕국,
내 들은 기억이 옳다면 이곳에서 한아바님
테우켈께서 처음 로에튬의 해안을 찾으셨고

97~98행 : 『일리아스』 제20권 306~308행. 〈프리아모스의 집안이 이미 크로노스의 아들의 미움을 샀으니, 이제는 아이네이아스의 힘과 앞으로 태어날 그의 자손들이 대대로 트로이아인들을 다스리게 될 것이오.〉(Conington)

102행 유산 : 이하 107행 〈내 들은 기억이 옳다면〉에 비추어 볼 때, 〈유산〉은 구체적인 기록물이 아니라 앙키세스가 윗대로부터 들었거나 옛사람들로부터 전하는 이야기를 가리킨다. 또한 〈옛사람들의〉는 옛사람들에 대한 전승, 혹은 옛사람들이 남긴 전승, 두 가지로 해석 가능하다(Conington).

106행 일백의 커다란 도시들 : 『일리아스』 제2권 645행 이하. 〈크레테인들은 이름난 창수인 이도메네우스가 지휘했다. 이들은 크노소스와 성벽으로 둘러싸인 고뤼튄과 뤽토스, 밀레토스, 백악이 많은 퀴카스토스, 파이스토스 뤼티온 같은 살기 좋은 도시에 사는 자들이었고 나머지는 일백 개의 도시가 있는 크레테 섬 곳곳에 사는 자들이었다.〉

107행 한아바님 : 〈*maximus pater*〉은 여기서 〈시조〉를 나타낸다. 개천절 노래에서 〈한아버님〉을 단군을 가리키는 말로 사용한 것에 비추어 번역어로 채용하였다.

108행 테우켈께서 : 아폴로의 신탁에서 분명 〈굳센 달다놋 후손들아〉라고 하여 〈다르다노스〉를 지칭하고 있음에도 앙키세스는 먼 조상들이 살았던 땅

왕국 터를 구하셨다. 아직 일리온과 펠가마의
성채가 없었고 다들 깊은 계곡에 살고 있었다.   110
예서 퀴벨룻 대모신과 코뤼밧들의 청동과
이다 산의 숲이, 예서 신령들께 맹세한 침묵이,
멍에 아래 여신의 수레를 끄는 사자들이 왔다.
그러니 이제 신들의 뜻이 향하는 곳으로 가자.
바람을 달래 보자. 크노솟 왕국을 찾아 떠나자.   115
그곳까지 먼 길은 아니다. 유피테르가 도우사,

을 지목하는 데 있어 테우케르가 처음 크레타에 온 것만을 떠올리고 있다.

109~110행 : 『일리아스』 제20권 215행 이하. 〈구름을 모으는 제우스께서 먼저 다르다노스를 낳으시니 그분이 다르다니에를 세우셨다. 그때만 해도 아직 죽게 마련인 인간들의 도시인 신성한 일리오스가 들판 위에 세워지지 않고 사람들은 샘이 많은 이데 산의 기슭에 살고 있었기 때문이다.〉 베르길리우스는 여기서 다르다노스에 관한 호메로스의 전승을 따르고 있다. 그렇다면 앙키세스가 테우케르의 이야기라고 들려주고 있는 것은 사실 다르다노스의 이야기다. 테우케르가 다스리고 있던 땅에 다르다노스가 도착하여 테우케르의 딸과 혼인하였고 테우케르가 죽자 다르다노스가 왕국을 물려받은 것으로 신화는 전한다.

112행 신령들께 맹세한 침묵 : 퀴벨레 여신을 모시는 비밀 제의를 염두에 두고 있는 것으로 보인다. 호라티우스 『서정시』 3, 2, 25행. 〈충직한 침묵에 온전한 보상이 있나니.〉

113행 여신의 수레를 끄는 사자들 : 루크레티우스 『사물의 본성에 관하여』 제2권 600행 이하. 〈옛 희랍의 박식한 시인들은 이 여신이 마차 위 보좌에 앉아 두 마리 묶인 사자들을 모는 것으로 노래했도다.〉

116행 이하 : 『일리아스』 제11권 727행 이하. 〈그곳에서 우리는 막강하신 제우스께 훌륭한 제물을 바쳤소. 우리는 또 알페이오스와 포세이돈에게도 황소를 한 마리씩 바쳤고, 빛나는 눈의 아테네에게는 소 떼 중에서 암송아지 한 마리를 바쳤다.〉 『일리아스』 제1권 40행 이하. 〈오오 스민테우스여, 내 일찍이 그대를 위하여 마음에 드는 신전을 지어 드렸거나 황소와 염소의 살찐 넓적다리 살점들을 태워드린 적이 있다면……〉 『일리아스』 제3권 103행 이하. 〈그대들은 대지와 태양을 위하여 흰 숫양 한 마리와 검은 암양 한 마리를 가

세 번째 아침에 함대가 크레타 해안을 보리라.〉
　　말씀하시고 신전에 마땅한 희생물을 바쳤다.
　　넵툰에게. 어여쁜 아폴로, 그대에게도 황소를,
120　겨울신에게 검은 양을, 복된 서풍에게 흰 양을.
　　　소문이 들려왔다. 쫓겨나 조상의 왕국을 떠난
　　영웅 이도멘 이래로 크레타 섬은 버려졌으니
　　적장은 집을 비웠고 왕궁만이 남았다고 했다.
　　올튀갸의 항구를 떠나 바다를 나는 듯 달렸다.
125　산등에 박쿠스를 모신 낙솟과 푸른 도누사와
　　올레롯과 순백의 파로스 등 바다에 흩뿌려진
　　퀴라뎃 빼곡한 섬들 사이 놓인 뱃길을 골랐다.
　　선원들은 서로 질세라 다투어 함성을 질렀다.
　　전우들은 조상의 크레타로 가자고 격려했다.

져오시오.〉
　122행 이도멘 : 106행의 각주를 보라. 이도메네우스는 크레타 섬의 왕이었다. 트로이아 전쟁이 끝나고 귀향하던 길에 바다에서 폭풍을 만나자 이도메네우스는 뭍에 닿게 되면 첫 번째 보는 것을 희생 제물로 바치겠다고 신게 약속하여 고향에 닿을 수 있었다. 그런데 상륙해서 그가 처음 본 것은 그의 아들이었다. 이도메네우스는 아들을 희생 제물로 신께 바쳤으며, 이로 인해 섬에 역병이 돌았다. 이도메네우스는 고향을 떠나지 않을 수 없었다. 그런데 『오이디푸스 왕』에서 볼 수 있는 것처럼 역병의 원인이 되는 이도메네우스 본인만 고향을 떠나면 되었을 것을 베르길리우스는 크레타 사람들 전부가 섬을 버리고 떠난 것처럼 그리고 있다(Conington).
　127행 퀴라뎃 : 여기 언급된 네 개의 섬들은 모두 퀴클라데스 제도에 속하는 섬들인데, 델로스 섬도 그 가운데 하나다. 네 섬은 델로스 섬으로부터 남쪽으로 크레타 섬을 향해 항해할 때 중간에서 한꺼번에 만나는 섬들인데, 이를 서쪽에서 동쪽으로 순서대로 열거하면 올레아로스 섬, 파로스 섬, 낙소스 섬, 도누사 섬의 순서다.

바람이 불어와 나아가는 우리를 뒤따라왔다. 130
드디어 쿠레텟의 유구한 해안에 도착했다.
이내 바라던 도시의 성곽을 열심히 쌓았으며
펠가마라 명하고 이름에 기뻐하는 백성에게
거처를 꾸며 그 위로 성채를 세우자 격려했다.
   진작 거의 전함들은 마른 뭍에 끌어 올려져 135
청년들은 새로운 혼인과 토지로 분주했다.
법과 집을 정하던 차에 갑자기 손발을 파먹는
끔찍한 역병이 불순한 일기와 함께 찾아왔다.
초목도 작물도 그러했다. 죽음뿐인 한 해였다.
사람들은 소중한 목숨을 버렸거나 병든 몸을 140

131행 쿠레텟의 : 제3권 111행에서 언급된 프뤼기아의 〈코뤼반테스〉와 크레타의 쿠레테스는 동일시되기도 한다. 『사물의 본성에 관하여』 제2권 629행 이하. 〈희랍인들은 이들을 쿠레테스라고 부르는데 —, 때때로 프뤼기아의 군중 가운데서 놀이하며, 흘린 피에 행복하며 머리엔 무시무시한 술을 고개 끄덕여 흔들면서 운율에 맞춰 뛸 때면, 그들은 딕테 산의 쿠레테스를 상기시킨다. 이들은 언젠가 크레타에서 아기 윱피테르의 저 울음소리를 숨겼다고 전한다.〉

135행 거의 : 〈거의〉는 어순으로 보면 〈마른 뭍〉을 꾸미는 것처럼 보이지만, 〈끌어 올려져〉를 꾸민다. 137행의 〈갑자기〉와 연관하여 〈거의 다 되어갈 무렵 갑자기 일이 터졌다〉라고 읽어야 할 것이다.

136행 새로운 혼인 : 〈혼인〉이 만약 〈토지의 경작〉을 어떤 방식으로든 부연하는 것이 아니라면 여기서 〈혼인〉은 아이네아스 일행에게 아직 시기상조가 아닌가 싶다. 동행한 트로이아의 여인들이 얼마나 많은지 알 수 없고, 이도메네우스와 그의 백성들은 도시를 이미 버리고 떠났으니 현지에 여자가 있을리 없다(Horsfall).

140행 목숨을 버렸거나 : 고대의 주석가는 어떻게 생명이 사람을 떠났다고 말하지 않고 그 반대로 이야기하였는지를 물었다. 『일리아스』 제4권 524행에는 〈영혼을 뱉어 냈다〉라고 쓰기도 한다(Horsfall).

끌고 다녔다. 천랑성은 불모의 땅을 불태웠다.
초목은 시들고 병든 작물은 소출을 거부했다.
다시 올튀가의 신탁과 포이붓에게 바닷길을
되짚어 돌아가 용서를 구하라 부친은 명했다.
145 지쳐 버린 불행의 끝은 어디며, 어디서 역경의
구호책을 찾으라 하시는지, 어디로 가야할지.
　밤이 되었고 대지의 생명들에 잠이 찾아왔다.
신들의 신령한 신상들과 프뤼캬의 신주를,
내가 트로야로부터 도시의 화염 한복판에서
150 구해 낸 성물이 누워 있던 내 눈앞에 보였다,
꿈속에. 환하게 밝힌 빛 속에 또렷한데 거기
내놓은 창문으로 보름달이 가득 흘러들었다.

144행 올튀가의 신탁과 포이붓에게 : 『일리아스』 제1권 62행 이하. 〈그는 아마 포이보스 아폴로이 노여워하시는 까닭이 무엇인지, 서양 때문에 화가 나셨는지 아니면 하케툼베 때문인지 말해 줄 것이오.〉 호메로스에서처럼 포이보스 아폴로는 예언의 신이면서 동시에 질병의 신이기도 하다. 아킬레우스는 예언자나 사제 혹은 해몽가에게 아폴로가 보낸 역병을 어떻게 이겨 낼 수 있을지 물어보아야 한다고 말한다. 앙키세스도 145행에서 보는 바와 같이 역병을 신들의 노여움이나 그에 따른 벌이라고 생각하여 〈용서〉를 구하도록 아들에게 종용한다.

150행 내 눈앞에 보였다, 꿈속에 : 여기서 아이네아스가 본 것이 꿈인지 아니면 신의 현현인지 단정할 수 없다. 전승 사본들 가운데 〈잠 못 든 insomnis〉이라고 읽는 사본들이 있었다고 전한다.

152행 내놓은 창문으로 : 원문 〈insertas〉를 고대 주석가들은 〈자물쇠 sera〉와 연관시켜 〈닫혀있지 않은 창문〉 혹은 〈활짝 열린 창문〉으로 이해했다. 혹은 루크레티우스 『사물의 본성에 관하여』 제2권 114행 이하 〈태양의 빛이, 빛살이 틈으로 들어와 집의 어두운 곳을 가로질러 쏟아질 때〉에서처럼 〈들어온 inserta〉이라고 생각했을 수 있다. 또 벽에 〈붙박인〉으로 해석할 수도 있다(Horsfall).

이렇게 말을 건네며 말로 근심을 덜어 주었다.
〈올튀갸에 오면 네게 해줄 말씀을 아폴로께서
기꺼이 예서 전하도록 우리를 네게 보내셨다.   155
우린 달다냐가 불타자 너와 네 군대를 따랐고
우린 네 함대와 함께 파도치는 바다를 건넜다.
또 우린 네 후손들을 하늘의 별로 세울 것이며
세계 패권을 줄 것이다. 위대한 후손의 위대한
성채를 예비하라. 망명의 긴 노고를 견뎌 내라.   160
근거지를 바꿔야 한다. 네게 크레타의 해안에
머물라 델로스의 아폴로가 명하신 게 아니다.
그래웃들이 서쪽 끝 저녁 땅이라 부르는 곳,
오래된 고장, 군사와 비옥한 대지로 강력한 곳,
포도의 백성이 살았고 이제 소문에 후손들이   165
족장 이름을 따라 이탈랴라 부른다는 터전,
그곳이 우리 근거다. 예가 달다늣이 태어났고
우리 민족의 시조 이세웃이 태어난 곳이다.

153행 이렇게 말을 건네며 말로 근심을 덜어 주었다 : 제2권 775행, 제8권 35행에도 다시 한 번 등장한다.
154행 올튀갸 : 이하 692행에서 아이네아스 일행은 오르튀기아에 도착한다.
163~166행 : 제1권 530~533행을 그대로 반복하고 있다.
168행 우리 민족의 시조 이세웃이 태어난 곳이다 : 이사우스가 다르다누스의 아버지이며 따라서 이사우스가 트로이아 민족의 시조인 것처럼 읽힌다. 하지만 전승을 검토해 보면 다르다누스는 이사우스와 형제지간이며 이들을 낳은 아버지는 170행의 코뤼투스이다. 베르길리우스도 지금까지 다르다누스를 트로이아의 시조라고 이야기하였다. 따라서 168행은 이사우스와 다르다누스가 형제가 나란히 이탈리아로부터 출발하여 한 명은 트로이아로, 다른 한명은

자, 일어서라. 노령의 아비에게 기쁜 소식을
170 망설임 없이 전하라. 코뤼툿의 땅을 찾아가라.
오소냐를. 유피테르는 딕테를 네게 금하셨다.〉
그렇게 신들의 현현과 목소리에 크게 놀라서
(그건 꿈이 아니었다. 내 눈앞에 신들의 모습,
묶은 머리와 얼굴을 보고 있다고 믿었던 것.
175 그때에 온몸을 타고 식은땀이 흘러내렸다)
잠자리에서 몸을 일으켜 높이 손을 받쳐 들고
소리쳐 하늘을 부르고 물 섞지 아니한 제주를
화덕에 부어 헌주하였다. 예를 차리고 기쁨에
앙키사께 보고하여 차근차근히 말씀드렸다.
180 부친은 두 분 선조를 혼동했음을 깨달으셨다.
고래의 옛 땅을 새삼 착각하여 실수하였던 것.

사모트라키아로 떠났다는 사실을 염두에 두고 공통 조상으로 받아들이는 것이라고 하겠다. 제7권 207행에서는 다르다누스가 사모트라키아를 거쳐 트로이아에 도착한 것으로 이야기된다.

175행 그때에 온몸을 타고 식은땀이 흘러내렸다 : 엔니우스 『연대기』 418 〈그때 겁먹은 온몸에서 땀이 흘러내린다 *tunc timido manat ex omni copore sudor*〉에서처럼 〈땀〉은 두려움을 나타내는 표현이다. 『아이네이스』 제7권 749행을 보라. 루크레티우스 『사물의 본성에 관하여』 제6권 944행. 〈마찬가지로 우리 온몸에도 땀이 방울진다.〉(Horsfall)

176행 잠자리에서 몸을 일으켜 : 루크레티우스 『사물의 본성에 관하여』 제3권 163행〈몸을 잠으로부터 떼어 내며 *corripere ex somno corpus*〉을 모방했다(Conington).

178행 예를 차리고 : 제5권 743행 이하, 제8권 70행 이하에서 아이네아스는 신들의 현현을 접하고 나서 희생제 혹은 기도를 올린다(Conington).

181행 새삼 : 카산드라의 예언을 진작부터 알고 있었음에도 불구하고 〈옛 어미〉(96행)를 들었을 때 마치 처음 듣는 것처럼 전혀 기억하지 못하고 잘못

추억하시되, 〈일리온의 운명에 시달린 아들아!
카산드라만이 내게 이런 변고를 예언하였다.
이제 돌이켜 본즉, 우리에게 닥쳐올 일을 알려
왕왕 저녁 땅을, 왕왕 이탈랴를 외치곤 하였다.   185
허나 어찌 테우켈 백성이 저녁 땅에 갈 것이라
짐작했겠는가? 뉘 카산드라 예언을 믿었던가?
포이붓을 따르자. 나은 것을 알았으니 따르자.〉
이런 말씀에 우리는 모두 환호하여 복종했다.
이 땅을 또한 떠나기로 하였다. 소수는 남았다.   190
돛을 펼쳐 속이 빈 배로 넓은 바다를 달려갔다.

　함대가 깊은 바다로 나온 후로 주변에 육지는
보이지 않았다. 사방에 하늘과 바다뿐이었다.

해석하였다.
　185행 왕왕 저녁 땅을, 왕왕 이탈랴를 : 제2권 781행에서 이미 크레우사의 혼령이 〈저녁 땅〉과 〈티베리스 강〉을 언급하였다. 그런데 트로이아의 유민들이 이에 관해 이제 처음으로 듣는 것처럼 그려져 있다. 또한 카산드라가 앙키세스에게만 들려주었다고 하는 발언은 크레우사도 이미 알고 있었다는 제2권의 내용과 일치하지 않는다.
　188행 나은 것을 알았으니 따르자 : 소포클레스 『안티고네』 1,023행 이하. 〈인간은 누구나 실수할 수 있으니까요. 하지만 실수를 하더라도 자기가 저지른 실수를 고칠 줄 알고 고집을 부리지 않는 자는 더 이상 행복으로부터 버림받은 어리석은 사람이 아니오. 다름 아닌 고집이 어리석음의 죄를 짓게 하는 것이오.〉
　190행 소수는 남았다 : 크레타 섬에는 이후에도 계속해서 페르가몬이라는 도시(133행을 보라)가 남아 있는데, 이에 대하여 베르길리우스는 그 이유를 나름대로 설명하고 있다(Conington).
　191행 달려갔다 : 『오뒷세이아』 제2권 427행 이하. 〈그러자 돛은 한가운데에 바람을 잔뜩 안았고 배가 나아갈 때 용골 주위에서 검푸른 너울이 요란한 소리를 냈다. 배는 너울을 헤치며 목적지를 향하여 달려갔다.〉

그때 검푸른 먹구름이 머리 위를 뒤덮었다.
195 어둠과 폭풍과 더불어 어둔 격랑이 물결쳤다.
곧 이어 광풍이 바닷물을 굴려 거대한 파도가
일었다. 우린 갈라져 와류의 목구멍에 몰렸다.
구름은 태양을 가렸고 흠뻑 젖은 밤은 하늘을
훔쳐 갔다. 구름이 갈라져 잦은 번개를 밝혔다.
200 우리는 항로를 벗어나 눈먼 바다를 떠다녔다.
팔리눌마저도 천지의 밤낮을 구분치 못했고
바다 한가운데 뱃길을 찾아내지도 못했다.
그렇게 눈먼 칠흑 속 분간할 수 없는 사흘 낮을
바다에서 떠다니며 별 없는 사흘 밤을 보냈다.
205 나흘째 되던 날 육지가 마침내 늠름한 자태를
드러냈다. 멀리 산이 보였고 연기가 피어났다.
돛을 내리고 노를 저었다. 지체 없이 선원들은
힘을 다해 거품을 일으키며 바다를 갈랐다.
　스트로팟의 해안이 격랑을 벗어난 나를 처음

192~195행: 『오뒷세이아』 제12권 403~406행을 모방하고 있다. 〈우리가 그 섬을 떠나 달리 육지는 보이지 않고 보이는 것이라고는 하늘과 바다뿐이었을 때, 그때 크로노스의 아드님께서 속이 빈 배 위에 검은 구름을 세우셨고 배 밑의 바다가 거무스름해지기 시작했소.〉 이후 『아이네이스』 제5권 8~11행에서 반복된다(Conington).
204행: 고대 주석가의 기록에 따르면 204행 이하 세 개의 행이 대괄호로 닫혀, 혹은 사본의 여백에 적혀 있었다고 전한다. 〈이때 펠롭스의 부족과 요란한 말레아 곶이 / 둘러서더니 땅과 바다가 똑같이 위협하였다. / 우린 사나운 파도에 얻어맞으며 포위되었다.〉 그러나 이는 앞서 팔리누루스마저 자신이 어디에 있는지 알지 못한다고 하였던 것과 일치하지 않는다(Conington).

받아 주었다. 그래웃 이름을 가진 스트로팟은　　　　　　　　210
큰 이오냐 해의 섬들로, 섬에는 흉한 켈레노 등
여타 할퓌아들이 살았다. 피네웃의 왕궁에서
쫓겨 그들은 두려움에 지난번 잔치를 떠났다.
그보다 역겨운 흉물이 없었고 그보다 지독한
역병, 신의 분노가 스튁스에서 온 적이 없었다.　　　　　　　215
여인 얼굴의 괴조, 뱃속에서 쏟아 내는 고약한
배설물과 발톱 세운 손아귀와 언제나 창백한
굶주림에 여윈 몰골.
이 섬에 접근하여 우리는 항구에 배를 댔다.
여기저기 행복한 소 떼를 들판에서 발견했다.　　　　　　　220

212행 할퓌아들이 살았다 : 〈하르퓌이아〉는 단순히 폭풍을 의미한다(『일리아스』 제12권 150행 〈질풍의 여신 포다르게〉와 『신들의 계보』 267행을 보라). 때로 여인의 얼굴을 가진 새로 그려지기도 한다. 『아르고호 이야기』 제2권 178행 이하에는 여기 베르길리우스의 하르퓌이아의 모습이 나타난다. 〈여기에는 아게노르의 아들 피네우스가 바닷가 가까이에 집을 갖고 있었다. 그는 모든 사람을 넘어서는 매우 끔찍한 재난을 겪었는데 이는 전에 레토의 아들이 그에게 준 예언술 때문이다. (……) 하르퓌이아들이 구름을 뚫고 예상치 못하게 가까이 닥쳐와 계속해서 그의 손과 입으로부터 부리로 채어 갔던 것이다. (……) 그리고 역겨운 냄새를 그 위에 쏟아 놓았다. 그래서 누구도 감히 그의 입 가까이로 음식을 가져가려 하지 않았을뿐더러, 멀리 떨어져 서는 것조차 그랬다. 그 정도로 남은 음식들에서 냄새가 났던 것이다.〉 그래서 피네우스는 굶주림에 시달리는데 하르퓌이아들이 음식물을 빼앗아 가는 것은 물론 남겨 둔 음식에도 고약한 악취를 남기기 때문이다. 『아르고호 이야기』에 따르면 피네우스를 고통에서 구해 준 것은 마침 배를 타고 지나가던 아르고호의 영웅들이었으며, 특히 영웅들 중에서도 제테스와 칼라이스를 두려워하여 하르퓌이아들이 피네우스를 떠났다고 전한다.
218행 : 미완성의 시행이다.
220행 행복한 소 떼를 들판에서 발견했다 : 〈행복한〉은 고대 주석가에 따

풀밭에 두루 목동도 없는 염소 떼를 보았다.
창칼로 달려들었고, 신들과 유피테르를 불러
사냥감 잔치에 모셨다. 그리하여 굽은 해안에
자리를 마련하여 기름진 잔치를 먹으려 했다.
225 그때 느닷없이 숲 속에서 섬뜩하게 뛰쳐나온
할퀴아들이 굉음의 날개를 털며 달려들었다.
잔칫상을 뒤엎더니 모든 걸 불결하게 건드려
더럽혔다. 썩어 나는 악취와 찢어지는 비명.
다시 한 번 속이 빈 절벽 아래 깊숙하게 든 곳에
230 [나무들이 섬뜩한 흑림으로 밖을 막아선 곳에]
잔칫상을 진설하고 제단에 불을 지피려 했다.
다시 한 번 하늘 제각각 눈먼 어둠 속에 날아와
시끄럽게 무리 져 굽은 발톱으로 약탈해 갔다.
입질로 음식을 더럽혔다. 전우들은 무길 들라
235 내 명하여 흉측한 것들과 전쟁을 벌어야 했다.
전우들은 명령대로 움직여 장검을 풀섶에다

르면 〈살이 오른〉 것을 가리킨다(Conington). 『오뒷세이아』 제12권 261행 이하. 〈우리는 곧 신의 나무랄 데 없는 섬에 도착했소. 그곳에는 헬리오스 휘페리온의 이마가 넓은 훌륭한 소들이 있었고 힘센 작은 가축들도 많이 있었소.〉

223행 사냥감 잔치에 모셨다 : 원문 〈조각 *partem*〉을 여기에서는 〈잔치〉로 옮겼다. 희생 제물을 잡으면 먹기 위해 여러 조각으로 나누었을 것이고, 그 가운데 일부는 신들에게 바쳤을 것인바 문맥상 〈신들에게 바쳐진 조각〉을 의미한다(Horsfall).

230행 나무들이 섬뜩한 흑림으로 밖을 막아선 곳에 : 앞서 제1권 311행과 같다. 원문의 〈막아선 *clausam*〉이 앞에서는 문법적으로 자연스럽게 연결되지만, 여기서는 문법적으로 자연스럽게 연결시킬 방법이 없다. 따라서 후대의 삽입으로 간주할 수 있다.

숨겨 두고 방패는 안 보이도록 감추어 두었다.
그리하여 그들이 소리치며 굽은 해안을 따라
덤벼들 때, 망루에서 미세눗이 신호를 보냈다,
속 빈 나팔로. 전우들은 희한한 전투를 벌였다.   240
바다의 역겨운 새들을 창검으로 잡으려 하나
날개에도 아무 타격도, 등짝에도 아무 상처도
입지 않았고 재빠르게 하늘로 도망쳐 올랐다.
먹다 만 사냥감과 지저분한 흔적들을 남겼다.
깎아지른 절벽 위에 저 홀로 내려앉은 켈레노,   245
불길한 예언자는 맘속에서 이런 말을 꺼냈다.
〈황소와 송아질 죽여 눕히더니 이제는 전쟁을,
라오메돈 후손들아, 전쟁을 감행하려 하는가?
죄 없는 할퓌아들을 제 땅에서 몰아내려는가?
마음으로 들어라. 내가 하는 말을 명심하여라.   250
전능한 분께서 포이붓에게, 포이붓이 내게 한
예언을 복수 여신의 수장으로서 말해 주련다.
이탈랴를 찾아 순풍을 청하여 항해하는 너희,
이탈랴에 도착할 것이고 입항할 수 있으리라.
그러나 허락된 도시를 성곽으로 두르기까지   255
무서운 굶주림과 우릴 죽이려던 불의로 너흰
고통 속에서 밥상을 갉아 먹어야 할 것이다.〉

242~243행 아무 상처도 입지 않았고 : 하르퓌이아가 상처를 입지 않는다는 능력을 갖고 있었다는 전승은 베르길리우스 이전에는 어디에서도 찾아볼 수 없다. 오히려 그 반대라는 것이 『아르고호 이야기』에서 확인된다(Conington).

말하고 날갯짓하며 숲 속으로 날아가 버렸다.
전우들은 갑작스런 공포로 싸늘하게 피는
260 굳어져 사기가 떨어졌다. 더는 무기가 아니라
262 여신 혹은 흉하고 역겨운 흉조 따질 것 없이
261 간곡한 기도로 가호를 구해 보자고 간청했다.
263 그러자 부친 앙키사께서 해안에서 손을 들어
위대한 신명을 외쳐 합당한 제물을 바치셨다.
265 〈신이여! 저주를, 신이여! 고난을 물리치소서.
자비로 충직을 돌보소서.〉 해안에 맨 뱃줄을
풀라, 돛을 동인 바를 풀어 늦추라 명하셨다.
돛에 남풍이 가득, 물거품을 가르며 도망쳤다.
바람과 키잡이가 불러 주는 항로를 따라갔다.
270 숲이 우거진 자퀸툿이 바다 복판에 나타났다.
둘리큠과 사메와 바위 험한 네리툿이 보였다.

257행 밥상을 갉아 먹어야 할 것이다 : 켈레노의 예언은 실제로 제7권 109행 이하에서 그대로 실현된다. 예언의 내용은 베르길리우스 이전 전승에 벌써부터 포함되어 있었던 것이지만, 이를 켈레노의 입을 통해 아이네아스에게 전해 주는 것은 베르길리우스가 만들어 낸 것이다(Conington).

262행 흉하고 역겨운 흉조 : 앞서 211행과 241행에서 사용된 단어들을 다시 한 번 옮겨 놓고 있다. 흉하고 역겨운 모습의 흉조가 어쩌면 신들의 전령으로 불길한 일을 알리고자 나타난 것은 아닌가 싶어 트로이아의 병사들은 무기를 내려놓는다.

268행 이하 : 이제부터 트로이아의 유민들은 서부 희랍을 벗어나 아드리아 해로 접어들기 시작한다. 희랍 땅에서 마지막 정박지는 레우카타스다.

270~271행 : 여기 있는 모든 지명은 『오뒷세이아』 제9권 21행 이하를 그대로 따르고 있다. 〈나는 멀리서도 잘 보이는 이타케에 사오. 그곳에는 산이 하나 우뚝 솟아 있는데 잎이 바람에 흔들리는 네리톤이 곧 그곳이오. 그리고 주변에는 많은 섬들이 서로 다닥다닥 붙어 있는데 돌리키온과 사메와 숲이 우

우린 이타카의 바위, 라엘텟의 왕국을 지나며
잔인한 울릭셋의 유모였던 땅을 저주했다.
이어 류카탓 곶의 구름 덮힌 산정에 세워진,
뱃사람들을 겁주는 아폴로 신전이 나타났다.　　　　　　　　　　275
우린 지쳐 거기로 향해 작은 마을에 이르렀다.
이물에 닻을 내리고 고물을 바닷가에 세웠다.
　　그렇게 우리는 무망한 줄 알았던 뭍에 내려서
유피테르께 제물을 올려 제단에 불을 피웠다.
악티움 해안은 일리온의 잔치로 떠들썩했다.　　　　　　　　　　280
온몸에 기름을 바르고 고향의 씨름을 펼치는
나신의 전우들. 아르곳 도시를 모두 벗어난 걸,
적진을 가로질러 무사할 수 있음에 기뻐했다.
그새 태양은 커다란 한 해의 일주를 마쳤고
얼음의 겨울, 북풍으로 바닷길은 사나워졌다.　　　　　　　　　　285
속이 빈 청동의 방패, 덩치 큰 아밧의 연장을

거진 자퀸토스가 곧 그곳이오. (……) 이타케는 바위투성이의 섬이지만 젊은 이들의 좋은 유모(乳母)지요.〉 그런데 네리토스 혹은 네리톤은 이타카 섬의 산 이름인데 베르길리우스는 독립된 섬인 것처럼 보고 있는 듯하다. 이는 아마도 『일리아스』 제2권 631행 이하 〈이들은 이타케와 잎이 바람에 흔들리는 네리톤을 차지하고 있는 자들이거나〉 때문에 생긴 오해로 보인다(Conington).

　280행 악티움 해안은 : 베르길리우스는 여기서 레우카타스 곶과 악티움을 마치 동일한 장소인 양 말하고 있다. 제8권 675행 이하에서도 비슷한 모습을 보여 준다. 사실 두 장소는 매우 인접해 있으며 각각에 아폴로에게 바쳐진 신전이 세워져 있는데 후자의 것은 아우구스투스가 악티움 해전을 기념하기 위하여 나중에 지은 것이다. 전설에 따르면 아이네아스는 자퀸토스 섬과 레우카타스와 악티움에 각각 내렸다고 한다(Williams).

　285행 얼음의 겨울 : 현재 아이네아스는 다섯 번째 겨울을 보내고 있다.

마주한 문짝에 고정하고 시구를 새겨 넣었다.
　　　에네앗이 다나웃 정복자들에게 뺏은 무장을.
　　　이어 항구를 떠나자, 제자리에 앉으라 명했다.
290　다투어 전우들은 바다를 지나 파도를 갈랐다.
　　　곧 페아켓의 구름 덮힌 산정이 멀어져 갔다.
　　　에피롯 해안을 훑어가다가 카오냐의 항구로
　　　들어섰다. 부트롯의 높은 도시로 다가갔다.
　　　　예서 믿지 못할 일들의 소문이 귓가를 메웠다.
295　프리암의 아들 헬레눗이 그래웃을 통치한다,
　　　애아쿳의 손자 퓌룻의 부인과 왕홀을 얻었다,
　　　안드로마케가 고향 남자에게 재가했다 했다.
　　　나는 놀랐다. 가슴은 놀라운 열망에 불타올라
　　　그에게 인사하고 대단한 운명을 알고 싶었다.

　288행 에네앗이 다나웃 정복자들에게 뺏은 무장을 : 흔히 〈주다〉 혹은 〈바치다〉라는 단어는 생략된 채로 쓰인다. 희랍의 군대가 트로이아를 점령했다는 의미에서 〈정복자〉인데, 지금 아이네아스는 정복자를 정복하고 무사히 희랍을 벗어날 수 있음을 기념하여 유피테르의 신전에 탈취한 무기를 바쳤다.
　289행 항구를 떠나자, 제자리에 앉으라 : 『오뒷세이아』 제9권 102행 이하. 〈급히 서둘러 날랜 배들에 오르라고 명령했소. 그러자 그들은 지체 없이 배에 올라 노 젓는 자리에 앉았소. 그리고 그들은 순서대로 앉더니 노로 잿빛 바닷물을 쳤소.〉
　291행 페아켓의 : 오뒷세우스가 칼륍소를 떠나 처음 도착한 곳은 파이아케스 사람들이 사는 땅이었다. 나중에 이오니아 해의 코르퀴라 섬이 파이아케스 사람들의 땅이라고 알려진다. 『아르고호 이야기』 제4권 981행 이하. 〈이오니아 해협 앞 케라우니아 해에 어떤 크고 풍요로운 섬이 있다. (……) 거기서 비롯되어 드레파네라는 이름으로 불리고 있다, 파아에케스 사람들을 키우는 신성한 섬은.〉

제3권　137

나는 항구에 전함과 해안을 두고 길을 잡았다. 300
도시 앞, 시멧 강을 닮은 강물이 흘러 숲 속에 302
때마침 삼가 정결한 음식과 추도의 제물을 301
올리며 안드로마케는 망자의 혼백을 불렀다,
헥토르의 무덤에서. 떼 입힌 묘는 주인이 없고
이중의 제단을 세우니 이는 눈물의 근원이다. 305
내가 걸어오는 걸 보았을 때, 주변 트로야의
갑옷을 보았을 때, 넋이 나가 커다란 기적을
보는 중에 혼절하여 열기가 뼈마디를 떠났다.
한참 시간이 지나서야 간신히 말문을 열었다.
〈진정 그대입니까? 진정 전령되어 오십니까? 310
여신의 아드님! 살아? 혹 생명 불이 꺼진 거면,
헥토르는 어디 있나요?〉 말에 눈물을 쏟고 온통
주변은 통곡이 가득. 반쯤 정신없는 그미에게
나는 대답하여 드문 목소리로 떨며 더듬었다.
〈살았지요. 갖은 고생 속에서도 살아 있었지요. 315
의심치 마세요. 제가 맞습니다.

306~307행 주변 트로야의 갑옷을 : 아이네아스만 단독으로 움직였다고 할 수 없으므로 트로이아의 갑옷과 무장은 아이네아스를 포함하여 그를 수행한 병사들의 것을 포함한다고 보아야 할 것이다. 347행 〈동포를〉이라고 한 것도 이를 뒷받침한다(Williams).

310~311행 생명 불이 꺼진 거면, 헥토르는 어디 있나요 : 앞서 안드로마케는 헥토르의 영혼을 부르며 (303행) 헥토르의 거짓 무덤에서 울고 있었다. 아이네아스가 나타나자 안드로마케는 어리둥절하여 〈만약 저승에서 오는 길이라면 어찌 헥토르는 동행하지 않았느냐〉고 묻고 있다. 아이네아스가 헥토르를 동행하여 자신을 찾아왔다고 생각한 것이다(Williams).

대체 어떤 몰락이 장한 남편을 놓친 그대에게
닥친 건가요? 아님 보상할 행운은 되찾았나요?
헥토르의 안드로마케여! 퓌릇의 아내인가요?〉
320 얼굴을 떨구고 풀기 없는 목소리로 대답했다.
〈남들 앞서 간 프리암의 딸은 다만 행복하여라.
트로야의 높다란 성벽 아래 적장의 무덤가에
죽음을 맞았으니. 흥정의 수모를 당하지 않고
정복자의 포로, 주인의 침대를 지키지 않으니.
325 저는 잿더미 고향에서 이역의 바다로 실려 와

316행: 미완성의 시행이다.

320행 얼굴을 떨구고 풀기 없는 목소리로 : 안드로마케는 이하 자신의 처참한 운명을 설명하는 연설을 시작하기에 앞서 어쩔 수 없었던 운명에 대한 자신의 생각을 몸동작과 목소리를 통해 표현하고 있다.

321행 프리암의 딸 : 여기서 프리아모스의 딸은 폴뤽세나를 의미하며, 적장은 아킬레우스를 가리킨다. 폴뤽세나가 죽은 장소에 관해 여러 의견이 있어, 어떤 이는 트로이아 성벽 아래라고 하고 오비디우스 등은 트라키아 앞바다라고 한다. 『변신 이야기』 제13권 428~575행에서 폴뤽세나는 당당한 모습으로 스스로 죽음을 선택한다. 〈프리아무스의 딸 폴뤽세나는 말했다. 《나 폴뤽세나는 누구의 종노릇도 할 생각이 없소. 이렇게 해봤자 당신들은 신을 달래지 못할 것이오. 다만 내 어머니가 나의 죽음을 몰랐으면 좋으련만! 어머니를 생각하니 내가 죽는다는 기쁨이 줄어드는군요. 내 죽음이 슬픈 일이 아니라 내 어머니가 살아갈 노예의 삶이 슬픈 일이겠지요. 물러나시오. 나는 자유민으로서 스튁스 강에 이를 것이오. 나는 정당히 요구하오. 처녀의 몸에 사내들의 손을 치우시오. 나를 죽여 당신들이 달래려는 신이 누구이든, 그도 자유민의 피를 훨씬 더 원할 것이오. 만약 당신들 중의 누군가 하나, 내 마지막 말에 감동받는다면, 당신들의 노예가 아니라 프리아무스 왕의 딸로서 요구하오. 내 어머니에게 몸값을 받지 말고 내 시신을 돌려주시오. 어머니께서 나를 황금이 아니라 눈물로 살 수 있도록 해주시오. 물론 예전에는 황금을 주고 사기도 하셨지만 말이오.》(……) 그녀는 죽어 가면서도 정숙한 여인의 품위를 지키고자 애썼다.〉

아킬렛 아들의 모욕과 거칠 것 없는 청춘의
노리개로 살며 아이를 낳았지요. 그 후 그는
레다의 손녀 스팔타 헬미온의 혼인에 이끌려
종인 저를 종인 헬레눗에게 가져라 주었지요.
한데 그를, 크게 사랑했던 빼앗긴 신부 때문에   330
화난 오레텟이 패륜이 부른 광기에 부림받아
방심한 틈에 잡아 아비의 제단에서 죽였지요.
네옵톨이 죽은 후 왕국 일부를 물려받은 자는
헬레눗. 그는 거길 카오냐의 들판이라 부르니

328행 레다의 손녀 스팔타 헬미온 : 『오뒷세이아』 제4권 5행 이하. 〈그는 딸을 대열의 돌파자 아킬레우스의 아들에게 보내고 있었으니 트로이아에서 그가 먼저 딸을 주기로 머리를 끄떡여 약속했고 신들이 두 사람의 혼인을 이루어 주었기 때문이다. 그래서 그는 딸을 말들과 마차들과 함께 뮈르미도네스족의 통치자의 명성도 자자한 도시로 떠나보내고 있었다. (……) 헬레네가 처음에 황금의 아프로디테처럼 아름다운 사랑스런 헤르미오네를 낳은 뒤로는 신들이 그녀가 자식을 낳지 못하게 했기 때문이다.〉

331행 패륜이 부른 광기에 부림 받아 : 오레스테스가 아버지 아가멤논의 죽음을 복수하기 위해 자신의 어머니이자 아가멤논의 부인인 클뤼타임네스트라를 죽였으며, 이후 복수 여신들에게 쫓겨 다녔다. 광기는 복수의 여신을 의미한다.

332행 아비의 제단에서 죽였지요 : 에우리피데스 〈오레스테스〉 제1,653행 이하에서 아폴로이 오레스테스에게 미래를 예언하는 중에 이렇게 말한다. 〈오레스테스여, 그대는 지금 헤르미오네의 목에 칼을 들이대고 있지만 그녀와 혼인할 운명이니라. 네옵톨레모스는 자기가 그녀와 혼인할 것이라고 믿고 있지만 그렇게 되는 않을 것이니라. 그는 내게 아버지 아킬레우스의 죽음에 대한 보상을 요구하다가 델포이인들의 칼에 죽을 운명이니까.〉 네옵톨레모스는 활에 맞아 죽은 아버지의 보상을 활의 신 아폴로에게 요구했던 것이다. 제2권 663행과 비교할 때 프리아모스 앞에서 제단에서 폴리테스가 네옵톨레모스에게 죽임을 당한 사건을 베르길리우스는 염두에 두고 있는 것으로 보인다(Horsfall).

335 트로야의 카온을 따라 전부 카오냐라 한 거죠.
펠가마, 일리온의 산채를 산정에 세웠지요.
어인 바람, 어떤 운명이 그댈 데려온 건가요?
신께서 저희에게 영문 모른 그댈 보낸 건가요?
어린 아스칸은? 잘 있지요? 청풍에 많이 컸나요?
340 트로야에서 그대에게 그 아이를?
여태도 어미가 없으면 놀라 애처럼 보채나요?
343 아버지 에네앗과 아저씨 헥토르에게 이어진
342 집안의 용기와 사내다운 기백을 갖추었나요?〉
눈물과 함께 이렇게 쏟아 냈다. 길게 토해 내는
345 탄식은 공허했다. 그때 도성에서 움직여 영웅,
프리암의 아들 헬레눗이 수하와 함께 나왔다.
동포를 알아보고 기뻐하며 궁궐로 이끌어
중간중간 말을 이어 가며 한없이 눈물지었다.
가다 보니 작은 트로야, 장했던 날들을 빼닮은
350 펠가마, 크산툿의 이름을 딴 말라붙은 수로를

340행 : 미완성의 시행이다. 고대 주석가의 의견에 따르면, 미완성 시행들 가운데 유일하게 그 의미를 알 수 없는 시행이다.

341행 어미가 없으면 : 안드로마케가 크레우사의 죽음을 암시한다고 본다면, 크레우사의 죽음을 안드로마케가 어떻게 알게 되었는가에 대한 설명이 필요하다. 하지만 〈크레우사가 어린 아들을 놓아두면〉이라는 일반적인 의미로 해석할 수도 있다. 〈여태도〉라고 번역한 〈*tamen*〉은 앞서 〈많이 자랐겠죠?〉라는 뜻을 묻는 안드로마케의 질문에 비추어 〈많이 자랐음에도 불구하고〉라고 볼 수 있다(Horsfall). 사실 왜 안드로마케가 크레우사의 소식을 묻고 있지 않는지는 의문이다.

350행 크산툿의 이름을 딴 말라붙은 수로 : 『일리아스』 제20권 73행 이하. 〈헤파이스토스에게는 깊이 소용돌이치는 큰 강이 맞섰는데, 그를 신들은 크

보았다. 스카야 성문에서 문턱을 끌어안았다.
테우켈족 또한 도시의 환대를 다 같이 누렸다.
왕은 이들을 널찍한 주랑을 열어 맞아 주었다.
마당 한가운데 바쿠스의 술잔에 헌주하였고
음식을 황금 그릇에 담고 희생 옥반을 올렸다. 355

   그리하여 하루가 또 하루가 흘러갔다. 바람이
돛을 재촉하고 부푼 남풍이 돛자락에 한가득.
이렇게 운을 떼며 현자에게 의뢰하여 물었다.
〈하늘 뜻을 푸는 트로야 후손아, 포이붓의 뜻을,
클라롯의 세발솥과 월계수, 하늘의 별자리를, 360
새들의 말뜻, 날짐승의 모두를 이해하는 이여!
말해 주오. (내게 뱃길을 일러 주신 신의는 모두
호의적이며 신들 모두 뜻을 모아 말씀하시되
이탈랴로 가라, 머나먼 땅을 찾아가라 하시나,
할퓌아 켈레노만은 오직 말하기 두려운 묘한 365
불행을 노래하고 잔혹한 분노를 예언하였다,
끔찍한 기아를) 내가 우선 피할 위험은 뭣인가?
무엇을 따라가 커단 고난들을 이겨 내리까?〉
이에 헬레눗은 먼저 격식에 따라 황소를 잡아
신들의 가호를 빌고 묶었던 머리띠를 풀었다, 370

산토스라고 부르고 인간들은 스카만드로스라고 부른다.〉
  361행 새들의 말뜻, 날짐승의 모두 : 새점의 두 가지 방법을 열거한 것인데, 전자는 새들이 우는 소리를 듣고 점을 치는 방법이며, 후자는 새들이 날아다니는 것을 보고 점을 치는 방법이다(Conington).
  370행 머리띠를 풀었다 : 고대 주석가들이 해석한 바에 따르면, 묶었던 머

경건한 머리에서. 포이붓이여, 당신 신전으로
신상에 대경한 저를 그가 손잡아 이끌었니다.
사제는 신들린 목소리로 곧 이렇게 노래했다.

〈여신의 아드님 (그대의 바닷길 유랑은 높으신
375 신의가 분명하오. 그리 신들의 왕께서 운명을,
물레를 돌리셨고, 세상 이치는 그리 움직이오)
많은 것 중 약간을, 하여 평안하게 낯선 바다를
지나도록, 오소냐의 항구에 정착할 수 있도록
말해 주리다. 운명께서 그 이상은 금하셨기로,
380 사툰의 따님 유노도 헬레눗의 발설을 금하오.
우선 이탈랴가 당신은 이미 가까왔다 믿으며
근처 항구로 들어갈 기세이나, 모르는 말씀.
멀고 먼 땅 멀리 길 없는 기나긴 길이 놓여 있소.
삼각섬 파도에 맞붙어 놋자루가 휘어져야만,
385 함대를 이끌고 오소냐 짠물 바다를 건너야만,
저승의 호수를 거쳐 키르케의 섬을 지나야만

리를 풀어 머리카락을 길게 늘어뜨리는 행위는 주술적인 의미로 신과의 소통에 방해가 될지도 모를 장애를 제거하는 행위로 이해할 수 있다(Conington).

375행 분명하오 : 〈*manifesta fides*〉는 제2권 309행에서도 언급되었는바, 〈충분히 그렇게 믿을 만한 증거가. 분명하다〉의 뜻으로 볼 수 있다(Horsfall).

384행 놋자루가 휘어져야만 : 놋자루가 오랜 시간 동안 물에 잠겨 있을 경우 물에 젖어 휠 정도로 무르게 되는 것을 염두에 두고 있는 것으로 보인다. 그만큼 많은 항해를 해야 하는 것으로 이해할 수 있다(Conington).

386행 키르케의 섬 : 키르케의 섬이 어디에 위치하는지에 관해서는 전승마다 제각각이다. 우선 『오뒷세이아』 제12권 3행 이하에는 〈우리가 다시 이른 아침에 태어난 새벽의 여신의 집과 무도장들이 있는 해 뜨는 아이아이에 섬에 닿았을 때〉라고 하여 동쪽에 있는 것으로 보았다. 그러나 『신들의 계보』

안전한 대지에 그댄 도시를 세울 수 있으리라.
당신께 징표를 말할 테니, 마음에 담아 두시길.
근심하던 당신은 쓸쓸히 흐르는 강에 이르러
강변의 떡갈나무 아래 커단 암퇘지를 보리다.   390
서른 마리 어린것들을 낳고 누워 있을 것이니
흰 것이 땅에 누웠고, 흰 것들은 어미젖을 빨고.
그곳이 국가의 터전, 고난의 진정한 안식처라.
장차 식탁을 뜯어 먹으리란 것에 겁내지 말라.
운명은 길을 찾으니, 아폴로께서 함께하리라.   395
허나 우리 쪽 바닷물에 젖는, 바로 건너 자리한   397
이탈랴의 이쪽 대지와 이쪽 해안 자락일랑은   396
피하라. 그 모두에 그악한 그래웃이 살고 있소.
여기에 나뤽스의 로크리인이 도시를 세웠고
살렌틴인의 들판을 힘으로 점령한 사람들은   400
뤽톳의 이도멘이며, 멜리봐의 필록테텟이
이끄는 작은 페텔랴는 성벽을 쌓고 당당하오.

1,011행 이하에는 〈키르케는 휘페리온의 아들 헬리오스의 딸로 참을성이 많은 오뒷세우스를 사랑하여 아그리오스와 나무랄 데 없는 강력한 라티노스를 낳으니, 이들은 저 멀리 신성한 섬들의 깊숙한 곳에서 명성이 자자한 튀르레니아인들을 모두 통치했다〉라고 하여 서쪽에 있는 것으로 보았다. 『아이네이스』제7권 10행 이하에서 아이네아스 일행은 쿠마이와 티베리스 하구 사이의 중간 지점에서 키르케의 섬 아이아이아를 지나간다.

397행 우리 쪽 바닷물 : 헬레누스가 말하고 있는 〈우리 쪽 바다〉는 이오니아 해의 북쪽과 아드리아 해의 아래쪽 바다에 면한 땅, 따라서 이탈리아 반도의 동해안을 지시하는 말이다. 아이네아스 일행은 시킬리아 섬과 이탈리아 반도가 가까이 붙어 만든 해협(411행) 또한 피해 시킬리아 섬을 크게 우회하여 이탈리아 반도의 서해안으로 다가가는 항로를 택했다.

바다를 갈로질러 함대가 건너간 뒤 멈춰 설 때
해안에 제단을 쌓고 맹세했던 것을 이행할 때
405 자색 천을 머리에 쓰고 당신 머리를 감추시오.
신령스러운 불길 가운데 행여 신들의 영예에
사나운 낯빛으로 모든 걸 망쳐 버리지 않도록.
이런 희생의 관례를 전우들과 당신이 지키며
정결히 자손들이 믿음 가운데 이어 가기를.
410 출항하여 당신을 시킬랴 해안에 데려갈
바람이 불고, 좁은 펠로룻의 관문이 열릴 때
당신 왼편 대지와 왼편 바다를 따라 멀더라도
우회할 것이며, 오른편 연안과 파도는 피하라.
좌우 대지는 일찍이 불가항력 커단 침하에
415 (긴 세월의 무게는 많은 걸 바꾸어 놓는 법이니)
갈라졌다 하는데, 멀고 먼 옛날 좌우 대지는
하나였으되, 바다가 억지로 끼어들어 물살로
저녁 땅과 시킬랴를 잘랐더니, 들판과 도시를
좁은 해협으로 나눠 놓고 밀려왔다 흘러간다.

403행 이하 : 아래 543행 이하에서 아이네아스는 헬레누스의 지시를 이행한다.

405행 자색 천을 머리에 쓰고 당신 머리를 감추시오 : 제사를 지낼 때 머리쓰개를 쓰는 관례는 로마 사람만의 것으로 적어도 희랍 사람들에게는 그런 관습이 없다. 베르길리우스는 이런 관례가 생긴 사연으로 이때 헬레누스가 아이네아스 일행에게 지시한 것을 들고 있다(Williams).

419행 좁은 해협으로 나눠 놓고 밀려왔다 흘러간다 : 시킬리아는 지진에 의해 이탈리아 반도로부터 갈라져 형성되었으나, 예전에는 하나였다는 것이 고대로부터 일관된 생각이다(Williams). 몸젠의 『로마사』 제1권 제1장에 언

우측에 스퀼라. 좌측에 욕심 사나운 카륍딧이 420
도사리다, 심연의 나락으로 휘돌아 세 번 커단
파도를 빨아들이고 다시 이를 매번 허공 중에
쏘아 대며, 바닷물을 휘둘러 별들을 때린다니.
스퀼라는 칠흑 같은 어둠의 바위 동굴에 숨어
아가리를 내밀어 함선을 바위로 물어 간다니. 425
위쪽은 사람의 얼굴과 어여쁜 가슴의 처녀,
살 아래로는 흉측한 육신을 가진 바다 괴물.
돌고래의 꼬리와 늑대의 자궁이 섞였다 한다.
일단 널찍한 암굴 속으로 끌려가 흉측한 꼴의 431

급된 이탈리아 및 시킬리아의 지형 설명을 참조하라.

420행 우측에 스퀼라. 좌측에 욕심 사나운 카륍딧이 : 따라서 스퀼라는 이탈리아 반도 쪽에, 카륍디스는 시킬리아 섬 쪽에 있다. 베르길리우스는 호메로스의 설명을 따르고 있다. 스퀼라의 경우에는 호메로스와 약간 다른 측면이 보인다. 『오뒷세이아』 제12권 85행 이하. 〈그런데 바로 그 동굴 안에 무시무시하게 짖어 대는 스퀼라가 살고 있어요. 사실 그녀의 목소리는 갓 태어난 강아지의 목소리만 하지만 그녀는 무시무시한 괴물인지라 그녀를 보고 좋아하는 이는 아무도 없어요. (……) 그녀는 디룽디룽 매달린 발을 모두 열두 개나 갖고 있고 기다란 목을 여섯 개나 갖고 있는데 목마다 무시무시한 머리가 하나씩 나 있고 그 안에는 검은 죽음으로 가득 찬 세 줄로 된 이빨들이 단단히 그리고 촘촘히 나 있지요.〉 제12권 235행 이하. 〈다른 쪽에는 고귀한 카륍디스가 바다의 짠물을 무시무시하게 빨아들이고 있었소. 그리고 그녀가 물을 내뿜을 때는 그녀는 센 불 위에 걸린 가마솥처럼 맨 밑바닥으로부터 소용돌이치며 끓어올랐고 물보라는 두 바위의 꼭대기 위까지 높이 날아올랐소. 그러나 바다의 짠물을 도로 빨아들일 때는 그녀는 소용돌이치며 속을 다 드러내 보였고 주위의 바위는 무섭게 울부짖었으며 바닥에는 시커먼 모래땅이 드러났소.〉

425행 함선을 바위로 물어 간다니 : 호메로스의 설명에 따르면 스퀼라는 머리를 동굴 밖으로 내밀어 〈물개〉 혹은 〈돌고래〉 등 바다짐승과 선원들을 낚아챌 뿐이며 배를 통째로 끌어당긴다는 보고는 없다.

432 스퀼라, 흑구들이 짖는 바위를 보느니보다
429 나은 방법은 삼각섬 파퀴눔 곶을 기점 삼아
430 느리더라도 먼 길을 우회하여 돌아가는 것.
덧붙여 이 헬레눗이 예지력을 가지고 있어,
아폴로께서 진리로 나를 채우시니 믿는다면
435 이 하나를, 여신의 아드님, 무엇보다 이 하나를
예언하여 거듭하고 거듭하여 경고하노니.
먼저 기도하여 위대하신 유노께 경배하시라.
헌주로 유노께 찬양하고 강력하신 주인을
청원의 선물로 설복하라. 그리하면 정복자로
440 삼각섬을 벗어나 이탈랴 강역에 닿게 하시리.
그곳에 닿는 길로 쿠마이에 이르게 될 것이며
신성한 호수, 숲들이 울어 대는 아벨나에 닿아
신들린 무녀를 볼 것이니, 여인은 깊은 굴에
부적과 성명을 잎에 적어 운명을 노래하오.

439행 설복하라 (……) 정복자로 : 원문 〈*supera*〉와 〈*victor*〉를 번역한 것이다. 〈*superare*〉는 똑같이 제8권 61행에서도 반복되는데 〈기도하다〉에 더하여 〈여신이 기도에 응하도록 만들다〉의 이중적 의미를 가진다(Horsfall). 〈정복자〉란 다른 뜻이 아니라 〈여신을 설복시킨 사람〉이란 뜻이다.

441행 쿠마이에 이르게 될 것이며 : 제6권 앞부분에서 시뷜라에 관한 예언이 실현된다.

442행 신성한 호수, 숲들이 울어 대는 아벨나에 닿아 : 〈신성한〉이란 뜻은 〈신들이 사는〉이라는 뜻으로 이해해야 할 것이다. 〈숲들이 울어 대는 *sonantia silvis*〉에서 〈*silvis*〉는 장소가 아니라 도구를 나타낸다. 다시 말해 호수 자체가 소리를 내는 것이 아니라 호수 주변의 나무들이 바람에 흔들리며 소리를 내는 것이다(Conington).

444행 노래하오 : 원문 〈*canit*〉는 〈구술하다〉로 예언 행위를 강조한다. 이

여인은 이파리에 적은 예언의 노래를 모조리　　　　　445
차례대로 쌓아 동굴 후미진 곳에 보관하지요.
그것들은 거기 그대로 엉킬 이유 없이 있지요.
허나 가벼운 실바람이 문짝을 밀치고 들어와
여린 이파리들을 휘감아 뒤죽박죽 나부껴도
여인은 속이 빈 동굴에 날리는 것들을 잡으려,　　　　　450
제자리에 놓으려, 노래를 엮으려 하지 않으니,
예언을 못 받은 이는 떠나며 시뷜라를 탓하오.
예서의 시간 지체가 크다 할 것이 아닐지니,
전우들이 투덜대고 여정이 강력하게 바다로
돛을 불러 돛폭에 순풍을 채울 수 있을지라도,　　　　　455
무녀를 찾아가 간곡하게 신탁을 물어 청하며
호의로 입을 열어 말로 직접 노래하라 하시오.
여인은 당신에게 이탈랴 백성들, 장래의 전쟁,
각각의 노고를 어찌 피할지, 어찌 감당할지
말하되, 깍듯하면 순탄한 뱃길도 알려 주리다.　　　　　460
이것이 당신에게 말해 주도록 허락된 전부니,
자, 가서 트로야가 창공에 설 위업을 닦으시라.〉
　현인은 정겨운 목소리로 이렇게 말하고 나서

를 단순히 〈운문으로 적다〉로 이해하려는 사람이 있지만(Conington), 유사한 예가 제8권 499행과 제10권 471행에 등장하는바 하나같이 〈구술 행위〉 자체를 강조하고 있다.

　451행 노래를 엮으려 하지 않으니 : 베르길리우스는 구술된 예언들이 잎사귀마다 한 줄씩 적혀 있는 것으로, 그래서 무녀 시뷜라가 각 시행들을 하나의 의미 단위로 묶어 신탁을 묻는 자들에게 이를 일러 주었다고 생각하고 있다(Horsfall).

이어 황금과 잘라 낸 상아로 한가득 선물을
465 배에 싣도록 명하였고, 함선들을 가득 채웠다.
큼직한 은제 기구며 도도나의 가마솥들이며,
쇠 미늘과 황금으로 장식한 세 겹 흉갑이며,
투구 볏에 달린 술이 인상적인 원뿔 투구로.
이는 네옵톨의 무장. 부친의 선물도 있었다.
470 말들과 길라잡이들을 주었다.
놋꾼을 보강하고 전우들을 무장시켜 주었다.
그러는 사이에 함대의 돛을 준비토록 명하신
앙키사는 불어오는 바람에 지체 말라 하셨다.

464행 잘라낸 상아로 한가득 선물을 : 〈잘라 낸 상아〉는 호메로스를 흉내 낸 것이다. 『오뒷세이아』 제18권 196행 〈갓 베어 낸 상아보다도 더 희게 만들어 주었다〉와 제19권 564행 〈베어 낸 상아의 문으로 나오는 꿈들은 이루어지지도 않을 소식을 전해 주며 속이지요〉.

466행 큼직한 은제 기구 : 원문 〈ingens argentum〉을 제1권 640행에서는 〈큼직한 은 식기〉라고 번역하였다. 동일한 원문을 두고 여기서는 대부분은 단순히 〈많은 양의 은 덩어리〉라고 보고 있으나 이어지는 〈도도나의 가마솥〉처럼 구체적인 물건이거나 〈도도나의 가마솥〉 자체를 가리킬 수도 있다.

466행 도도나 : 『일리아스』 제16권 233행 이하. 〈도도네 왕 제우스 팔라스키코스여, 멀리 사시는 분이여, 그대 엄동설한의 도도네를 통치하시는 분이여, 그곳에 사는 그대의 예언자들인 셀로이족은 발도 씻지 않고 땅바닥에서 잡니다.〉 아킬레우스는 전우 파트로클로스를 전쟁터로 떠나보내며 〈도도네〉를 언급하고 있는바, 〈도도네〉는 부트로툼에서 멀지 않은 곳, 에피로스의 신탁소다. 에피로스는 트로이아 전쟁이 끝나고 아킬레우스의 아들이 돌아온 곳이다.

470행 말들과 길라잡이들을 주었다 : 미완성의 시행이다. 에피로스는 〈말〉로 유명한 곳이긴 하지만 여기처럼 선물로 주는 것은 이례적이다. 또 여기에서는 〈duces〉를 이어지는 항해를 위한 〈길라잡이들〉이라고 번역하였는데, 선물로 주어진 말들을 끌고 갈 〈마부들〉이라고 보기도 한다(Conington).

포이붓의 사제는 커단 경의와 인사를 건넸다.
〈앙키사여, 베누스의 지고한 배우자 자리여, 475
신들이 살피사, 펠가마의 몰락을 두 번 피하니,
저기 오소냐, 저 땅을 돛을 펼쳐 차지하시라.
아무튼 이쪽 땅 자락은 반드시 지나쳐 가시오.
아폴로께서 보이신 오소냐는 멀리 있지요.
가시오. 아들의 충직에 복된 분이여, 더 이상 뭘 480
말하며, 일떠서는 남풍을 말로 잡아 두리까?〉
못지않게 안드로마케도 슬퍼하며 이별 끝에
가져왔다, 금실로 그림을 수놓은 옷가지며
아스칸의 프뤼갸 군복을. (태가 처지지 않았다)
갖은 입을 것들을 안겨 주며 이렇게 말했다. 485

476행 펠가마의 몰락을 두 번 피하니 : 첫 번째 몰락에 관해서는 제2권 642행의 주석을 참조하라. 아가멤논의 희랍군에 의해 트로이아가 멸망한 것이 두 번째 파괴라고 하겠다.

478행 아무튼 : 원문 〈*et tamen*〉의 번역어다. 헬레누스는 똑같은 말을 앞서 381~387행에서도 언급하였다. 헬레누스는 여기에서 〈여러 번 반복하는 것 같지만 그럼에도 불구하고 다시 말하자면〉이라는 기분으로 말을 꺼낸다.

479행 오소냐 : 〈아우소니아〉는 이탈리아와 동의어로 쓰이고 있다. 헬레누스는 아드리아 해를 마주하고 있는 이쪽 이탈리아가 아니라, 반대쪽 이탈리아를 다시 한 번 강조하고 있다.

484행 태가 처지지 않았다 : 안드로마케가 아스카니우스에게 준 선물이 헬레누스가 아이네아스와 앙키세스에게 준 선물에 비해 〈모양새에 있어 *honore*〉 뒤처지지 않았다는 뜻을 읽는 것이 기원후 2세기의 테렌티우스가 제시한 것이다(Horsfall).

485행 안겨주며 : 원문 〈*onerat*〉를 〈어깨에 올리다〉로 이해한다면 안드로마케가 옷가지로 아스카니우스의 어깨를 덮어 주는 것을 연상해 볼 수 있겠다. 선물을 〈보태다〉로 이해할 수도 있다.

〈이것도 받아라. 네게 내 손을 기억할 기념물이
되지니, 안드로마케의 오랜 사랑을 증거하리.
헥토르 아내의, 동포의 마지막 선물을 받아라.
아낙스를 내게 보여 주는 유일한 모습이여!
490 그 아이도 이런 눈과 손과 얼굴을 갖고 있었지.
네 동갑으로 지금쯤 소년의 태를 벗었을 것을.〉
이들을 떠나며 흐르는 눈물로 이렇게 말했다.
〈잘 사시오. 그대들의 행복은 이미 이루어졌고
우린 운명에 이어 또 다른 운명이 부르고 있소.
495 그대들에겐 평화. 대양을 쟁기질 하지 않아도,
계속해서 뒤로 물러나는 오소냐의 대지를
찾지 않아도. 흡사 크산툿과 트로야를 보았고
이를 그대들 손수 이룩함은 믿노니 상서로운

486행 내 손을 기억할 기념물로: 『오뒷세이아』 제15권 123행 이하. 〈그리고 고운 볼의 헬레네는 손에 옷을 들고 가까이 다가가서 이렇게 말했다. 《사랑하는 아들이여, 나도 여기 이것을 그대에게 선물로 줄 것이니 헬레네의 솜씨에 대한 이 기념품을 바라고 바라던 그대의 혼인식 날 그대의 신부가 입도록 하시오. 그때까지는 사랑하는 어머니 곁에, 그녀의 방안에 놓아두시오. 그대는 부디 즐거운 마음으로 그대의 잘 지은 집과 고향 땅에 닿게 되시길.》 이렇게 말하고 그녀는 그것을 그의 손에 쥐어 주자 그는 기뻐하며 받았다.〉
487행 오랜 사랑: 남편 헥토르와 아들 아스튀아낙스에 대한 감정을 은연중에 드러내고 있다. 안드로마케는 살아 있었다면 그 옷을 입었을 아들을 잊지 못하며, 이를 대신 입어 주길 아스카니우스에게 부탁하고 있다.
490행 이런 눈과 손과 얼굴을 갖고 있었지: 『오뒷세이아』 제4권 149행 이하에서 메넬라오스는 텔레마코스를 보며 오뒷세우스를 떠올린다. 〈그의 두 발도 그의 두 손도 이러했고 그리고 눈빛도 머리도 그 위의 머리털도 이러했지요. 그래서 나도 방금 오뒷세우스가 나를 위하여 애쓰고 고생하던 모든 일들을 생각하고는 그에 관하여 이야기하던 중이었소.〉

신명이로다. 다만 그래웃과 만나는 일이 없길.
만약 내가 튀브릿 강과 튀브릿 근처 평야에 500
들어서고 내 종족에게 주어진 도시를 찾으면,
같은 혈통의 도시들과 친척의 백성들을 장차,
저녁 땅을 에피롯과(이들은 달다눗을 시조로
같은 운명을 누린다), 하나로 만들어 각각의
트로야가 한 마음이게 후손들이 염려하리라.〉 505
 우리는 케라냐 산맥을 끼고 해안을 따라갔다.
그게 이탈랴로 가는 제일 짧은 바닷길이었다.
그새 해가 지고 산들이 어둠에 갇혀 거뭇했다.
그립던 대지의 품, 물가에 우린 잠을 청했다.
노 저을 차례를 제비 뽑고 마른자리에 흩어져 510
육신을 돌보았다. 깊은 잠이 지친 몸을 적셨다.

508행 그새 해가 지고 산들이 어둠에 갇혀 거뭇했다 : 『오뒷세이아』 제3권 487행. 〈이제 해는 지고 길이란 길은 모두 어둠에 싸였다.〉 물론 원문 〈*sol ruit*〉는 〈하루가 빠르다〉를 의미할 뿐이며 〈해가 지다〉까지 의미하지는 않는다.

509행 그립던 대지의 품, 물가에 우린 잠을 청했다 : 『오뒷세이아』 제9권 168행 이하 〈이윽고 해가 지고 어둠이 다가왔을 때 우리는 바닷가에 자려고 누웠소.〉

510행 노 저을 차례를 제비 뽑고 : 왜 아침에 정하지 않고, 뭍에 상륙하여 잠자리에 들기 직전에 다음날 노 저을 순번을 정했는지는 의문스럽다. 따라서 배에 남아 혹시 있을지 모를 사태를 예비하기 위해 불침번을 세운 것으로 이해할 수도 있을 것이다(Conington). 혹자는 다음날 일찍 출발하면서 시간을 절약하기 위한 조치였을 것이라고도 한다(Williams).

511행 적셨다 : 원문 〈*inrigat*〉는 이중의 은유로, 대지가 물에 흠뻑 젖는 것처럼 육신이 잠에 흠뻑 빠진 것을 의미하는 동시에 마른 대지의 생명수처럼 잠이 지친 몸에 〈휴식〉을 공급함을 의미한다(Williams). 호메로스는 잠을 액체로 상정하고 있어 잠자는 사람에게 쏟아붓는 것으로 그린다.

시간을 보낸 밤이 한밤에 미치지 못했으나
팔리눌은 부지런히 자리를 털고 일어나 모든
바람을 살피고 바람 소리에 귀를 기울였다.
515 침묵하는 하늘에 미끄러지는 별들을 보았다.
아륵툿, 비를 부르는 휘아뎃, 쌍둥이곰자리를,
황금으로 무장한 오리온을 두루 관측하였다.
잠잠한 하늘에 웅거한 모두를 살펴보고 나서
선미에서 맑은 신호를 보냈다. 진지를 거두고
520 우리는 길을 나섰다. 돛대 날개를 활짝 펼쳤다.
　벌써 별들이 달아나 버리고 새벽이 붉어 올 때
멀리 아련하게 산들이 보였다. 얌전한 산세의
이탈랴가. 이탈랴를 처음 아카텟이 외쳤다.
이탈랴에 기쁜 함성으로 전우들이 인사했다.
525 부친 앙키사께서는 커다란 항아리에 화관을
둘러 묶고 술을 채우며 신들을 불러 청하셨다.
선미 제일 끝에 서서.

513행 팔리눌은 부지런히 자리를 털고 일어나 : 『오뒷세이아』 제12권 286행. 〈배들의 파멸인 힘겨운 바람들은 밤에 생기는 법이지요.〉 아마도 팔리누루스가 한밤중에 일어난 것은 이렇게 바람의 변화를 확인할 수 있는 시각이 밤이었기 때문이다(Williams).

515행 별들을 보았다 : 『오뒷세이아』 제5권 271행 이하. 〈그는 줄곧 플레이아데스와 늦게 지는 보오테스와 사람들이 짐수레라고도 부르는 큰곰을 쳐다보고 있었다. 큰곰은 같은 자리를 돌며 오리온을 지켜보고 있는데, 그 까닭은 이 큰곰만이 오케아노스의 목욕에 참가하지 않기 때문이다.〉

516행 아륵툿, 비를 부르는 휘아뎃, 쌍둥이곰자리를: 제1권 744행과 동일하다.

527행 : 미완성의 시행이다.

〈바다와 대지와 폭풍을 다스리는 신들이어!
순항의 순풍을 가져다 호의의 숨결을 주소서.〉
바라던 바람이 차츰 커져 항구가 차츰 열렸다.   530
점점 가까이, 산성 위 미넬바 신전이 보였다.
전우들은 돛을 접고 뱃머리를 해안으로 꺾었다.
동방의 파도에 항구는 활처럼 휘어들었고
마중 나온 갯바위들은 짠물에 거품을 물었다.
항구는 뒤에 숨어 있었다. 양팔을 벌려 담을 친   535
우뚝한 바위들. 해안에서 멀리 물러서는 신전.
이때 첫 전조, 풀밭에 선 네 마리 말들을 보았다.
눈처럼 빛나는 말들이 넓은 들을 뜯고 있었다.
부친은 〈길손을 맞는 대지여, 전쟁을 가오누나.
싸울 무장을 걸치면 말들은 전쟁을 위협하나,   540
또한 장차 수레에 굴복하도록 길들여지면

531행 산성 위 미넬바 신전이 보였다 : 이탈리아 반도의 동남쪽 땅 끝에 위치한 〈카스트룸 미네르바이Castrum Minervae〉(오늘날의 카스트로Castro)를 가리킨다(Williams). 이곳의 항구를 〈포르투스 베네리스Portus Veneris〉라고 부른다(Conington).

535~536행 양팔을 벌려 담을 친 우뚝한 바위들 : 『변신 이야기』 제11권 299행 이하. 〈하이모니아 땅에는 낫처럼 굽은 만이 하나 있는데, 두 팔을 앞으로 쑥 내밀고 있어 물이 깊었으면 항구가 될 만한 곳이다.〉 『오뒷세이아』 제10권 88행 이하. 〈우리는 그곳에 있는 이름난 포구로 들어갔는데 그 좌우로 가파른 암벽이 빈틈없이 둘러싸고 있고 돌출한 갑이 서로 마주 보며 포구의 통로 쪽에 우뚝 솟아 있어 입구는 매우 좁은 편이었소.〉

536행 해안에서 멀리 물러서는 신전 : 멀리서 볼 때는 오히려 가깝게 느껴졌으나, 항구로 점점 가까이 다가올수록 미네르바의 신전이 멀찍이 떨어져 있음을 알게 되고, 마치 신전이 뒤로 물러서는 것처럼 보인다(Horsfall).

화합의 멍에와 굴레를 쓸 네발짐승들이니,
　　　평화의 희망이라.) 우린 경건한 신의에 빌었다.
　　　우리 함성을 먼저 들은 창칼 울리는 팔라스께.
545　프뤼갸 쓰개 옷으로 머리를 가리고 제단 앞에
　　　헬레눗이 힘주어 말한 명을 지켜 격식에 따라
　　　아르곳의 유노께 시킨 대로 번제를 받들었다.
　　　　지체치 않았다. 예법에 맞추어 제사를 마치고
　　　돛폭을 펼쳐 돛대의 뿔을 돌려 방향을 틀었다.
550　그래옷의 거처와 수상쩍은 들판을 떠났다.
　　　전설에 따르면 헬쿨렛이 세운 타렌툼 만이
　　　나타났다. 신성한 라키냐가 위세를 드러냈다.
　　　카울론의 보루들과 배를 침몰시키는 스퀼락.
　　　그때 파도 너머로 삼각섬의 에트나가 보였다.
555　해안 절벽에 부딪치는 파도의 커다란 신음,
　　　해안선에 부서지는 비명이 멀리에 들렸다.

545행 프뤼갸 쓰개 옷으로 머리를 가리고 : 앞서 403행 이하에서 헬레누스가 지시한 대로 아이네아스는 머리를 가리고 제사를 지낸다.
545행 제단 앞에 : 아이네아스 일행은 해안에 내려 간단히 제단을 쌓고 제사를 지내고 있는 것으로 보인다(Williams).
546행 힘주어 말한 명을 : 433행 이하에서 헬레누스가 강조하여 말한 내용이다.
550행 이하 : 여기서부터 갑자기 이야기가 빨리 진행된다. 아이네아스 일행은 벌써 타렌툼 만을 통과하여 타렌툼 만의 반대쪽에 있는 〈리키니아 곶〉과 스퀼라케움과 카울론을 순식간에 지나갔다. 서남쪽으로 항해하는 아이네아스 일행은 위에 언급된 장소 가운데 카울론을 시킬리아 직전에 마지막으로 통과했을 것인데, 베르길리우스는 순서를 바꾸어 노래하고 있다(Horsfall).
556행 해안선에 부서지는 비명 : 〈비명〉은 555행에서 알 수 있는바, 바닷

바다가 끓어오르고 모래가 물살에 쓸려 갔다.
부친 앙키사, 〈분명 이게 그 카륍딧이 틀림없다.
헬레눗이 말한 이게 그 암벽, 끔찍한 바위로다.
피하라, 전우들아, 다 같이 노 저어 맞서 싸워라.〉 560
명을 받자마자 그대로 행했다. 먼저 울부짖는
뱃머리를 팔리눌이 좌현으로 꺾어 세웠다.
돛과 노를 합해 선원들은 왼쪽으로 진력했다.
치솟는 와류가 우리를 하늘로 들었다가 다시
내려앉으며 저승 바닥까지 우릴 주저앉혔다. 565
세 번 암벽은 텅 빈 바위틈으로 고함지르고
세 번 우린 물거품과 이슬 맺힌 별을 보았다.
그새 바람은 해를 따라 지친 우릴 떠났다.
항로를 잃은 채 퀴클롭의 해안에 밀려왔다.

가 절벽에 부딪치며 부서지는 파도에서 들리는 소리를 가리킨다.

557행 바다가 끓어오르고 모래가 물살에 쓸려 갔다 : 앞서 420행 각주에 인용된 『오뒷세이아』 제12권에서 묘사하고 있는 카륍디스의 모습을 보라.

561행 울부짖는 : 고대 주석가에 따르면 폭풍우 속에서 파도에 부딪치며 뱃머리가 소리를 내는 것으로 이해할 수 있다. 앞서 제1권 87행에서도 폭풍우 속에 신음하는 배를 묘사하였다.

564행 이하 : 과장된 폭풍우 장면은 앞서 제1권 106행 이하에도 등장한다. 〈이슬 맺힌 별〉도 과장된 표현으로 카륍디스가 뿜어낸 바닷물 거품이 하늘에 닿았다고 말하고 있는 것이다(Williams). 이러한 과장은 뒤에서도 계속 이어져 아이트나 화산을 설명하는 부분에서도 등장하는바, 특히 574행이 그러하다.

569행 퀴클롭의 해안에 밀려왔다 : 퀴클롭스들은 아이트나 화산에 살면서 불카누스의 대장간에서 일한다고 생각했다(Williams). 에우리피데스『퀴클롭스』 제89행 이하. 〈오오, 불쌍한 나그네들 같으니라고! 그들은 대체 누굴까? 그들은 이곳의 주인인 폴뤼페모스가 어떤 자인지 모르는 것 같구나. 불

570　　항구 자체는 널찍하고 바람이 없어 조용했다.
　　　　한데 곁에 에트나가 끔찍한 파멸로 울어 댔다.
　　　　간혹 천공을 향해 뿜어져 나온 어두운 먹구름,
　　　　시커먼 연기와 하얀 화산재가 소용돌이쳤다.
　　　　불에 휩싸인 돌덩이를 쏘아 올려 별을 핥았다.
575　　간혹 산의 내장을 산산이 뜯어내어 거암들을
　　　　뱉어 내며 녹아 버린 암석을 지상으로 토해 내
　　　　신음하여 굴려 보냈다. 바닥까지 끓어 넘쳤다.
　　　　소문에 번개 맞아 타다 남은 엥켈라둣의 몸이

운하게도 손님에게 불친절한 이 숙소로 찾아와 사람을 잡아먹는 퀴클롭스의 아가리 안으로 뛰어들려는 걸 보니. 자, 조용들 해. 그들이 대체 어디서 시켈리아의 아이트네 산을 찾아왔는지 알아보도록 하자꾸나!〉

570행 항구 자체는 널찍하고 바람이 없어 조용했다 : 오뒷세우스도 이와 같이 퀴클롭스들이 살고 있는 섬을 묘사하였다. 『오뒷세이아』 제9권 136행 이하. 〈그 섬에는 또 좋은 포구가 있어 그곳에서는 이물 밧줄도 필요 없고 닻을 던지거나 고물 밧줄을 맬 필요도 없이 배를 뭍에다 대놓고는 뱃사공들의 마음이 재촉하고 순풍이 불기 시작할 때까지 기다리기만 하면 되지요.〉

571행 에트나 : 베르길리우스는 아이트나 화산 분출의 모습을 상세히 묘사하고 있다. 루크레티우스는 아이트나 화산이 어떻게 불과 용암을 뿜어내고 있는지를 다음과 같이 설명하고 있다. 『사물의 본성에 관하여』 제6권 682행 이하. 〈우선 온 산의 본성은 밑이 비어 있다. 거의가 현무암의 궁륭으로 받쳐진 채, 또한 온 동굴에는 바람과 공기가 들었다. 왜냐하면 공기는 휘저어져 자극되면 바람이 되기 때문이다. 이것이 극히 뜨거워지고 광란하면서 그것이 건드린 주변의 모든 바위들과 흙을 뜨겁게 만들며, 이들로부터 빠른 화염 지닌 뜨거운 불을 떨어 뿜어내면, 위로 솟구치고 그렇게 해서 곧은 목구멍으로 높이 치솟아 나간다. 그래서 멀리까지 열기를 나르고, 멀리까지 불티를 흩으며, 짙은 어둠의 연기를 돌리고, 동시에 놀라운 무게의 바위를 동댕이친다.〉

578행 엥켈라둣의 몸이 : 아이트나 화산 밑에 묻힌 거인족의 이름에 대하여 여러 가지 의견이 분분하다. 아이스퀼로스는 아이트나 화산 밑에 갇힌 괴물이 튀폰이라고 하였는데, 튀폰가 헤시오도스는 타르타로스에 갇혔다고 한

산괴에 눌려 있고, 거대한 에트나가 그 위에서
찍어 눌러, 터진 굴뚝으로 화염이 솟는다 하고   580
그가 지친 삭신을 돌릴 때마다 진저리치며
삼각섬 전체가 울고 연기로 온통 덮인다 했다.
그날 밤 우리는 숲 속에 숨어서 엄청난 이변을
견뎌 냈다. 소리가 어디서 나는지 알지 못했다.
별들의 불빛이며 별자리들의 광휘로 빛나던   585
천체는 사라져, 구름으로 하늘은 어두웠고
깊은 어둠은 달빛마저 칠흑 속에 감추었다.

  이윽고 동쪽이 밝아 다음 날이 솟아오르고
새벽이 촉촉한 어둠을 하늘에서 몰아냈을 때
갑자기 숲에서 절체절명 굶주림에 시달리던   590
사람 닮은 낯선 형상이 처참한 모습을 하고
해안으로 달려 나오며 손을 내밀어 탄원했다.
돌아보았다. 씻은 적 없는 몰골, 덥수룩한 수염,
나뭇가지로 꿰맨 입성. 여타는 그래웃이었다.

다. 호메로스와 베르길리우스는 튀폰 혹은 튀포에우스가 아리마 산 아래 묻혀있다고 믿었다.

586행 구름으로 하늘은 어두웠고 : 오뒷세우스가 퀴클롭스들이 살고 있는 섬에서의 밤을 묘사한 장면과 같다. 『오뒷세이아』 제9권 144행 이하. 〈배들은 짙은 안개에 싸여 있었고, 하늘에는 달도 빛을 비추지 않고 구름 속에 갇혀 있었기 때문이다.〉

591행 사람 닮은 낯선 형상 : 이하 아카이메니데스의 이야기가 654행까지 이어진다. 오뒷세우스의 모험 이야기에는 없었던 이야기를 베르길리우스가 만들어 넣은 것으로 보인다. 오비디우스는 『변신 이야기』 제14권 154행 이하에서 베르길리우스가 만들어 낸 아카이메니데스 이야기를 받아들이고 있다.

595　일찍이 조국 군대와 트로야로 파견됐던 남자.
　　그러다 달나냐의 복색과 트로야의 무기를
　　멀찍이 알아보고 광경에 놀라며 멈칫했다.
　　뜀박질을 멈추었다. 이내 해안에 몸을 엎드려
　　울음과 애원으로 말했다. 〈별에 걸고 청하니,
600　신명들과 우리가 숨 쉬는 대명천지에 걸고.
　　절 받아 주오. 테우켈이여, 어디든 데려가 주오.
　　그것이면 족하오. 제가 다나웃 함대 일원으로
　　일리온 신주에 전쟁을 감행했음을 고백하오.
　　저희 범죄가 그토록 크다 할진대, 그 대가로
605　저를 파도에 뿌려 황량한 바다에 수장하시오.
　　죽어도 사람 손에 죽는 것을 기뻐할 것이오.〉
　　말하고 무릎을 잡고 무릎 앞에 몸을 조아리며
　　매달렸다. 뉘인지, 뉘에서 태어났는지 말하라
　　타일렀다. 어인 운명이 닥쳐왔는지 밝히도록.
610　부친 앙키사께서는 잠시 지켜보다 오른손을
　　청년에게 내밀어 약속하며 마음을 달래셨다.
　　그는 마침내 두려움을 떨치고 이렇게 말했다.
　　〈제 고향은 이타카로 불운한 울릭셋의 전우며

594행 나뭇가지로 꿰맨 입성 :『변신 이야기』제14권 165행 이하. 〈그러자 그의 물음에 이미 더 이상 누더기를 걸치지도 않고 더 이상 가시로 옷깃을 여미지도 않고 자신의 옛 모습을 되찾은 아카이메니데스가 대답했다.〉

613행 불운한 울릭셋 : 〈불운한〉은『오뒷세이아』제5권 160행에 나타나는 것처럼 고향으로 돌아가지 못하고 낯선 곳에서 허송세월하는 오뒷세우스를 가리키는 별칭으로 보인다. 트로이아 사람들에게 구원을 요청하는 사람의 입장에서 오뒷세우스에게 동정을 표하는 단어를 사용하는 것은 매우 위험한

이름은 아케멘, 제 아비 아다마툿이 트로야로
가난 때문에 보냈습죠. 그렇게 살아갈 것을!   615
여기에 저를 무서워 떨며 잔혹한 문턱을 넘던
전우들이 망각하여 퀴클롭의 엄청난 동굴에
두고 갔으니, 피와 죽음의 만찬으로 흥건한 집.
안은 어둡고 넓고 주인은 큰 키로 높은 별들에
닿았지요. 신들은 이 재앙을 땅에서 없애시길!   620
쳐다보기도 힘겹고 말을 걸기도 어려웠으니,
그는 가련한 인간의 살과 검은 피를 먹었지요.
제가 보았습죠. 저희들 가운데 두 명의 육신을
동굴 가운데 등져 눕더니 큰 손으로 덥석 잡아
바위에 내던지는 걸, 사방에 튀긴 피로 흥건한   625
문턱을. 보노라니 검은 핏물이 흐르는 사지를
씹자, 온기가 남은 몸은 물린 채 바들거렸고.

일인바, 고대 주석가는 아카이메니데스가 오뒷세우스를 비난하는 뜻으로 사용한 말이므로 〈저주스러운〉이라는 뜻으로 읽어야 한다고 보았다.

615행 가난 때문에 보냈습죠 : 앞서 제2권 87행 이하 시논 장면에서처럼 여기서도 아카이메니데스는 가난한 집에서 태어나 가난 때문에 트로이아 전쟁에 참가하게 되었다.

623행 저희들 가운데 두 명의 육신을 : 사람을 죽이는 장면은 호메로스를 따르고 있다. 『오뒷세이아』 제9권 287행 이하. 〈그러나 그자는 비정한 마음에서 아무 대답도 않고 벌떡 일어서더니 내 전우들에게 두 손을 내밀어 한꺼번에 두 명을 움켜쥐고는 그들이 마치 강아지들인 양 땅에다 내리쳤소. 그러자 골이 땅바닥에 흘러내려 대지를 적셨소. 그러자 그자는 그들을 토막 쳐서 저녁 식사를 준비하더니 산속에 사는 사자처럼 내장이며 고기며 골수가 들어 있는 뼈며 남김없이 다 먹어 치웠소.〉 호메로스에서 오뒷세우스가 복수를 계획한 것은 전우들 가운데 여섯 명이 희생되었을 시점이었다.

대가가 없으리까. 참고만 있지 않는 울릭셋
이타카 왕은 큰 위기에 냉정을 잃지 않았습죠.
630 만찬으로 배불리고 포도주에 파묻히자마자
어깨를 늘어뜨렸다가 길게 동굴에 누웠더니,
거한은 핏물을 게워 냈고, 으서진 살점과 피와
독주의 잡탕을 잠결에. 저흰 위대한 신명께
기원하고 제비를 뽑아 둘러서서 그의 주변에
635 덤벼들었으며, 뾰쪽하게 깎은 창을 커단 눈에
찔러 넣었지요. 흉측한 이마에 하나 숨겨진,
아르곳 방패 혹은 포이붓의 등불을 닮은 눈에.

630행 만찬으로 배불리고 포도주에 파묻히자마자 : 『오뒷세이아』 제9권 371행 이하. 〈이렇게 말하고 그 자는 뒤로 벌렁 자빠지더니 굵은 목을 옆으로 돌리고 누웠소. 그러자 모든 것을 제압하는 잠이 그자를 사로잡았소. 그의 목구멍에서는 포도주와 인육 덩어리가 쏟아져 나왔는데 그자가 술에 무거워져서 토해 냈던 것이지요.〉

634행 기원하고 제비를 뽑아 : 『오뒷세이아』 제9권 331행 이하. 〈그리고 나는 전우들에게 달콤한 잠이 그자를 찾아오면 누가 감히 나와 함께 그 말뚝을 들어 올려 그자의 눈 안에 그것들을 돌릴 것인지 자기들끼리 제비를 던지라고 명령했소. 그 결과 내가 손수 뽑고 싶었던 네 명이 제비로 뽑혔고 다섯 번째로 나는 나 자신을 그들에게 포함시켰소.〉

636행 찔러 넣었지요 : 『오뒷세이아』 제9권 378행 이하. 〈그러나 그 올리브 나무 말뚝이 아직 푸른데도 금세 불이 붙기 시작하여 무섭게 달아오른 것 같아 보였을 때, 그 때 나는 다가가서 그것을 불에서 꺼냈고 내 주위에는 전우들이 둘러섰소. 그리하여 어떤 신께서 우리에게 큰 용기를 불어넣어 주셨소. 그리하여 그들은 끝이 뾰쪽한 올리브 나무 말뚝을 움켜잡더니 그자의 눈에다 그것을 밀어 넣었소. 한편 나는 그 위에 매달리며 그것을 돌렸소.〉

637행 아르곳 방패 혹은 포이붓의 등불을 닮은 눈 : 원문 〈*clipeus*〉는 정확하게 〈둥근 방패〉를 의미한다. 크기에 관해서는 아가멤논의 방패를 묘사하며 호메로스는 『일리아스』 제11권 32행에서 〈전신을 가려 주는 정교하게 만든 사나운 방패〉라고 말했다. 베르길리우스는 이 비유를 통해 폴뤼페모스의 눈

마침내 전우들의 원혼을 달래고 기뻐했습죠.
피하시오. 불행들아, 피하시오. 뭍에 둔 밧줄을
자르시오.   640
대단 끔찍한 폴뤼페모도 속이 빈 동굴 속에다
털이 수북한 짐승들을 가두고 젖을 짜지만,
이곳 굽은 해안에 몰려 살아가는 수백의 다른
섬뜩한 퀴클롭들도 고산을 돌아다니지요.
벌써 달이 세 번씩 초승달을 빛으로 채우도록   645
모진 목숨을 깊은 산속에서 짐승들이 버린
집에서 이어 왔고 벼랑에서 거인 퀴클롭들을
살피며 그들의 발소리와 목소리에 떨었습죠.
처참한 양식, 산딸기와 돌처럼 딱딱한 개암을
나무에서 얻었고, 풀뿌리를 캐내 먹었고요.   650
늘 살폈으나, 해안에 접근한 함대는 이번에
처음 발견하여 뉘든 따질 것 없이 함대에 저를
의탁했지요. 거악을 벗어나는 것으로 족하니,

이 둥글고 크다는 것과, 태양처럼 빛나고 있음을 이야기하고 있다.
 640행 : 미완성의 시행이다.
 642행 털이 수북한 짐승들을 가두고 젖을 짜지만 : 『오뒷세이아』 제9권 187행 이하 〈그자는 혼자 떨어져 작은 가축들을 먹이고 있었소.〉 237행 이하. 〈그자는 살찐 작은 가축들을, 그자가 젖을 짜는 것들은 모두 넓은 동굴 안으로 몰아넣고 수컷은 숫양이든 숫염소든 바깥에 있는 깊숙한 마당에 남아 있게 했소.〉 244행 이하. 〈그리고 나서 그자는 앉아서 모두 질서 정연하게 암양들과 매매 우는 암염소들의 젖을 짠 뒤 각각 그 젖꼭지 밑에다 그 새끼를 갖다 놓더니 지체 없이 흰 젖의 반을 응고시켜 한 덩어리로 뭉쳐서 엮은 바구니들 안에 넣었고 나머지 반은 저녁 식사 때 가져와서 먹으려고 그릇들 속에 그대로 두었소.〉

목숨을 빼앗겠거든 그대들 뜻대로 하시구려!〉
655 　말이 채 끝나기 전에 보노라니, 산꼭대기에
가축들과 뒤섞여 엄청난 덩치로 움직이며
목동 폴뤼펨이 잘 아는 해안으로 더듬어 왔다,
시력을 빼앗긴 가공할 괴물, 못생긴 거인이.
손에 쥔 소나무 기둥이 발길을 확인해 주었다.
660 털이 수북한 양 떼가 뒤따르니 그게 유일한 낙,
고통의 위안이었다.
　그는 물가에 이르러 깊은 바다로 들어서더니
게서 꿰뚫린 눈에서 흘러나온 피를 씻어 냈다.
신음하며 어금니를 악물었다. 걸어 들어 바다
665 복판인데도 껑충한 허리는 물에 젖지 않았다.
우린 떨며 게서 멀리 서둘러 도망치며 탄원을
정당하다 받아들였다. 숨죽여 밧줄을 잘랐다.

659행 소나무 기둥 : 폴뤼페모스가 들고 다니려고 베어 놓았던 나무 작대기의 크기에 관하여 『오뒷세이아』 제9권 322행 이하. 〈우리가 눈으로 재어 보니 그것은 큰 심연을 건너는 노가 스무 개가 달린 넓고 검은 짐배의 돛대만 했소. 그것은 그만큼 길고 그만큼 굵어 보였소.〉

660~661행 유일한 낙, 고통의 위안 : 『오뒷세이아』 제9권 446행 이하. 〈사랑스런 숫양이여, 어째서 너는 작은 가축들 중에서 이렇게 맨 마지막으로 동굴에서 나오느냐? (……) 그런데 이번에는 네가 맨 꼴찌로구나. 확실히 너는 네 주인의 눈 때문에 슬퍼하고 있는 게로구나.〉

661행 : 미완성의 시행이다. 이 시행의 나머지 부분이 모두 채워진 사본이 전하는데 채워진 내용은 〈de collo fistula pendet〉이다. 번역하면 〈산에 피리 소리가 걸렸다〉라고 하겠는데 〈목동 폴뤼페모스〉(657행)에게 어울린다고 생각한 것으로 보인다. 그러나 주요 사본에서는 빠져 있는 것으로 미루어 후대 삽입으로 추정된다.

앞다투는 놋자루에 매달려 바다를 휘저었다.
그는 듣고 소리의 울림을 쫓아 발길을 돌렸다.
허나 손으로 잡을 재주는 전혀 없을 것 같고   670
이오냐 해의 파도를 따라잡기가 만만치 않자,
찢어지는 고함을 질렀다. 이에 대양과 온통
바다가 크게 요동쳤다. 이탈랴의 심산유곡도
벌벌 떨었고, 굽은 동굴의 에트나도 신음했다.
그러자 퀴클롭 무리가 높은 산 깊은 숲 속에서   675
깜짝 놀라 항구로 달려와 바닷가에 가득했다.
우리는, 헛되이 몰려서서 하늘로 흉한 눈의
머리를 에트나의 형제들이 쳐드는 걸 보았다.
섬뜩한 회합이었다. 마치 준령의 어깨 위에

669행 소리의 울림 : 667행에서 〈숨죽여〉라고 하였는데 서로 부합하지 않는다. 고대 주석가들은 〈노 젓는 소리〉라고 보았는바, 아무리 선원들이 조용하게 움직이려고 해도 노 젓는 소리까지 막을 수 없기 때문이다(Conington). 또 다른 해석은 해안을 벗어날 때까지 침묵을 지키던 선원들이 안심할 수 있는 만큼 떨어지자 말을 하기 시작하였다는 것이다(Williams).『오뒷세이아』제9권 468행 이하. 〈그러나 나는 눈썹으로 각자에게 신호를 보내 울지 못하게 했소. 그들에게 나는 털이 고운 그 많은 작은 가축들을 배에다 싣고 짠 바닷물 위로 항해하라고 명령했소. 그러자 그들은 지체 없이 배에 올라 노 젓는 자리에 앉았소. 그리고 그들은 순서대로 앉더니 노로 잿빛 바닷물을 쳤소. 그러나 사람의 고함 소리가 들릴 만한 거리만큼 떨어졌을 때 나는 조롱하는 말로 퀴클롭스를 향하여 말했소.〉

679~681행 마치 준령의 어깨 위에 (……) 디아나의 숲이 돼 서 있는 듯 : 제3권의 유일무이한 비유라고 잘못 주장하고 있는(Williams) 이 비유에서 핵심은 퀴클롭스의 신장이다.『오뒷세이아』제9권 190행 이하. 〈그자는 그저 놀랍기만 한 거대한 괴물로 만들어져서 빵을 먹고 사는 인간 같지가 않고 높은 산들 사이에 홀로 우뚝 솟아 있는 숲이 우거진 산봉우리와 같았소〉 또한 『일리아스』제12권 131행 이하. 〈그 모습은 마치 가지를 높이 뻗은 참나무들

680　하늘 높은 참나무나 열매를 매단 삼나무가
　　　유피테르의 큰 산, 디아나의 숲이 돼 서 있는 듯.
　　　극심한 공포가 몰려들어 아무 데로나 노 저어
　　　달아나며 순풍에 맡겨 돛폭을 펼쳐 들었다.
　　　한편 헬레눗의 지시대로 스퀼라와 카륍딧의
685　사이로 ─ 양쪽 길 모두 죽음에서 멀지 않아 ─
　　　항로를 잡지 않았다. 돛을 뒤로 돌리기로 했다.
　　　보라, 펠로룻 갑이 자리한 해협에서 북풍이
　　　불어왔다. 스쳐 지나간 곳에 살아 있는 바위의

이 산속에서 굵고 긴 뿌리들을 튼튼히 박고 서서 비바람에도 사시사철 잘 견디어 낼 때와도 같았다.〉

686행 항로를 잡지 않았다 : 헬레누스는 아이네아스에게 〈항로를 스퀼라와 카륍디스 사이로 잡지 말라〉고 명령했다. 그런데 많은 전승 사본에서 〈잡다 teneant〉가 나타나면서 과연 이 동사의 주어는 무엇인가를 놓고 많은 학자들이 논쟁을 벌였다. 단순한 설명은 간접 화법에서 3인칭으로 바뀐 것일 뿐 직접 화법에서 주어는 〈너희〉였으니 〈아이네아스 일행〉이라는 것이다(Williams). 화자가 아이네아스이므로 이런 설명은 이해하기 어렵다. 〈항로 cursus〉가 〈teneant〉의 주어라는 설명인데(Conington), 이는 일반적으로 〈항로를 잡다 cursus tenere〉에서 목적어로 등장하므로 바르지 못하다. Williams도 〈잡다 teneamus〉가 사실 있어야 할 자리라고 보았던 것에 비추어, 운율을 고려하여 〈잡다 teneam〉라고 하는 것 최선의 선택으로 보인다.

687행 펠로룻 갑 : 펠로루스 갑은 시킬리아 섬 동북쪽 끝에 위치한 곳으로 이탈리아 반도와 마주 보며 메시나 해협을 이룬다. 이하 699행 파퀴눔 곶은 시킬리아 섬 최남단에 위치한다. 다시 704행 륄뤼바이움과 705행 드레파눔은 시킬리아 섬 서북쪽 끝에 위치한 두 도시다. 아에트나 화산을 떠난 아이네아스 일행은 남서쪽으로 뱃머리를 돌려 쉬라쿠사를 통과한 후, 파퀴눔 곶을 돌아 서북진하여 륄뤼바이움에서 드레파눔으로 시킬리아 섬의 서북쪽 끝자락을 돌아 북동쪽으로 이탈리아를 향해 항해한다. 우리가 이미 제1권의 서두에서 보았듯이 폭풍우가 몰아쳐 아이네아스 일행은 디도 여왕의 카르타고로 난파한다.

판타걋 하구, 메가라만, 탑수스가 누워 있었다.
이는 방랑길을 다시 한 번 되새기며 일러 준   690
해안이었다. 울릭셋의 불행한 전우 아케멘이.

 시카냐만 맞은편에 놓인 섬, 파도가 부서지는
플레뮴을 마주 보는 섬. 옛사람이 이름을 불러
올튀갸였다. 소문에 엘리스의 알페웃 강은
바다 밑에 감추어진 길을 따라 쫓아와 지금은   695
아레투사여, 시킬랴에서 그대와 몸을 섞는다.
시킨 대로 그곳 큰 신령께 경배하고 그곳에서
습지가 많은 헬로룻의 비옥한 땅을 지나갔다.
이어 파퀴눔의 높은 절벽과 치솟은 암석을
스쳐 가며 운명이 옮겨 가도록 허락하지 않은   700
카메리나가 멀리 나타났다. 이어 겔라 들판과

696행 아레투사 : 오비디우스 『변신 이야기』 제5권 409~642행에 아레투사가 쉬라쿠사의 오르튀기아의 샘이 된 사연이 전한다. 아레투사는 알페우스가 자신을 사랑한 사연과 알페우스를 피해 땅속으로 숨은 사연을 말한다. 〈그때 디아나 여신이 땅을 갈랐지요. 나는 빛도 없는 동굴 속으로 한없이 내려가다가 오르튀기아에서 솟아올랐어요. 내가 오르튀기아를 사랑하는 것은 이것이 디아나의 별명이기 때문이고 여기서 비로소 내가 위대한 대기로 나왔기 때문이지요.〉

697행 시킨 대로 : 과연 누가 시킨 것일까? 이는 고대 주석가들도 문제시하던 것으로 우선 앙키세스가 있다. 앞서 헬레누스가 명한 것이나 그때에는 표현되지 않았던 것일 수도 있다. 마지막으로 오뒷세우스의 동료 아카이메니데스도 고려되곤 한다(Conington). 아이네아스는 경건한 인물이며, 고향을 잃은 방랑길에 지친 인물이었으며 이제 그의 또 다른 성격이 덧붙여지는바 명받은 일을 수행하는 인물이 부각된다. 앞서 684행과 비교해 볼 수 있다.

701행 카메리나 : 혹은 카마리나라고도 불리는 시킬리아의 고대 도시다. 파퀴눔 곶에서 서쪽으로 멀지 않은 곳에 위치하며, 치병적인 질병을 퍼뜨리

사나운 강에서 이름을 얻은 겔라가 나타났다.
　　　이어 가파른 아크라갓이 멀리 더없이 웅장한
　　　성벽을 과시했다. 한때 준마를 길러 내던 고장.
705　종려나무의 셀리눗, 바람을 따라 그댈 지나
　　　암초들로 험난한 릴리벰의 여울을 선택했다.
　　　이어 나를 드레파눔의 항구와 애통한 해안이
　　　받아 주었다. 에서 수많은 바다 폭풍을 겪었던
　　　나는 온갖 시련과 몰락을 달래 주시던 부친
710　앙키사를 여의고, 아버님, 여기서 지친 저를
　　　떠나시니, 그 많은 위험을 피하신 것도 헛되이!
　　　예언자 헬레눗은 많은 험한 일을 예언했건만

는 늪지가 있어 이곳 사람들이 이를 없애려고 하였으나, 신탁은 늪지를 건드리는 것을 금지하였다. 하지만 결국 그곳 시민들은 늪지를 건드렸고 파멸을 피하지 못했다.

702행 사나운 : 강의 〈무시무시한〉 규모 혹은 그 지역을 다스리던 〈폭군〉에서 유래한 것으로 보인다(Conington). 강이 범람하는 계절의 급류를 가리키는 것으로 보기도 한다(Williams).

704행 한때 : 원문 〈*quondam*〉은 〈한때〉라고 번역해야 하지만, 화자 아이네아스의 시대가 아닌 나중의 일이다. 미래를 나타낼 수도 있지만 아이네아스가 다른 인물들처럼 예지력을 가진 사람으로 등장하지 않는다는 점에서 적합하지 않다. 다른 주석(Conington)처럼 시인 베르길리우스의 개입으로 보는 것이 좋을 듯하다.

707행 애통한 해안 : 이어지는 앙키세스의 죽음과 연관되어 있다. 전승에 의하면 앙키세스가 사망한 장소는 시킬리아의 서부 해안인데, 정확하게 그곳이 어디인지는 여러 가지 주장이 있다. 드레파눔에는 앙키세스의 무덤이 있다(Conington).

709~710행 부친 앙키사를 여의고 : 제5권 42행에서 아이네아스가 앙키세스의 무덤을 언급하고 있는 것으로 보아, 여기서는 아이네아스가 아버지의 장례식을 언급하지 않았지만, 이때 장례식을 치룬 것으로 보인다.

이런 슬픔은 말하지 않았다. 섬뜩한 켈레노도.
이게 끝에 겪은 일. 긴 여정의 전환점이었다.
게서 길 잃은 날 그대 땅에 신께서 데려왔지요.」 715
　만인이 쳐다보는 가운데 아버지 에네앗은
신들의 운명을 이야기했고 여정을 말했다.
마침내 침묵하였고 마치고는 미동치 않았다.

　714행 긴 여정의 전환점 : 전환점은 경주의 〈반환점〉을 의미한다. 아이네 아스는 시킬리아 섬의 드레파눔을 돌아 북서에서 북동으로 항로를 바꾸어 이탈리아를 향한다(Horsfall). 또 〈마지막〉을 의미하기도 하는데 앙키세스의 죽음은 디도의 땅에 도착하기 직전 마지막으로 겪은 일이다(Williams).
　715행 게서 길 잃은 날 그대 땅에 신께서 데려왔지요 : 『오뒷세이아』 제 7권 276행 이하. 〈나는 헤엄쳐 저 심연을 건넜소. 물과 바람이 나를 그대들의 나라 가까이로 날라다 줄 때까지 말이오.〉 아이네아스는 오뒷세우스와 달리 카르타고에 도착한 것이 신들의 뜻이라고 말하고 있다.
　718행 마침내 침묵하였고 마치고는 미동치 않았다 : 제4권의 시작에서 잠 못 이루는 디도의 모습과 대조하기 위해 〈말을 마치고 잠자기 위해 자리를 떠났다〉라고 해석할 여지도 있다(Horsfall). 침묵하는 아이네아스는 지난날의 고통을 상기하면서 느낀 고통이 잦아들기를 기다리고 있다.

제4권

여왕은 벌써부터 간절한 근심에 시름하며
속으로 상처를 키워 남모를 열기에 시들었다.
사내의 커단 용기가 머릿속에 맴돌았고 커단
가문의 명성도. 얼굴이 가슴에 박혀 버렸다,
5 그 말씨도. 상념에 온몸은 편히 잠들지 못했다.
포이붓의 등불로 대지를 밝히는 다음 날의

2행 열기에 시들었다 : 『아르고호 이야기』 제3권 295행 이하. 〈그와 같이 파괴적인 에로스는 남몰래 가슴 밑으로 기어들어 타올랐다.〉(Williams)

3~4행 사내의 (……) 박혀 버렸다 : 『아르고호 이야기』 제3권 450행 이하. 〈하지만 마음속에, 에로스들이 몰두하게 하는 많은 것들을 떠올리고 있었다. 그녀의 눈앞에 모든 것이 여전히 아른거렸다. 그가 어떠했는지, 어떤 옷들을 입고 있었는지, 어떤 것을 말했으며, 어떻게 의자에 앉아 있었는지, 또 어떻게 문으로 갔는지, 생각하며 그녀는, 그 어떤 사람도 그런 이는 없다고 여겼다. 귀에는 계속해서 그의 목소리와, 그가 했던 마음 달콤한 얘기들이 울려 올라왔다.〉(Williams) 또한 9행 이하와 83행 이하를 보라.

5행 상념에 온몸은 편히 잠들지 못했다 : 제3권 718행 〈미동치 않았다 quievit〉와 이곳의 〈잠들다 quietem〉는 어간이 같다. 제3권의 마지막 행은 아직 잔치자리였으나, 제4권의 시작에서 배경이 여왕의 침실로 바뀌었다. 제4권의 주인공은 제1행의 〈여왕〉이다.

새벽이 이슬 젖은 어둠을 천지에서 몰아낼 때
병이 더친 여왕은 한마음의 동생에게 말했다.
「동생 안나, 어인 꿈에 나는 겁먹어 놀랐더냐!
우리 거처를 예 찾아온 낯선 손은 어떤 분인지, 10
귀한 용모, 얼마나 장한 기백, 무용을 가지셨나!
믿어 헛된 확신은 아니려니, 하늘의 자손이라.
비겁은 비루한 사람됨의 증거. 그분은 어떤
운명에 던져져 어떤 전쟁을 겪었다 말하던가!
첫사랑이 죽음으로 나를 속이지 않았다면, 17
누구와도 나를 혼인의 구속에 묶지 않겠다던 16

8행 한마음의 동생 : 『아르고호 이야기』 제3권에 등장하는 메데이아의 여동생 칼키오페와 비교될 수 있다. 물론 디도가 동생 안나에게 취하는 태도와 메데이아가 칼키오페에게 취하는 태도는 매우 상이하다. 디도는 동생에게 자신의 속마음을 있는 그대로 드러내 보이고 있다(Williams).

9행 어인 꿈에 나는 겁먹어 놀랐더냐 : 『아르고호 이야기』 제3권 636행. 〈고통스런 꿈들이 나를 얼마나 두렵게 하였던가!〉(Conington) 〈꿈〉이라 번역한 〈insomnia〉는, 여성 단수 명사로 본다면 〈불면〉이다. 중성 복수 〈insomnia〉는 희랍어 〈ejnuvpnia〉의 번역으로 〈비몽사몽〉의 상태를 가리킨다.

11행 무용을 가지셨나 : 원문 〈armis〉가 〈무기arma〉를 뜻하는지 아니면 〈어깨armus〉를 뜻하는지 의견이 갈린다. 제1권 589행 〈그의 얼굴과 어깨는 신과 같았다〉에 비추어 이 시행에서 신체적인 특징을 열거한다고 해석할 경우 〈어깨〉로 볼 수도 있다(Austin). 혹은 제1권 545행에서처럼 〈충직과 전쟁의 용맹armis으로 그만한 분은 없으니〉처럼 내면적 탁월함을 의미할 수 있다. 이하 12행은 그 근거를 제시하고 있다.

17행 속이지 않았다면 : 첫사랑이던 쉬카이우스와의 혼인으로 희망에 부풀었던 디도는 오라비의 살인으로 남편을 잃었다. 〈속이다deceptus〉는 〈당연히 그러리라는 희망이 좌절되다〉의 뜻으로 자주 쓰이는 단어다. 묘지명 등에 자주 쓰이는바, 예를 들어 〈딸의 묘비를 속임받은 어미가 준비했다 hunc titulum natae genetrix decepata paravi〉에서처럼 어미는 딸의 요절을 생각지도 못했던 것이다(Austin).

15 흔들리지 않을 마음을 굳게 굳히지 않았다면,
    혼인 침대와 횃불에 염증을 느끼지 않았다면
    아마 이번만은 죄에 굴복하고 말았을 게다.
20 안나! 고백하노니 가련한 쉬케웃의 죽음 이래,
    오라비의 남편 살해로 신주가 더럽혀진 이래,
    내 생각을 꺾고 내 의지를 흔들어 놓은 이는
    오직 그분. 꺼진 열정의 불씨를 발견하는구나.
    원컨대 대지가 갈라져 내게 심연이 드러나며,
25 전능한 분께서 번개로 나를 하계로 보내시길!
    에레봇의 창백한 망자들에게, 깊은 밤으로!
    정결이여! 널 범하거나 네 법을 어기지 않기를!
    나를 자기 일부로 삼은 첫 남자가 내 사랑을
    가져갔으니, 그가 무덤 속에서 잘 간직하시길!」
30 이렇게 말하며 솟는 눈물로 가슴을 적셨다.

18행 혼인 침대와 횃불에 염증을 느끼지 않았다면 : 디도와 쉬카이우스의 혼인 생활은 제1권 343행 이하에 비추어 볼 때 행복했었다고 하겠다. 여기 〈염증〉이라 함은 다른 청혼자들에게 시달렸기 때문이거나 혹은 남편을 잃는 아픔에 이제 재혼에 대해 불편한 마음 때문이다(Austin).

26행 에레봇의 : 『신들의 계보』 514행. 〈무법자 메노이티우스는 멀리 보시는 제우스께서 연기가 나는 벼락으로 치시어 에레보스로 내려보내셨으니, 그의 방종과 과도한 용맹 탓이었소.〉 『오뒷세이아』 제11권 563행 이하. 〈그는 한마디 대답도 없이 세상을 떠난 사자들의 다른 혼백들을 뒤따라 에레보스로 들어가 버렸다.〉

27행 정결이여 : 원문 〈*pudor*〉는 이하 55행에도 다시 한 번 등장한다. 〈정절 *pudicitia*〉의 뜻으로 〈죽은 남편에 대하여 다시 혼인하지 않겠다고 맹세하고 의리를 지킴〉으로 해석하였다(Williams).

30행 솟는 눈물로 가슴을 적셨다 : 『아르고호 이야기』 제3권 803행. 〈그치지 않는 눈물로 가슴을 적셨다. 눈물은 그대로 철철 흘렀다.〉 스스로 〈정결〉

제4권 171

안나가 답했다. 「동생에게 빛보다 소중한 이여!
슬퍼하며 청춘을 내내 홀로 시들어 갈 겁니까?
기꺼운 자식들, 사랑의 보람도 하나 모른 채.
시신 혹 망자라면 그런 일에 상관없겠지요?
하세요. 지난날 언니의 애곡을 멎게 할 남편이　　　　　　　35
튀리아, 리뷔아에도 없어 야르밧을 거절했고
승리로 번듯한 아프리카가 키워 낸 왕들도
그랬지만, 이제 달가운 사랑마저 내칠 건가요?
언니가 누구의 영토에 정착한 건지 잊었나요?
전쟁에는 당할 수 없는 종족, 개툴랴의 도시가,　　　　　　　40
방자한 누미댜, 사나운 쉴티스가 둘러 있어요.
또한 목마른 사막을 휩쓸며 사방 미쳐 날뛰는
바르카가. 튀리아의 전쟁은 말해 뭣하겠어요?

을 지키겠다는 맹세에도 불구하고 그녀의 마음속에는 사랑에 대한 갈등이 작지 않다(Conington).

34행 그런 일 : 여인으로서의 행복, 사랑하는 남자의 아내로 그 남자에게서 자식을 얻는 것 등 32~33행에서 언급한 것을 가리킨다. 만일 〈그런 일〉로 염려하는 것은 살아 있다는 증거로 자연스러운 일이라고 말하고 있다.

35행 지난날 언니의 애곡을 멎게 할 남편이 : 안나는 〈청혼자〉라고 말했어야 했다. 일부러 잘못 말함으로써 아이네아스를 〈남편〉으로 받아들이길 바라는 마음을 표한다.

39행 언니가 누구의 영토에 정착한 건지 잊었나요 : 디도를 설득하려는 안나는 또 하나의 논거를 제시하고 있다. 적진 한 가운데 카르타고가 이제 막 나라를 건설하기 시작했고 아직 튀리아의 퓌그말리온에게서도 위협을 받고 있으니 도와줄 협력자로서도 아이네아스가 좋겠다고 설득하고 있다(Williams).

41행 방자한 : 원문 〈infreni〉는 재갈 없는 말을 타고 다닌다 하여 붙은 누미디아 사람들의 별칭이다. 베르길리우스는 이를 〈그들의 말처럼 재갈을 물리지 않은〉 사람들이라는 뜻으로 읽었다(Conington).

오라비의 위협은?

46 일리온의 전함들이 이곳으로 찾아온 것을
45 나는 하늘의 점지, 유노의 보살핌이라 믿어요.
언니, 이 나라가 어떻게 어떤 왕국이 되는지는
이 혼인에 달렸어요. 테우켈 백성을 전우 삼아
페니캬의 영광이 어떤 업적으로 드높을지!
52 곧 비 많은 오리온, 겨울이 바다 위에 설치면
53 배는 깨어지고 날씨는 견딜 수 없게 될 것이니
50 언니는 그저 신들께 빌어 정한 제물을 바치고
51 손님을 대접하여 지체의 핑계를 엮어 보세요.」
이 말에 마음은 간절한 사랑으로 타올랐다.
55 주저함에 희망이 차고 수치심은 사라졌다.
먼저 그들은 신전을 찾아 제단마다 가호를
기원했다. 예법대로 두 살배기를 골라 바쳤다.
입법자 케레스와 포이붓과 아버지 바쿠스께,

43행 바르카가 : 바르카는 한니발 장군으로 유명한 사막의 유목 민족이다. 사실 바르카는 근처에 있다고 하기에는 카르타고에서 멀리 떨어져 있다.

44행 : 미완성의 시행이다.

52행 곧 비 많은 오리온, 겨울이 바다 위에 설치면 : 안나는 앞서 〈행복〉과 〈이득〉으로 디도를 설득하였으며, 이제 〈기회〉를 언급한다. 겨울 바다로 항해하는 것은 위험한 일이니 이를 핑계로 머물게 만들라는 것이다. 309행 이하에서 〈겨울 항해〉는 떠나려는 아이네아스에 대한 비난거리로 다시 등장한다.

56행 먼저 그들은 신전을 찾아 : 디도는 동생의 말에 따라(50행) 신들에게 제사를 드리고 있다. 유노는 카르타고와 관련하여 매우 중요한 여신이며, 혼인을 보호하는 신이다. 나머지 케레스와 바쿠스와 아폴로는 혼인과 연관을 갖고 있는 신들이다(Austin).

그 누구보다 혼인의 구속을 돌보시는 유노께.
어여쁜 디도는 직접 오른손으로 잔을 받들어   60
하얗게 빛나는 암소의 뿔 사이에 헌주하였다.
혹은 신상 앞으로 나아가 풍성한 제상을 차려
제물로 매일을 일신하며 희생 제물의 가슴을
열어 크게 벌리고 뛰고 있는 내장을 살폈다.
사제들의 애통한 무지여! 기도는 애욕에 무얼,   65
신들은 무얼 도운 건가? 광염은 골수에 사무쳐
그새 가슴속 감추어진 상처는 깊어져 갔다.
불행한 디도는 불타올랐다. 온 도시를 헤매어

62~64행 혹은 신상 앞으로 (……) 내장을 살폈다 : 혼인과 관련된 신들을 찾아다니며 거듭하여 디도는 제사를 드린다. 하지만 그 이유는 그들이 신들의 뜻이 무엇인지 알 수 없었기 때문도, 신들의 뜻을 알아내는 사제들이 무지했기 때문도 아니다. 그것은 새로운 혼인과 관련하여 지난날의 배우자에게 용서를 구하는 디도의 마음이 간곡함을 강조하기 위한 것이었다.

65행 사제들의 애통한 무지여 : 『일리아스』 제16권 46행 이하. 〈이렇게 말하고 간청한 그야말로 참으로 어리석도다! 스스로 사악한 죽음과 죽음의 운명을 간청한 결과가 되었으니 말이다.〉 여기서 시인은 자신의 생각을 독자에게 표명하면서 이야기에 개입하고 있다. 〈사제들〉을 비유로 해석해서 〈안나와 디도〉라고 하더라도 마찬가지이지만, 현재 사제들은 사랑의 결과가 얼마나 무서운지를 예감하지 못하며 그저 사랑이 이루어지길, 그래서 여왕이 행복해지고 나라가 부강해지길 기원하고 있는 어리석음을 범하고 있다. 결과적으로 불행을 신들에게 기원한 셈이다. 이런 무지한 사제들에 대하여 시인은 디도를 동정하는 마음에 자신의 안타까운 심정을 드러내고 있다.

67행 상처는 깊어져 갔다 : 2행 〈속으로 상처를 키워〉를 보라. 디도의 결심은 분명하다. 신들의 뜻을 열심히 살폈다. 그때마다 신들의 뜻을 확인하고 아이네아스에게 말할 기회를 살피며 망설이는 동안 사랑의 마음은 점점 깊어져 갔다.

68행 불행한 디도 : 앞서 제1권 712행과 749행 그리고 제4권 450행, 529행과 596행에서 거듭 반복된다(Williams). 제4권 전체를 통해 〈속고〉 〈빼

광염에 시달렸다. 마치 화살을 맞은 사슴처럼.
70 크레타 숲에 방심한 사슴을 멀리서 쏘아 맞힌
목동은 무기를 던져 나는 화살을 맞혔으나
이를 알지 못한다. 사슴은 도망쳐 딕테 산속을
헤매 다닌다. 죽음의 갈대를 옆구리에 매달고.
디도는 도시 중앙을 지나 에네앗을 안내하며
75 시돈의 국력과 마련한 도시를 과시하였다.
말을 꺼내다가도 말하는 도중에 멈추었다.
하루가 기울어 가면 똑같은 연회를 청하였다.
미친 듯이 일리온의 고통을 거듭 들려 달라
간청했고, 말하는 사내의 입에 거듭 매달렸다.
80 사람들이 돌아간 후, 이어 달빛도 어둑해지며
달이 저물고 저무는 별들이 잠을 권하지만
디도는 빈집에 홀로 아쉬워 그가 떠난 자리에

앉기고〉〈버림받은〉 디도의 모습이 분명해지면서 디도의 불행이 분명해진다.
 73행 죽음의 갈대를 옆구리에 매달고 : 디도는 얼마나 치명적인 〈상처-사랑〉을 입었는지 알지 못하며, 더 나아가 아이네아스도 자신이 얼마나 치명적인 〈상처-사랑〉을 디도에게 입혔는지 자각하지 못한다(Williams).
 76행 말을 꺼내다가도 말하는 도중에 멈추었다 :『아르고호 이야기』제3권 680행 이하 〈말하고 싶어 하는 그녀를, 대답 못 하도록 처녀의 수치심이 한참 동안 막았다. 한순간 그녀의 혀끝에 이야기가 올랐다가도, 또 한순간 가슴속 저 밑으로 날아가 버렸다. 몇 번이고 그녀는 열망에 찬 입으로 말하고자 애썼으나, 소리로써 앞으로 나아갈 수 없었다.〉
 81행 저무는 별들이 잠을 권하지만 : 제2권 9행과 같다. 제2권에서 잠자리에 들 시간이지만 아이네아스는 트로이아의 최후를 말하였고, 여기서는 잠자리에 들 시간이 되어 아이네아스 일행이 돌아가고 디도가 홀로 남았다(Conington).

몸을 눕혔다. 떠나고 없는 그를 보고 들었다.
혹은 닮은 모습에 사로잡혀 아스칸을 무릎에
앉혔다. 말 못 할 사랑을 속일 수 있을까 해서. 85
착수한 성채는 쌓지 않았고 청년들은 용맹을
닦지 않았고 항구나 전쟁에서 지켜 줄 흉벽을
마련치 않았다. 역사는 중단되었고 위협적인
거대 성벽과 하늘을 맞먹는 기계도 멈추었다.

   디도가 그런 열병에 걸렸음을 알게 되자마자, 90
명예도 광기를 막지 못하자, 유피테르의 아내
사툰의 따님은 베누스를 찾아 이렇게 말했다.
「참으로 대단한 칭송과 굉장한 전리품을 거둔
너와 네 아들은 불후의 커단 명성을 얻겠구나.

84행 혹은 닮은 모습에 사로잡혀 아스칸을 : 여러 날에 걸쳐 있었던 일들을 열거하는 것일 수 있다(Conington). 아이네아스가 없을 때 아스카니우스가 디도 곁에 머물렀고 아스카니우스로 대신 사랑을 달랬다. 또 디도가 낮에 있었던 일들을 상상하는 것으로, 디도는 아이네아스의 말을 들으며 아스카니우스는 무릎에 앉혔다.

89행 기계 : 앞서 제2권 46행, 151행, 237행에서 〈목마〉를 가리키는 단어로 사용되었다. 기중기 등의 축성 도구를 가리키는 말일 수도 있으며, 문맥을 보면 축성된 건축물 자체가 방어를 위한 〈기계〉라는 뜻으로 쓰였을 수도 있다(Austin).

91행 명예도 광기를 막지 못하자 : 디도의 열정이 심각한 결과에 이르자, 86~89행에 언급된 바와 같이 백성들도 일손을 멈추었고, 명예에 대한 생각도 이를 막지 못했다. 최악의 상황을 막기 위해 유노 여신이 사건에 개입한다.

92행 사툰의 따님은 베누스를 찾아 이렇게 말했다 : 『아르고호 이야기』 제3권 6행 이하에서 헤라 여신은 아테네 여신과 함께 아프로디테를 찾아가, 메데이아에게 사랑을 불러일으켜 메데이아가 이아손의 계획을 돕도록 만들자고 설득하고 아프로디테는 여기에 동의한다.

95　여인 하나를 속이려고 두 신이 꾀를 합치다니!
　　나는 모르지 않으니, 너는 우리 도시가 두려워
　　드높은 칼타고의 성채를 곱게 보지 않았다.
　　그 끝은 무엇이냐? 이렇게 다투어야 하겠느냐?
　　혹 어떠냐? 영원한 평화라 할 혼인의 맹약을
100　맺는 건? 간절히 원하던 바를 갖게 될 것이니.
　　디도는 사랑에 불타 뼛속까지 광기가 닿았다.
　　그러니 이 백성을 너와 내가 공동의 뜻으로
　　다스리자꾸나. 프뤼갸의 남편을 모시는 것도
　　튀리아의 예단을 네 손에 건네는 것도 좋겠다.」
106　　（이탈랴의 강국을 리뷔아 해안으로 옮기려는
105　거짓 마음으로 하는 말인 걸 느끼며） 여신에게
　　베누스는 이렇게 답했다. 「누가 어리석게 그걸
　　거절하거나 존안과 다투길 선택하겠습니까?
　　다만 말씀하신 걸 운명이 순순히 따른다면야!
110　허나 전 확신치 못하니, 유피테르께서 하나의

95행 여인 하나를 속이려고 두 신이 꾀를 합치다니 : 제1권 656행 이하에서 베누스 여신은 아들 아이네아스가 디도 여왕의 환대를 확보하도록(이하 100행) 아들 쿠피도와 함께 디도 여왕의 가슴속에 〈사랑〉을 불러일으켰다. 유노 여신은 이를 두고 베누스와 쿠피도를 조롱하고 있다.

105행 거짓 마음 : 유노 여신의 본심은 제1권 19행 이하에 언급된 것처럼 아이네아스와 트로이아 유민들을 이탈리아에서 멀찍이 떼어 놓는 것이다.

107행 베누스는 이렇게 답했다 : 제1권 257행 이하에서 유피테르는 베누스에게 아이네아스의 운명에 관하여 약속하였다. 여기서 베누스는 유노보다 강력한 유피테르의 약속이 결국 실현될 것임을 확신하고, 짐짓 유노의 뜻을 따르는 시늉을 한다.

나라를 튀리아와 트로야에게 허락하실는지,
백성이 혼화되거나 동맹을 이루길 원하실지.
안주인이시니, 아버님은 맡아 설득하세요.
그럼, 따르겠습니다.」 여왕 유노가 이렇게 받았다.
「그런 수고는 나의 몫. 지금은 세운 뜻을 어떻게   115
실현할 수 있을지 (들어라!) 간단히 설명하겠다.
함께 사냥하려고들 에네앗과 가련한 디도가
채비하고 숲에 가리니, 내일 첫새벽의 시작을
티탄이 알리고 햇살로 세상을 들추면 말이다.
사냥 패가 분주하게 그물로 숲을 에워쌀 때   121
둘에게 난 우박을 섞어 먹구름의 암흑천지를   120
쏟아붓고 뇌성으로 하늘을 온통 흔들 것이다.
배행한 이들은 어둠에 갇혀 흩어질 것이며
디도와 트로야의 장군은 같은 동굴로 함께
피신함에 나는 게 있겠고, 네 뜻도 그러하다면   125
[변함없는 가약으로 맺어 아내라 선언할새]
이것이 첫날밤이 되리라.」 이에 거절하지 않고
퀴테레는 꾸며진 계략에 미소로 동의했다.

125행 나는 게 있겠고, 네 뜻도 그러하다면 : 유노가 혼인의 여신으로서 혼인식에 참석할 것임을 말하고 있다. 혼인식이 뜻대로 치러지기 위해서는 베누스의 도움이 절대적이다(Austin).
126행 변함없는 가약으로 맺어 아내라 선언할새 : 앞서 아이올로스에게 약속할 때에 유노가 사용한 말로 제1권 73행과 동일한 시행이다. 여기서는 〈디도를 아이네아스에게〉라는 말을 보충해야 한다(Austin).
128행 퀴테레는 꾸며진 계략에 : 베누스 여신은 침묵과 미소로써 동의를 표하고 있다. 여기서 〈계략〉은 세 가지로 이해할 수 있다. 먼저 베누스가 눈치

　　　　그새 솟아오르던 새벽이 오케아눗을 떠났다.
130　햇살이 퍼지자 뽑힌 청년들이 성문을 나선다.
　　　성긴 그물과 올가미와 날이 널찍한 사냥 창.
　　　맛쉴리 기병, 개들의 예민한 후각이 뛰어간다.
　　　안에서 지체하는 여왕을 문 앞에서 페니캬
　　　장군들은 기다린다. 자색과 금색으로 치장한
135　말은 땅을 차고 거품과 재갈을 씹으며 보챈다.
　　　크게 모인 군중 앞으로 이윽고 여왕이 납신다.
　　　옷 둘레에 장식을 두른 시돈의 군복을 입었고
　　　황금의 화살통, 머리를 묶은 황금의 머리띠,
　　　붉은색 의복을 여며 옷깃을 묶은 황금의 옷침.
140　프뤼갸의 병사들이 함께 율루스도 기뻐하며

챈 유노의 숨겨진 계략(Conington), 다음으로 유노가 여기서 밖으로 드러낸 계략, 마지막으로 베누스가 유노에게 숨기고 있는 자신의 속마음(Williams)으로 나누어 볼 수 있다.

130행 햇살이 퍼지자 : 이하 172행까지 사냥 장면과 혼인식 장면이 장엄하고 아름답게 펼쳐진다. 사냥을 떠나는 무리들은 맞춤으로 잘 준비되어 있고, 여왕과 아이네아스의 차림새 또한 화려하고 눈부시다. 모두가 들떠 있는 모습이 마치 실제 혼인하는 날 신부가 자기 집을 떠나 신랑 집으로 떠나가기 위해 기다리는 듯하다.

133행 안에서 지체하는 여왕을 : 여왕이 아름답게 차려입기 위해 시간을 지체하고 있을 수 있다. 디도 본인은 여신들의 계획을 모르고 있지만 망설이며 우물쭈물하는 모양은 새색시의 수줍은 마음 때문이 아닐까 한다(Austin).

135행 땅을 차고 : 원문 〈발로 소리를 내는 *sonipes*〉은 말에 붙어 다니는 별칭처럼 보인다. 그 밖에 〈발에 날개가 달린 *alipes*〉과 〈발굽이 달린 *cornipes*〉과 〈네 발 달린 *quadrupes*〉의 별칭들이 있다(Conington). 발로 소리를 내기 위해서는 흔히 말들의 버릇처럼 가만히 서서 땅을 뒤로 차는 경우일 것이다(Austin).

빠지지 않았다. 다른 모두를 이끌고 어여쁜
에네앗이 동행했고 일행을 하나로 묶었다.
마치 겨울에 머무는 뤼키아와 크산툿 강을
떠나 모친의 델로스 섬을 찾아가는 아폴로가
가무 합창대를 꾸리면, 제단 주위에 뒤섞인   145
크레타인, 드뤼옵족, 아가튈족이 모일 때처럼.
신은 퀸투스 능선을 오른다. 여린 나뭇잎으로
엉클어진 머리를 매만져 황금으로 묶는다.
어깨에는 전통이 울린다. 그에 못지않은 모습,
에네앗의 빼어난 용모가 수려하고 헌걸차다.   150
높은 산 깊이 길도 없는 숲속에 당도하고 나자
보라, 야생 염소들이 아찔한 암벽에서 내쫓겨
산마루를 내려간다. 반대쪽에는 넓게 펼쳐진

143행 겨울에 머무는 : 아폴로와 관련된 지명으로 뤼키아 지방과 크산토스 강은 흔히 아폴로가 겨울 동안 머물며 신탁을 내리는 곳이며 델로스 섬은 여름 동안 머무는 곳으로 유명하다(Conington; Williams). 이곳에 머물며 커다란 축제를 주관하는 모습이 이하에서(145~149a행) 그려지고 있으며 크레타 사람들을 비롯한 희랍인들이 이 축제에 참가한다.

144행 아폴로가 : 『아르고호 이야기』 제1권 307행 이하 〈마치 아폴론이 향기로운 신전에서 나가듯, 신성한 델로스를 향하여, 혹은 클라로스, 아니면 퓌토, 또는 너른 뤼키에로, 크산토스의 흐름을 향하여 꼭 그렇게 그는 백성의 무리를 지나갔다.〉 아이네아스가 아폴로와 비교되고 있다. 우선 아이네아스는 아폴로처럼 준수하고 아름다운 청년이며(148행=150행), 아폴로처럼 화살을 매고 가볍게 움직이고 있다(149a행=149b행). 앞서 제1권 498행 이하에서는 디도를 디아나 여신에 비유한 바 있다(Williams).

153행 반대쪽에는 : 베르길리우스는 여기서 여러 조각의 사냥 장면을 묘사하고 있는데, 한쪽에는 염소 사냥이 그려지고 있고 다른 쪽에는 사슴 사냥이 묘사되고 있다. 따라서 〈반대쪽〉은 실제 지형 조건이 아니라 마치 그림의

풀밭을 가로질러 질주하는 사슴 떼의 행렬이
155 흙먼지를 일으키며 무리 지어 숲을 벗어난다.
그때 소년 아스칸은 골짜기 깊은 곳에 맹렬히
말을 달려 즐겁게 염소며, 사슴을 뒤쫓는다.
싱거운 짐승들 틈을 누비며 거품을 부걱대는
멧돼지, 혹은 황금 사자가 튀어나오길 바란다.
160 그때 하늘이 커단 굉음과 꾸물꾸물 섞이기
시작했고, 우박과 뒤엉킨 구름이 몰려왔다.
튀리아 일행과 트로야 청년들은 흩어졌고
달다냐 집안, 베누스의 손자도 들판 여기저기
두려워 피할 델 구했다. 급류가 산을 내려왔다.
165 디도와 트로야의 장군은 같은 동굴로 함께
피신하였다. 태초의 대지와 유노가 들러리로
신호를 보냈다. 불이 번쩍이고 우주가 혼인의
증인이 되었다. 산정에서 요정들이 환호했다.
그날이 바로 죽음의 첫째 날, 첫날이 불행의

한 부분을 의미한다(Austin).

165행 디도와 트로야의 장군은 같은 동굴로 함께 : 『아르고호 이야기』 제4권 1140행 이하에서 메데이아와 이아손은 코르퀴라의 동굴에서 혼인 침상에 눕는다. 〈바로 그곳에 이때 영웅들은 널찍한 침상을 폈다. 그리고 그 위에 빛나는 황금의 양털 가죽을 던져 덮었다. 그 혼인이 명예롭고 노래 불릴 만한 것이 되도록. 그리고 그들을 위해 뉨페들이 하얀 품에 다채로운 꽃들을 따 모아 실어 날랐다.〉

169~170행 : 디도는 동굴 사건을 정식 혼인(172행)이라고 생각했으며, 전남편에 대한 정결의 약속(27행 이하)을 이로써 잊었다. 나중에 밝혀지지만 아이네아스는 이를 혼인이라고 생각하지 않았다(338~339행). 디도는 아이네아스가 떠나려는 순간에야 비로소 이런 생각의 차이를 알게 된다.

원인이었다. 체면이나 명예도 아랑곳없이   170
디도는 사랑을 남몰래 숨기려 하지 않았다.
혼인이라 부르며 이런 명분으로 죄를 가렸다.
   곧바로 소문이 리뷔아의 대도시들로 퍼졌다.
소문, 그보다 발 빠른 악업은 다시없을 것이니
퍼져 가며 강해지고 옮겨 가며 힘을 얻는다.   175
소심한 출발이나 곧 몸을 일으켜 하늘에 닿아
발로 땅을 딛고 섰으나 머리는 구름에 걸렸다.
어머니 대지는 신들에게 화가 나서 여신을
소문에 코이웃과 엥켈라둣의 막내 동생으로
낳았다. 빠른 발과 날랜 날개로 날쌘 동생을.   180
두려운 커다란 괴물을. 온몸에 달린 깃털만큼

173행 곧바로 소문이 리뷔아의 대도시들로 퍼졌다 : 『오뒷세이아』 제24권 413행 이하. 〈사자(使者)인 소문이 재빨리 온 도시를 구석구석 돌아다니며 구혼자들의 가증스런 죽음과 죽음의 운명을 알려 주었다.〉 『일과 날』 706행 이하. 〈그대는 구설을 피하도록 하시라. 구설은 나쁜 것이오. 구설이란 듣기는 매우 쉬워도 견디기는 힘들고 벗어나기도 어려운 법이오. 그리고 구설은 많은 사람들의 입에서 나오게 되면 결코 완전히 소멸되지 않소. 그래서 구설도 일종의 신(神)인 것이오.〉

176행 소심한 출발이나 곧 몸을 일으켜 하늘에 닿아 : 『일리아스』 제4권 441행 이하에 등장하는 에리스에 대한 묘사와 닮아 있다. 〈에리스는 남자를 죽이는 아레스의 누이이자 전우인데, 처음 고개를 들 때에는 작지만 나중에는 머리를 하늘 높이 쳐들고 지상을 걸어다닌다.〉

179행 코이웃과 엥켈라둣 : 코이우스는 티탄족에 속하며, 엥켈라두스는 거인족에 속한다. 둘 다 가이아, 다시 말해 대지의 여신에게서 태어났으며 모두 제우스에 의해 이 세상에서 쫓겨났다. 코이우스는 티탄족과 함께 타르타로스에 갇혔으며, 거인족 엥켈라두스(제3권 578행 이하를 보라)는 아에트나 화산 밑에 갇혔다.

(놀라워라!) 그만큼의 잠들지 않는 눈이 달렸고
그만큼의 혀와 입이 열렸다. 그만큼의 귀도.
밤에는 어둠을 지나 하늘과 땅 사이로 다니며
185 요란하매 달콤한 잠으로 눈을 감는 일이 없다.
낮에는 감시자로 때로 지붕 높은 곳 꼭대기에
때로 높은 첨탑에 앉아 대도시들을 위협한다.
진실의 전령인가, 거짓과 날조에도 끈질기다.
여신은 그리 부풀린 말을 인민에게 퍼뜨리며
190 기뻐했고, 일과 없는 일을 똑같이 노래했다.
트로야 혈통을 이어받은 에네앗이 도래하여
그와 어여쁜 디도가 결합하기를 좋게 여겨
194 나라를 망각한 채 추잡한 욕정의 포로가 되어
193 이제 긴 겨울 내내 서로 탕진하고 있다 했다.

184행 이하 : 소문의 여신에 대한 비슷한 언급을 우리는 오비디우스 『변신 이야기』 제12권 39~63행에서 찾아볼 수 있다. 『변신 이야기』 제12권 54행 이하. 〈경박한 무리들이 오가고, 참말과 뒤섞인 거짓말이 도처에 돌아다니고, 수천 가지 소문과 혼란스런 말들이 떠돈다. 그들 가운데 더러는 한가한 귀들을 수다로 채우고, 더러는 들은 것을 퍼뜨린다. 그리하여 지어낸 이야기는 자꾸 커지고, 새로 전하는 자마다 들은 것에다 무엇인가를 보탠다. 그곳에는 경신(輕信)이 있고, 그곳에는 부주의한 실수와 근거 없는 기쁨과 걷잡을 수 없는 두려움이 있으며, 그곳에는 갑작스런 선동과 출처를 알 수 없는 속삭임이 있다. 소문의 여신은 하늘과 바다와 대지에서 일어나는 일을 모두 지켜보고 있고, 온 세상에서 새로운 소식을 찾는다.〉

191~194행 : 소문과 진실의 경계가 매우 모호하다. 트로이아의 후손 아이네아스가 도래한 것, 디도가 아이네아스를 남편으로 받아들인 것, 겨울을 보내고 있는 것은 사실이다. 하지만 그가 욕정에 빠졌다거나 탕진한다거나 왕국을 잊었다는 것은 사실이 아니다. 이하 260행에서 그는 지금 디도의 왕국을 열심히 건설하고 있었다.

이 말을 여신은 사방 추악한 입에 퍼뜨렸다.　　　　　　　195
이어 발길을 돌려 야르밧 왕에게로 다가갔다.
말로써 그의 영혼에 불을 지르고 화를 지폈다.

　그는 함몬과 납치된 가라만팃 요정의 아들로
광활한 왕국에 유피테르께 일백의 거대 신전,
일백 제단을 쌓아 잠들지 않는 불을 바쳤다.　　　　　　　200
신들의 영원한 파수꾼을, 희생 가축들의 피로
흥건한 대지를, 온갖 화관으로 장식된 문턱을.
그는 제정신을 잃고 쓰디쓴 소문에 불타며
제단 앞 모셔진 신상들 한가운데 전하는 말에
손을 들어 유피테르께 탄원자로 빌었다 한다.　　　　　　205
「전능하신 유피테르여, 모루샤 부족이 장식된
방석에서 레네웃의 명예를 바치는 신이여!
이것을 보십니까? 아버지! 혹 번개를 치실 때
저흰 헛되이 떨었으며 구름 속의 눈먼 불꽃이
마음을 놀래키고 무력한 소리가 섞인 겁니까?　　　　　　210
여인은 저희 영토를 헤매 다니다 자그마한

195행 추악한 : 〈추악한 여신 dea foeda〉이라고 한정하기도 하지만(Austin), 반드시 그럴 필요는 없어 보인다. 세 가지 가능성 모두를 살려 〈추악한 소문〉을 〈추악한 여신〉이 〈추악한 입〉에 퍼뜨린다고 번역할 수도 있다.

208행 아버지 : 198행에 따르면 이아르바스는 아프리카 누미디아의 지역신 함몬의 아들이며, 로마인들은 함몬을 〈유피테르 함몬〉이라고 불렀다(Williams).

211행 여인은 저희 영토를 : 디도가 카르타고를 건설한 이야기는 앞서 제1권 365행 이하에서 베누스의 입을 통해 언급되었다. 이아르바스는 한갓 여자에게, 그것도 의지할 데 없이 떠돌아다니는 여자에게, 자기 영토의 일부를

도시를 돈으로 얻되, 여인에게 경작할 해안과
　　　정착의 조건을 주었으나 여인은 저의 청혼은
　　　거절하더니, 에네앗은 주인으로 들였습니다.
215　저 파리스도 구실 못 하는 사내들을 거느리고
　　　기름칠한 머리에 메오냐의 모자를 턱 밑에
　　　묶고, 훔친 걸 차지했는데도 저흰 제물을 그대
　　　신전에 드리며 헛된 명성을 받들고 있나이다.」
　　　　이런 말로 탄원하며 제단에 매달리는 그를
220　전능한 신이 들어 주었다. 시선을 돌려 왕업의
　　　도시와 더 나은 명성을 망각한 연인을 보았다.
　　　그때 메르쿨에게 말하여 이렇게 지시하였다.
　　　「아들아, 가거라. 서풍을 불러 날개를 펼쳐 가라.
　　　달다냐 영웅에게, 튀리아의 칼타고에 지금
225　지체하며 운명이 허락한 도시를 돌보지 않는
　　　그에게 전하라. 내 말을 서둘러 날아가 알려라.
　　　어여쁜 어미는 내게 그가 그런 사람이 아니라
　　　말하여 두 번씩 그래웃의 공격에서 구했건만.

팔아 정착하게 하였고, 먹고살 수 있게 하였고, 공존할 수 있게 협정을 맺는 등 수많은 호의를 베풀었는데도 디도가 자신에게 보답하지 않은 사실에 대하여 분노하고 있다(Williams).

215행 저 파리스도 구실 못 하는 사내들 : 이아르바스는 아이네아스와 그의 일행들을 비방하고 있는 것으로, 앞서 소문의 여신이 전해 준 이야기에 근거하여 〈욕정에 빠진〉 아이네아스를 제2의 파리스라고 비난하고 있다. 제12권 97행 이하에서도 투르누스는 아이네아스를 이와 똑같이 부른다(Williams).

228행 두 번씩 그래웃의 공격에서 구했건만 : 『일리아스』 제5권 311행 이하에서 아프로디테 여신이 디오메데스에게서 아이네아스를 구했다. 다른 한

그가 패권이 어지럽고 전쟁으로 격돌하는
이탈랴를 다스린다, 테우켈의 높은 혈통을   230
물려준다, 세계 질서를 수립한다 하였거늘.
위대한 과업의 영광이 그를 뜨겁게 못하고
명예의 수고를 감당치 않을 수 있다지만,
아비 된 자로 아스칸의 로마 성채마저 막는가?
어쩔 셈인가? 어쩔 뜻으로 적국에서 지체하며   235
오소냐 자손과 라비늄 땅을 돌아보지 않는가?
그는 항해하라! 이것이 내 요지니, 너는 전하라.」
 말했다. 전령은 아버지의 커단 명령을 수행할
채비를 했다. 그래 먼저 발에 황금의 날개 신을
묶었다. 신발은 그를 들어 혹은 수면 위로 높이   240
혹은 대지 위로 질풍과도 같이 날라다 주었다.
지팡이도 집었다. 이로 하계의 창백한 영혼을

번은 『아이네이스』 제2권 589행 이하에 언급되어 있다(Conington).
 231행 세계 질서를 수립한다 : 아이네아스는 세계를 정복할 뿐만 아니라, 트로이아의 혈통을 이어 가게 할 것이며 마침내 이를 통해 세계에 질서를 부여할 것은 앞서 제1권 263행 이하에서 자세히 언급되었다.
 239행 그래 먼저 발에 황금의 날개 신을 : 『오뒷세이아』 제5권 44행 이하. 〈이렇게 그가 말하자 신들의 사자인 아르고스의 살해자가 거역하지 않고 지체 없이 영원불멸하는 아름다운 황금 샌들을 발밑에 매어 신으니 바로 이 샌들이 습한 바다와 끝없는 대지 위로 바람의 입김과 함께 그를 날라다 주었다. 이어서 그는 자기가 원하는 사람들의 눈을 감길 수도 있고 자는 사람들을 깨울 수도 있는 지팡이를 집어 들었다.〉
 242행 지팡이도 집었다. 이로 하계의 창백한 영혼을 : 『오뒷세이아』 제24권 1행 이하. 〈한편 퀼레네의 헤르메스는 구혼자들의 혼백들을 밖으로 불러냈다. 그는 손에 아름다운 황금 지팡이를 들고 있었으니 바로 이 지팡이로 그는 자기가 원하는 사람들의 눈을 감기기도 하고 자는 사람들을 다시 깨우

	불러내고 때로 슬픔의 타르타라로 데려가되,
	잠을 주기도 잠을 뺏어 망자를 깨우기도 한다.
245	지팡이로 바람을 일으켜 폭풍우를 갈랐다.
247	머리로 하늘을 받치고 있는 굳센 아틀랏의
246	정수리와 가파른 옆구리를 날아가며 보았다.
	검은 구름이 쉴 새 없이 감싸고 있는 아틀랏의
	소나무를 인 머리는 비바람을 맞고 있었다.
250	쏟아지는 눈은 어깨를 덮고, 노인의 뺨을 타고
	강물은 곤두박질, 얼음은 수염에 얼어붙었다.
	퀼레네의 신은 양 날개로 버티며 먼저 여기에
	멈추었다. 에서 온몸을 던져 바다로 곤두박질
	새처럼 내려왔다. 바닷가에서, 물고기 많은
255	절벽을 맴돌며 파도에 붙어 낮게 나는 새처럼.
	꼭 그처럼 하늘과 땅 사이를 지나 날아가다
	뤼비아의 모래 해안에 닿았다. 바람을 가르고
	퀼레네의 손자는 외조부로부터 출발하여

기도 하는 것이다.〉
 247행 아틀랏의 : 북아프리카의 서쪽 끝에 있는 아틀라스 산맥은 흔히 티탄족의 일원인 아틀라스와 동일시된다. 올륌포스 산에서 북아프리카의 카르타고로 내려오기 전에 메르쿠리우스는 중간에 아틀라스를 경유한다(Williams). 메르쿠리우스가 아이네아스를 찾아가는 현재 시점은 겨울이다.
 252행 양 날개로 버티며 : 정지 비행을 의미하는 것으로 보인다(Conington).
 253행 에서 온몸을 던져 바다로 곤두박질 : 『오뒷세이아』 제5권 52행 이하. 〈물고기를 잡으며 깃털이 많은 날개를 짠 바닷물에 적시는 갈매처럼 너울 위를 달렸다.〉
 258행 외조부 : 메르쿠리우스는 마이아라는 요정에게서 제우스의 아들로 태어났다. 마이아는 아르카디아 지방의 퀼레네 산에 살고 있던 요정으로 아

날개 달린 뒤꿈치로 날아 막사에 닿자마자
성채를 다지며 건물을 올리고 있는 에네앗을   260
보았다. 그런데 그는 황옥들이 별처럼 장식된
검을 들었고 튀리아 자주색 빛나는 외투가
어깨에 흘러내렸다. 부유한 디도가 선물로
씨실을 가는 황금실로 구별하여 지었던 것.
지체 없이 질타했다. 「그대는 위대한 칼타고의   265
토대를 놓으며 아내의 남자로 도시를 예쁘게
꾸미는가? 그대 나라와 왕업을 망각한 이여!
몸소 신들의 통치자께서 날 밝은 올륌폿에서
보내시니, 그분은 천지를 뜻대로 움직이신다.
몸소 말씀을 창공을 지나 전하라 분부하시되,   270

틀라스의 딸로 알려져 있다. 헤시오도스 『신들의 계보』 938행. 〈제우스에게 아틀라스의 딸 마이아가 그분의 침상에 올라 불사신들의 전령(傳令)인 영광스런 헤르메스를 낳아 주었다.〉

260행 성채를 다지며 건물을 올리고 있는 에네앗 : 앞서 86~89행에서 디도가 사랑의 열병을 앓고 있는 동안 도시의 건설이 멈추었다. 이제 디도는 아이네아스를 신랑으로 맞이하여 다시 도시의 건설에 열중하였으며, 아이네아스는 디도를 열심히 돕고 있다. 아이네아스는 이탈리아에 도시를 건설할 운명을 망각하고, 유노의 뜻대로 카르타고에 세계를 제패할 나라를 건설하고 있다.

266행 아내의 남자로 : 장차 이렇게 계속 카르타고에 머물 경우를 충분히 가능한 일이다. 유피테르에게서는 없었던 말이며 신들의 전령을 아이네아스를 경멸조로 지칭하고 있다(Williams).

268행 몸소 : 270행에서도 반복된다. 유피테르가 직접 그렇게 결정하셨고, 유피테르가 직접 결정을 아이네아스에게 전달하도록 조치하였으며, 〈몸소〉 결정하고 하명한 일을 따르지 않으면 어떤 일이 생길지 각오하라는 위협의 말투다(Austin).

어쩔 셈인가? 어쩔 뜻으로 뤼비아에 머무는가?
272 커단 과업의 영광이 그댈 움직이지 못한다면
274 자라나는 아스칸을, 상속자 율루스의 희망을
275 생각하라! 이탈랴 왕국, 로마 영토는 그에게
주어졌으니.」 이렇게 퀼레네의 신은 말하며
말하는 도중에 인간의 시선을 떨쳐 버리고
눈에서 멀어져 맑은 대기 속으로 사라졌다.
　그때 에네앗은 현현에 놀라 정신이 아득하고
280 두려워 머리칼은 곤두서고 말은 목에 걸렸다.
282 신들의 그 같은 경고와 명령에 대경실색하여
281 도주하길, 안락했던 땅을 떠나길 열망했다.
어찌할까? 이제 어떤 말로 분노하는 여왕을
감히 달랠 수 있을까? 어떻게 말을 꺼내야 할까?
285 한번은 이리로 한번은 저리로 마음은 갈라져
종잡을 수 없이 흩어져 온갖 것을 궁리하였다.
오락가락하던 차에 이것이 상책이다 싶었다.

　273행 : 이 시행은 주요 사본에는 빠져있는 것으로 233행 〈또한 그가 명예의 수고를 감내치 않는다면〉과 같다. 다만 여기서는 〈네가 명예의〉라고 바뀌었을 뿐이다.
　279행 그때 에네앗은 : 우리는 제4권에서 처음으로 아이네아스의 생각을 알게 된다. 그동안은 소문의 여신이 전해 주는 이야기, 사건의 여러 묘사를 통해 아이네아스의 생각을 짐작할 수 있었을 뿐이다. 281행에서 분명한 것은 카르타고가 아이네아스에게 휴식과 안락을 주었다는 것이며, 291행 이하에서 분명한 것은 아이네아스는 디도를 사랑한다는 것이다. 그럼에도 불구하고 아이네아스는 욕망과 의무 사이에서 갈등하다가 마침내 자신에게 주어진 의무를 선택한다(Williams).

므네텟과 셀게툿과 용감한 세렛툿을 불렀다.
은밀히 함대를 챙겨 전우를 해안에 소집하라,
무기를 준비하되, 이런 변경의 이유가 뭔지는 290
함구하라, 그새 자신은, 훌륭한 디도가 아직
모른 채 커단 사랑의 끝을 생각지 못하는 동안
구실을 찾고 말머리를 꺼내기 제일 적당한
기회, 적당한 방법을 찾는다 했다. 모두 서둘러
좋게 복종하였고 명령을 열심히 완수하였다. 295
   여왕은 눈속임을 (누가 연인을 속일 수 있을까?)
눈치챘다. 장차 벌어질 일들을 곧 예감했다.
평온조차 불안했다. 예의 흉한 소문은 광염에
함대가 무장하고 항해를 준비한다 보태었다.

290행 무기를 준비하되 : 고대 주석가는 카르타고 사람들이 떠난다고 하면 어떻게 할지 모르니 최악의 상황을 대비하기 위한 전쟁 무기라고 보았다. 이하 299행에 비추어 〈무기〉란 다만 항해를 위한 제반 장비들을 가리킨다(Conington).

291행 훌륭한 디도 : 아이네아스는 디도 여왕이 트로이아 유민들을 〈누구보다 극진히 대접하였으며 호의적으로 대해 주었음〉을 전우들에게 상기시킨다(Williams). 그래서 이미 떠나기로 결심은 하였으되 〈이제 다시없을 여인에게〉 이를 통보하기가 얼마나 어려운지를 말하고 있다. 아이네아스의 사랑이 전해진다.

295행 좋게 : 원문 〈*laeti*〉를 번역하면서 많은 주석가들은 트로이아 유민들이 다시 뱃길을 나서겠다는 결정에 기뻐하였다고 이해하였다. 하지만 이는 쉽게 납득할 수 없는 대목이다. 부하들은 위험한 겨울 바다를 항해해야 함을 알고 있었으며, 아이네아스가 이런 결정에 힘들어하는 것을 보았기 때문이다. 다만 〈순순히〉 정도의 뜻이다.

298행 예의 흉한 소문은 : 앞서 173행 이하에서 언급된 〈소문의 여신〉을 보라.

300 실성하여 포효하였고 온 도시를 불타올라
  돌아다녔다. 마치 제의의 감격에 달아오른
  튀야스를, 한 해 걸러 바쿠스를 노래한 흥분의
  비의와 어둠의 키테론이 외쳐 부를 때처럼.
  마침내 먼저 이런 말로 에네앗을 다그쳤다.
305 「배신자여! 감출 수 있으리라 생각했나요? 그리
  큰 불의를. 말없이 내 땅을 떠날 수 있으리라고?
  그댈 내 사랑도, 그댈 지난번의 혼인 서약도
  디도의 가혹한 죽음도 그댈 잡지 못하나요?
  더군다나 겨울의 별자리에 배를 움직이려,
310 북풍 한가운데 바다를 지나려 서두르나요?
  가혹한 이여! 왜? 남의 땅, 알지 못하는 도시를
  찾는 게 아니라 옛 트로야가 건재했더라도

301행 마치 제의의 감격에 : 『박코스의 여신도들』 469행 이하에 언급된 디오뉘소스의 여사제들의 모습을 닮아 있다. 〈튀야스〉는 디오뉘소스를 따라다니는 마이나데스의 다른 이름이다.

305~330행 : 디도의 연설은 『아르고호 이야기』 제4권 354행 이하에 보이는 메데이아의 연설과 닮아 있다. 또한 비극 『메데이아』 446행 이하 디도와 이아손의 대화를 상기시킨다. 디도의 연설은 분노로 시작하여 아이네아스를 심하게 질타하지만, 곧 동정심에 호소하여 명예를 잃고 적들에 둘러싸여 있는 자신을 생각해 줄 것과, 마지막에는 떠나되 겨울을 보내고 자식을 남겨 놓고 떠나도록 타협안을 제시한다. 전반적으로 디도의 연설은 격정으로 가득하다(Austin). 이어지는 아이네아스의 연설과 극렬한 대조를 이룬다.

311~313행 남의 땅, 알지 못하는 도시를 (……) 이끌었을까요? : 고향으로 돌아가는 경우라도 위험한 겨울 바다를 피하는 법인데, 겨울 바다를 지나 어떤 위험이 도사리고 있을지도 모르는 낯선 곳으로 떠나겠다는 것은 이중의 어리석음이다. 왜 어리석은 행동을 하려고 하는지 묻는다. 하지만 곧 스스로 결론을 내린다. 아이네아스는 도망치려는 것이다.

파도를 뚫고 트로야로 함대를 이끌었을까요?
내게서 도망치나요? 이 눈물과 당신 손에 걸고
(가련한 내게 이제 아무것도 남지 않았으니) 315
우리 혼인에 걸고, 막 시작된 축혼가에 걸고
내가 당신을 뭔가 도왔으며 당신께 내가 뭔가
기쁨이었다면, 쓰러지는 집, 저를 불쌍히 여겨
비오니, 간청할 틈이 있다면, 마음을 돌리세요.
당신으로 뤼비아 족속, 유목민의 제왕들이 320
절 증오하며, 튀리아도 분노하고 당신으로 또
내가 하늘에 오를 유일한 길 정결은 사라져.
명예는 진작. 죽어 갈 날 뉘게 버립니까? 남이여!
(남편이란 이름에서 이것만이 이제 남았군요)
뭘 기다릴까요? 오라비 픽말뤈이 내 도시를 325

314행 내게서 도망치나요 : 디도는 마침내 마음속에 품고 있던 자신의 진짜 생각을 분명하게 드러낸다(Austin). 이하는 카툴루스의 엘레기 『아리아드네』에서 아리아드네가 테세우스에게 호소하는 장면을 닮았다.

321행 튀리아도 분노하고 : 이제까지 언급된 적이 없었던 완전히 새로운 정보다. 튀리아 사람들은 아마도 카르타고 백성들을 가리킨다. 디도만이 완전히 홀로 고립되었으며 아무도 도와줄 사람이 없음을 강조하기 위해, 심지어 백성들도 이제 디도를 미워한다고 말하고 있는 것으로 보는 것이 합당하다(Conington). 468행 이하와 546행 이하에서도 우리는 디도가 자신의 백성 앞에서 떳떳할 수 없다고 스스로 느끼고 있음을 발견할 수 있다.

322행 하늘에 오를 유일한 길 : 『오뒷세이아』 제19권 107행 이하. 〈부인, 끝없는 대지 위의 어떤 인간도 그대를 비난하지 못할 것이오. 그대의 명성은 넓은 하늘에까지 닿았기 때문이오. 마치 신들을 두려워하며 수많은 강력한 인간들을 다스리고 법을 준수하는 나무랄 데 없는 왕의 명성처럼 말이오.〉

325행 뭘 기다릴까요 : 디도는 이로써 〈죽음〉을 암시하고 있다. 이제까지 자신을 지켜 주던 명예와 정결까지 모두 잃었으니 앞으로 남은 일은 퓌그말

> 부수길, 개툴랴의 야르밧이 나를 잡아가길?
> 하다못해 혹여 떠나기 전에 내가 그대에게
> 자손을 얻는다면, 내 안뜰에 나의 자그마한
> 에네앗이 노닐며 그에게서 당신을 찾는다면
> 330 전부 빼앗기고 버려졌다 하지 않을 것인데.」
> 　말했다. 유피테르의 경고에 눈빛을 다잡고
> 끔쩍도 않고 버티며 속으로 시름을 숨겼다.
> 이윽고 짧게 말했다. 「내 그대가 많은 걸 말하며
> 열거할 때, 여왕이여, 결코 부인할 수 없는 건
> 335 그대 은공이니, 난 엘리사를 잊지 않을 것이요.
> 내가 날 기억하고 숨이 이 몸에 붙어 있는 한.

리온이 되었든 아니면 이아르바스가 되었든 주변의 적들로부터 〈죽임〉을 당하는 것뿐이다(Austin).

328행 자손을 : 오비디우스는 〈디도〉 엘레기에서 디도를 현재 임신한 상태로 그리고 있다(이선주, 「오비디우스의 디도 다시 쓰기Heroides VII」, 2011, 서울대학교 서양고전학 석사 논문).

330행 빼앗기고 버려졌다 : 〈기만당하다decepta〉와 함께 디도의 모습에서 우리가 주목할 두 가지 〈빼앗기다capta〉 내지 〈유린당하다〉와 〈버려지다deserta〉가 여기에서 언급되었다. 『변신 이야기』 제14권 81행 이하 〈그리하여 그녀는 저도 속고 모두를 속였다〉에서처럼 오비디우스는 디도의 운명을 이야기할 때 〈아이네아스가 기만하다〉에 주목하고 있다. 앞서 17행의 주석을 보라.

332행 속으로 시름을 숨겼다 : 333~361행은 아이네아스의 첫 번째 연설은 매우 절제되어 있으며 논리적이다. 그래서 오히려 차갑게 느껴지는데 이것은 아이네아스가 일부러 사랑의 감정(시름)을 숨기려 했기 때문이다(Austin).

333행 짧게 : 337행 〈일에 관해 짧게 말하면〉과 함께 아이네아스의 태도를 잘 보여준다. 짐짓 단호하고 객관적으로 대답하려고 일부러 꾸며서 하는 말하고 있다. 실제 디도의 연설보다 길다. 아마 자신의 감정을 다 드러내면서 디도를 설득하려 들었다면 말이 이보다도 훨씬 길어졌을 것이다(Austin).

일에 관해 짧게 말하면, 난 몰래 숨기고 이른바
도망이란 걸 생각도, (지어내지 마시오) 남편의
횃불이란 걸 들거나 약속이란 걸 하지 않았소.
만일 운명이 내 주장대로 내 삶을 살아가길   340
허락한다면, 내 뜻대로 돌볼 걸 정하라 한다면
나는 우선 트로야 도시며, 소중한 내 동포의
유업을 돌볼 것, 프리암의 성곽을 드높일 것,
이 손으로 패자의 펠가마를 재건할 것이오.
허나 그뤼늄의 아폴로께서 커단 이탈랴를,   345
뤼키아 신탁도 이탈랴를 정복하라 명하시니,
이것이 내 사랑, 내 조국이라. 그대가 칼타고를,
그대 페니캬 여인이 뤼비아 도시를 가졌거늘,
왜 테우켈 백성이 오소냐 대지에 정착하는 게
시기할 일인가? 우리도 외지에 왕국을 찾을 뿐.   350
나를 부친 앙키사는 이슬 머금은 그림자로

338행 도망이란 걸 : 305행 이하에서 디도가 아이네아스에게 했던 비난에 대하여 대답하고 있다. 아이네아스는 디도에게 말할 기회를 찾고 있었다 (Williams).

338~339행 남편의 (……) 약속이란 걸 하지 않았소 : 안타깝게도 이 역시 사실이다. 동굴의 사건을 〈혼인〉(172행)이라 부른 것은 디도 혼자만의 해석이다(Williams). 디도의 호의가 무엇 때문인지, 소문이 어떻게 돌고 있는지 충분히 알고 있었을 아이네아스는 자신이 이를 혼인이라고 〈남들에게 대놓고 말한〉 적이 없음을 강조한다.

351행 나를 부친 앙키사는 : 이에 관한 언급은 여기가 처음이다. 제2권의 끝에 짧게 앙키세스의 죽음에 관해 언급하였으나, 이와 관련된 다른 일들은 전혀 언급이 없었다. 실제 앙키세스의 모습은 제5권 722행 이하에서나 볼 수 있다. 아버지에 대한 복종에 이어 354행 이하 아들에 대한 의무와 355행 이

밤이 대지를 감추고 불타는 별들이 뜰 때마다
꿈속에서 걱정스런 모습으로 나무라시며,
나를 어린 아스칸, 아들의 불의가 꾸짖었소.
355 저녁 땅의 왕국, 운명의 땅을 내가 속인다고.
더구나 유피테르께서 보내신 신들의 전령도
(우리 둘의 머리에 맹세코) 빠른 바람에 명령을
가져오셨소. 분명 내 눈으로 보았소, 신께서
도시로 드시는 걸. 그 말씀을 내 귀로 들었소.
360 불평으로 나나 그대 자신을 괴롭히지 마시오.
이탈랴행은 내 뜻이 아니오.」
 이렇게 말하는 그를 등지고 비켜서서 내내
이리저리 눈을 흘기며 온몸을 훑어보았다.
말없는 눈빛으로 불을 뿜으며 이렇게 말했다.
365 「여신이 그대 모친, 달다늣이 선조가 아니며

하 신들의 경고까지 우리가 익히 알고 있는 아이네아스의 〈충직함*pietas*〉이 강조된다(Austin).

356행 더구나 유피테르께서 : 이하 359행까지 아이네아스는 떠나기로 한 결정에서 자신을 분리시켜, 이렇게 분리시키는 것이 정당함으로 맹세하고 확증하고자 한다. 스스로도 인정할 수밖에 없는 잘못된 행동에 대한 심리적 부담을 덜기 위한 것이다.

361행 이탈랴행은 내 뜻이 아니오 : 미완성의 시행이다. 아이네아스는 이탈리아로 떠나지 않고 사랑하는 디도와 카르타고에 머물고 싶은 것이 자신의 뜻임과 동시에 이미 〈이탈리아행〉이 결정되었음을 말하고 있다. 디도를 〈배신하고 도망치는 짓〉을 괴로워하고 있다(Austin).

365~387행 : 디도의 연설은 먼젓번과는 달리 분노와 증오로 가득하며, 상대방에 대한 비방과 저주만으로 가득하다. 더 이상의 설득과 대화는 불가능해 보인다. 디도는 아이네아스가 내세운 출발의 이유를 전혀 받아들이지 않고 있다.

배신자여, 그댈 낳은 건 거친 암벽의 험악한
코카숫, 그대를 젖먹인 건 휠카냐의 범이오.
왜 속을 감추며, 뭐가 더 남았다고 말을 아낄까?
내 눈물에 그는 슬퍼했는가? 안중에 있는가?
승복의 눈물을 짓거나 연인을 불쌍타 하는가?   370
무얼 뭐보다 먼저 말할까? 더는 크신 유노께서,
사툰의 아드님 아버지께서 좌시하진 않을 것.
의리는 사라졌다. 떠밀려 온 모두 잃은 그를
구했고, 내가 미쳤지, 왕권을 나눠 주었구나.
잃었던 함대를, 전우들을 죽음에서 구했건만.   375
(분노가 타오르는구나) 이제 예언의 아폴로,
이제 뤼키아 신탁, 이제 유피테르께서 보내신
신들의 전령이 무서운 명령을 날라 왔다고.
그가 신들의 근심, 평온한 분들의 걱정인가
봅니다. 그댈 잡지도 시비도 가리지도 않으니.   380

366~367행 그댈 낳은 건 거친 암벽의 험악한 코카숫 : 『일리아스』 제16권 33행 이하. 〈무정한 자여, 그대의 아버지는 전차를 타고 싸우는 펠레우스가 아니고 그대의 어머니도 테티스가 아니오. 번쩍이는 바다와 가파른 벼랑이 그대를 낳았음이 분명하오. 그만큼 그대의 마음은 완강하오.〉

368행 왜 속을 감추며, 뭐가 더 남았다고 말을 아낄까 : 이제 디도는 자신의 탄원과 애원이 전혀 받아들여질 여지가 없음을 확인하였다. 369~371a행에서 자신의 비방과 저주에 대한 스스로의 정당성을 확보한다(Austin).

374행 내가 미쳤지 : 콘테의 편집 의도에 따르면 〈내가 사랑에 제정신을 잃고서〉라고 이유를 보충하고 있다. 여기에서는 〈미친demens〉만을 독립시켜 자신의 행동을 열거하는 가운데 이를 스스로 자책하는 간투사로 보았다.

379~380행 그가 신들의 근심, 평온한 분들의 걱정인가 봅니다 : 역설적인 발언이다. 디도는 본성상 신들은 인간사에 전혀 개입하지 않는다는 에피

가세요. 바람을 좇아 물 건너 이탈랴로 가세요.
충직한 신령이 할 수 있다면, 바라건대 도중에
암초에서 속죄의 잔을 비우며 디도의 이름을
거듭 외치길. 난 검은 불길로 멀리서 따라가고
385 차가운 죽음이 내 영혼을 몸에서 갈라놓으면
혼백으로 어디든 가리! 악한아! 죄를 받으면
저승에 있어도 소식은 전해져 내가 들으리다.」
이렇게 말하고 대화를 끊더니 바깥바람이
싫어 도망쳐 세상눈을 피하여 몸을 숨겼다.
390 두려움에 많이 주저하는 그를 떠났다. 많이
준비한 말을. 시녀들은 기진한 손발을 받쳐
대리석 침실로 데려가 침대에 눕혀 놓았다.

쿠로스의 종교관을 반영하고 있다. 『사물의 본성에 관하여』 제1권 44행 이하.
〈왜냐하면 신들의 모든 본성은 자체로 최고의 평화 속에, 우리의 일들로부터
나뉘어 멀리 떠나 불멸의 세월을 즐기는 것이어야 하기 때문입니다. 그 본성
은 모든 슬픔을 벗어난, 위험들을 벗어난, 스스로 자신의 풍요함으로써 권능
을 지닌, 우리를 전혀 필요로 하지 않는 것이며, 제물로써 환심을 살 수 있는
것도 아니고, 또 분노와 접촉하지 않는 것이니까요.〉

384행 검은 불길로 멀리서 따라가고 : 디도는 〈검은 불길〉이라는 단어로
써 스스로를 복수 여신들로 그리고 있다(Williams). 복수 여신들은 손에 횃
불 혹은 회초리를 들고 있으며 머리에는 뱀들이 머리카락을 대신한다. 디도는
아이네아스의 거짓말을 지적하고 있다. 『일리아스』 제19권 259행 이하. 〈대
지와 태양과 거짓 맹세한 자를 지하에서 벌하시는 복수 여신들도 증인이 되어
주소서.〉

388~389행 바깥바람이 싫어 도망쳐 세상눈을 피하여 몸을 숨겼다 : 450행
이하. 〈불행한 디도는 운명에 두려움을 느끼며 죽음을 원했다. 하늘의 궁륭을
보기가 싫었다.〉 디도의 절망적인 심경을 드러내고 있다. 이후로 디도는 자신
의 궁전으로 들어가 밖으로 나오지 않았다.

    충직한 에네앗은 슬퍼하는 그미를 찬찬히
달래며 말로써 분노를 돌려놓으려 했지만,
많은 아픔과 커단 사랑에 마음은 찢어지지만,   395
신들의 명령을 따랐으며 함대로 돌아갔다.
그때 테우켈 백성은 일에 매달려 해안에 온통
높은 배들을 내렸다. (갓 칠한 배가 물을 갈랐다)
숲에서 가져온 건 푸른 잎 그대로의 노, 나무는
떠날 욕심에 손질도 되지 않았다.   400
온 도시에서 달려와 떠나려는 자들을 보시오.
꼭 그렇게 마치 개미들이 거대한 식량 창고를
털어 겨울을 생각하며 집에 쌓아 놓을 때처럼.
흑암의 군대가 들에서 풀밭을 헤쳐 노획물을
좁다란 길로 운반한다. 일부 큼직한 곡식을   405
어깨에 지고 옮기고 일부 군대를 재촉하며
태만을 꾸짖는다. 일로 길이 온통 뜨거웠다.

393행 충직한 에네앗은 : 이하 396행까지 〈충직함 *pietas*〉에 대한 베르길리우스의 설명이 뒤따른다. 아이네아스는 유피테르의 명령, 아버지의 경고, 아들에 대한 책임감 때문에 디도를 두고 떠날 수밖에 없었다. 하지만 아이네아스도 지금 디도와 함께 머물러 있기를 간절히 원하고 있다.

397행 그때 테우켈 백성은 : 아이네아스의 일행에게 제대로 준비할 시간적 여유가 없으며 아무래도 미흡한 점이 너무 많다. 배에 새로 바른 칠은 아직도 제대로 마르지 않았고, 배를 저을 노 또한 아직 제대로 마르지 않은 생나무다. 아이네아스의 갑작스러운 결정에 힘들어하는 것은 디도뿐만 아니다. 419행을 보면 디도도 전혀 예상하지 못했던 일이다. 오스틴과 윌리엄스는 앞서 294행 이하에서 마찬가지로 선원들이 기쁜 마음으로 떠날 준비를 서두르고 있다고 보았지만 성급한 결론이다.

400행 : 미완성의 시행이다.

디도여, 이런 걸 보았을 때 어떤 생각을 했는가?
어떤 비탄을 토했는가? 길게 해안이 뜨거운 걸
성곽 꼭대기에서 내려다볼 때, 바다가 온통
엄청난 함성으로 뒤섞인 걸 목격하였을 때.
무정한 사랑아! 사람에게 못 할 일을 시키누나.
눈물로써 다시 찾아가 다시 빌어 물어보라
시키고, 분노를 삭이면서 사랑에 탄원하라,
뭔가 시도조차 하지 않고 헛되이 죽지 말라.
「안나, 너도 보았다. 바닷가에 온통 북적대는 걸,
사방에서 몰려든 걸. 돛은 벌써 바람을 청하고,
선원들은 전함마다 꽃을 걸며 즐거워하는 걸.
이런 아픔을 만일 내가 예측할 수 있었다면
견딜 수도 있었겠지. 동생, 이것 하나만 가련한
날 위해 해주어라. 안나, 배신자는 오직 한 명

408행 디도여 : 이하 412행까지 앞서 65행에서 마찬가지로 베르길리우스가 이야기 속으로 들어와 슬퍼하고 고통스러워하며 분노하고 있는 디도에게 말을 건다. 시인은 횡포를 휘두르는 사랑이 이제 디도에게 사람이 차마 감당할 수 없는 일을 시키고 있음을 안타깝게 지켜보고 있다.

415행 헛되이 죽지 말라 : 〈헛되이〉는 베르길리우스의 개입이 아니라 디도의 생각을 반영한다. 윌리엄스의 해석과 달리 432행 이하에서 보듯이 디도는 죽을 결심을 하지 않았다(Austin). 〈인생을 헛되이 무의미하게 마감하다〉의 뜻으로 디도가 〈속고 뺏기고 버려진 자신〉을 두고 하는 말이다.

418행 선원들은 전함마다 꽃을 걸며 즐거워하는 걸 : 〈선원들의 기쁨〉은 디도의 관점에서 그렇게 보일 뿐이다. 선원들이 전함에 꽃을 거는 것은 무사히 목적지에 도착하길 바라는 마음에서 치르는 제의에 속할 뿐, 이것을 가지고 선원들이 기뻐하고 있다고 결론을 내리는 것(Austin)은 어리석은 일이다. 295행의 주석을 보라.

너는 신뢰하여 속내를 네게 터놓으니 말이다.
너만은 그가 수긍할 말과 때를 찾을 수 있겠지.
가라, 동생아. 오만한 적에게 탄원하여 말해라.
난 다나웃과 함께 트로야를 파괴하겠노라던   425
아울릿의 맹세로 함댈 펠가마로 보낸 적 없고,
부친 앙키사의 시신과 영령을 범한 적 없거늘,
왜 내 말을 그는 완강히 귀에 담으려 않는가?
어디로 가는가? 가련한 사랑에게 마지막 호의,
그가 손쉬운 도주, 데려다 줄 바람을 기다리길.   430
저버린 혼인은 이미 지난 일. 간청하지 않겠다.
잘난 라티움을 잊으라고, 그 왕국을 버리라고.
내가 승복하여 슬퍼하는 법을 배우는 동안   434
난 그저 촌음을, 광염이 아물 시간을 원할 뿐.   433

422행 너는 신뢰하여 속내를 네게 터놓으니 말이다 : 전승에 따르면 안나와 아이네아스는 서로 사랑하였다. 안나와 아이네아스가 속에 있는 말을 주고받을 정도로 친분이 있는 것을 이런 전승과 연결시킬 수 있다. 베르길리우스가 직접 언급하지는 않았지만 아이네아스는 안나를 통해 계속해서 말을 전하고 있었을 것이다(Austin).

424행 적에게 : 아이네아스에 대한 디도의 호칭은 계속 바뀌고 있는데, 〈남편coniunx〉에서 323행 〈남hospes〉으로, 다시 〈적hostis〉에 이르렀다(Williams).

426행 아울릿의 맹세로 : 『일리아스』 제2권 302행 이하. 〈프리아모스와 트로이아 인들에게 재앙을 가져다주기 위하여 아카이아인들의 함선들이 아울리스에 집결했던 것이 나에게는 꼭 엊그제 일만 같소.〉

427행 부친 앙키사의 시신과 영령을 범한 적 없거늘 : 디도는 앙키세스의 죽음을 제3권 끝에서 아이네아스의 언급을 통해 알게 되었다. 다시 한 번 351행에서 아이네아스는 아버지의 현몽을 언급하였다. 디도는 〈새로운 조국〉을 찾으라는 〈아버지〉의 뜻을 훼손하려는 뜻이 아님을 강조한다.

432행 라티움 : 제1권 205행의 주석을 보라.

435　이게 마지막 소원이다. (언니를 가엽게 여겨라)
　　그가 허락한다면 이에 보태어 죽을 때 갚겠다.」
　　　이렇게 간청했다. 눈물의 하소연을 가련한
　　동생은 전하고 또 전했다. 요지부동 그는 어떤
　　하소연에도 혹은 부드러운 말도 듣지 않았다.
440　운명이 막고, 신이 사내의 얇은 귀를 닫았던 것.
　　마치 세월을 이겨 낸 힘으로 굳센 참나무처럼.
　　알프스의 북풍이 몰려와 이리저리 흔들어
　　뿌리 뽑으려 다툴 때 신음하며 높다란 가지의
　　나뭇잎들은 가지에서 떨어져 땅에 눕지만,
445　참나무는 암벽에 매달리니, 머리는 천공의
　　대기에 이르고, 뿌리는 타르타라에 뻗어 있다.
　　꼭 그렇게 간곡한 하소연에 이리저리 영웅은
　　시달리고 가슴은 온통 괴로움을 느꼈지만

435행 죽을 때 : 원문 〈죽음 morte〉을 자살의 암시로 보기는 어렵다(Austin). 〈죽을 때까지 호의를 잊지 않겠다〉의 뜻을 보아야 한다.

440행 사내의 얇은 귀 : 원문 〈placidas〉를 선취법으로 이해하여 〈신들이 그의 귀를 막아 그는 평온하였다〉라고 이해하는 경우도 있다(Austin). 하지만 여기에서는 〈너그러운, 관대한〉이라고 읽었다. 아이네아스의 마음은 448행에서처럼 흔들리고 있었고, 신들은 그의 마음에 그때마다 운명을 상기시켰다.

441행 참나무처럼 : 『일리아스』 제12권 131행 이하. 〈이 두 사람이 높다란 문 앞에 서 있었으니, 그 모습은 마치 가지를 높이 뻗은 참나무들이 산속에서 굵고 긴 뿌리들을 튼튼히 박고 서서 비바람에도 사시사철 잘 견디어 낼 때와도 같았다.〉 『일리아스』 제16권 765행 이하. 〈마치 동풍과 남풍이 서로 힘을 겨루며 산골짜기에서 울창한 숲을 뒤흔들고, 참나무들과 물푸레나무들과 껍질이 질긴 꽃층층나무들이 무시무시한 소리를 내며 긴 가지들을 서로 부딪쳐 가지 부러지는 소리가 요란하게 울려 퍼지듯이……〉

마음은 완강했다. 헛된 눈물이 흘러내렸다.
    그때 불행한 디도는 운명에 두려움을 느끼며 450
죽음을 원했다. 하늘의 궁륭을 보기가 싫었다.
계획을 감행해 광명을 버리게 더욱 부추긴 건
향을 태우는 제단에 제물을 바치다 목도한 것.
(말하기도 두렵다) 제단의 성수가 검게 변하고
뿌려진 포도주가 불길한 피로 변했던 것이다. 455
본 걸 누구에게도, 동생에게도 말하지 않았다.
또한 궁에는 대리석으로 지은 사당이 있었다.
전남편 사당을 놀라운 정성으로 돌보았으니,
하얀 양털과 축제의 푸른 잎으로 장식하였다.
이곳에서 말소리가 들려왔다. 남편이 부르는 460
소리를 들은 듯했다. 땅거미가 지는 밤마다.
또한 지붕 위 한 마리 올빼미는 만가를 부르며
때로 곡하며 목 놓아 한없이 울어 대는 듯했다.
또한 지난날 예언자들이 들려준 많은 예언의

449행 마음은 완강했다. 헛된 눈물이 흘러내렸다 : 아우구스티누스는 『신국론』 제9권 4에서 이 눈물을 아이네아스의 눈물로 보았다. 〈그와 같이 그의 마음이 확고하였고, 격정이 비록 영혼의 약한 부분에서는 그러했지만, 비이성적으로 커지도록 허락하지 않았다 *ita mens ubi fixa est ista sententia nullas perturbationes, etiamsi accidunt inferioribus animi partibus, in se contra rationem praevalere permittit.*〉 이로써 영웅의 내면적인 갈등을 더욱 극명하게 드러낸다(Pöschl). 이와 달리 디도 혹은 디도의 대리자 안나의 눈물로 보는 주석가들도 많다.

464행 지난날 예언자들이 : 예전 디도는 자신이 무시하였던 예언들이 정확히 들어맞는 것을 보고 매우 놀라고 있다(Austin). 베르길리우스는 이에 관해 언급하지 않았다.

465 섬뜩한 경고에 놀랐다. 광염의 그녀를 직접
포악한 에네앗이 꿈에 쫓았고, 언제나 버려진
여왕만이 홀로, 언제나 배행하는 이 없이 오랜
길을 헤매며 사막에서 튀리아를 찾고 있었다.
마치 자비 여신들을 보는 실성한 펜테웃에게
470 태양이 둘로 보이고, 테베가 둘로 보일 때처럼.
혹은 무대 위에 아가멤논의 오레텟이 쫓기면,
473 그는 도망치고 복수 여신들은 문가에 앉았고
472 횃불과 검은 독사로 무장한 모친을 볼 때처럼.
　　그래서 아픔에 무너져 광기를 가슴에 품고
475 죽기를 결심했다. 자신이 직접 시기와 방법을
결정하고 슬퍼하는 동생에게 이렇게 말했다.
속셈을 숨기고 얼굴에는 희망을 내세우면서.
「동생아, 나는 길을 찾았다. (언니를 축하해 주렴)

466행 꿈에 쫓았고 : 『아르고호 이야기』 제3권 615행 이하. 〈한편 그 처녀는 침상에 올라 누웠고, 깊은 잠이 그녀를 고통으로부터 휴식하게 하였다. 하지만 고통을 지난 자들에게 그러하듯, 기만적인 존재, 무서운 꿈들이 곧 그녀를 괴롭히기 시작했다.〉

468행 튀리아를 찾고 있었다 : 321행 〈튀리아도 분노하고〉에서처럼 디도는 명예를 잃은 자신을 카르타고 백성들이 떠나 버리지 않을까 염려하고 있다. 이하 546행도 마찬가지다.

470행 태양이 둘로 보이고, 테베가 둘로 보일 때처럼 : 에우리피데스 『박코스 여신도들』 918행 이하. 〈내게는 저기 하늘의 해도, 여기 일곱 성문의 테바이 시도 둘로 보이는 것 같구려.〉

473행 복수 여신들 : 제7권 346행 이하와 456행 이하 복수 여신들 가운데 알렉토의 모습이 자세히 설명되고 있는데 머리카락은 뱀으로 불을 손에 들고 있다. 클뤼타임네스트라도 복수 여신들과 같은 모습을 하고 있다(Williams).

그를 되찾거나 내가 사랑에서 벗어날 길을.
오케안의 끝자락, 태양이 저무는 곳 옆에는   480
에티오펫의 먼 나라가 있어, 거인 아틀랏이
불타는 별들의 하늘을 어깨에 돌리고 있지.
게서 맛쉴리 부족의 무녀가 나에게 나타났다.
석양 요정들의 사제로 무녀는 용에게 밥을
챙기며 신성한 나뭇가지들을 돌보고 있다.   485
축축한 꿀과 깊은 잠의 양귀비를 흩뿌리면서.
무녀는 주문을 외워 마음을 위로한다 말하며
원한다면 잔혹한 고통을 남들에게 보내 준다,
강물을 멈춘다, 별이 거꾸로 돌게 한다 말한다.
저승의 망령을 불러내니, 너는 으르렁거리는   490
발밑의 대지, 산을 내려오는 물푸레를 볼 게다.
소중한 동생아, 신들과 네게 맹세코, 또 너의
머리에 맹세코 마법을 쓰는 건 내 뜻이 아니다.
너는 남몰래 궁전 깊은 곳 마당에 화장목을
쌓아라. 그리고 침실에 걸어 둔 패륜아가 남긴   495
무기도, 그리고 옷가지 모두와 혼인의 침대,

480~491행 : 디도는 안나에게 에티오피아에서 온 무녀에 관해 설명하고 있다. 무녀는 서쪽 끝 황금 사과나무를 지키는 용들을 돌보고 있으며, 온갖 기적을 행할 수 있는 능력을 갖고 있다.

489행 강물을 멈춘다, 별이 거꾸로 돌게 한다 : 『아르고호 이야기』 제3권 531행 이하 〈또 그녀는 시끄럽게 흐르는 강들을 금세 멈추고, 별들과 신성한 달의 길들을 묶지요.〉

495행 : 〈충직한 에네앗〉과 대조를 이루고 있는바, 디도는 자신에게 지켜야 할 도리를 다하지 않는 아이네아스를 질타하고 있다(Austin).

내 파멸의 물건도 위에 얹어라. 없애라! 잔인한
　　사내를 기억하는 모든 걸. 무녀의 지시였다.」
　　이렇게 말하고 말이 없었다. 얼굴은 창백했다.
500　허나 안나는 뜻밖의 비의로 죽음을 숨기려는
　　언니를 믿었고, 마음에 깃든 끔찍한 광기를,
　　쉬케웃이 죽을 때보다 큰 일을 짐작도 못했다.
　　해서 시킨 걸 준비했다.
　　　여왕은 집 안 깊숙한 곳 안마당에 화장목이
505　커단 소나무와 참나무를 쌓아 올려 세워지자,
　　화관을 엮어 장례식의 푸른 잎으로 그곳을
　　장식했다. 그 위에 옷가지며 놓아둔 칼을 얹고
　　그의 초상을 보탰다. 하게 될 일을 알고 있었다.
　　옆에 제단이 세워지고 무녀는 머리를 풀고

500행 허나 : 디도가 희망적인 표정으로 속내를 감추고 있었기 때문에 안나는 디도의 자살 결심을 눈치채지 못하였으며, 이제 얼굴이 창백해지는 것을 보았음에도 안나는 전혀 알아채지 못한 것 같다(Austin).

502행 쉬케웃이 죽을 때보다 큰 일을 : 디도는 전남편 쉬카이우스를 잃었을 때보다 더 큰 상처를 입었으며, 당시에는 시련을 견뎌 내고 고향을 떠나 카르타고에 정착하는 강인함을 보여 주었지만, 아이네아스로부터 받은 상처가 그 이상이었음을 안나는 알지 못했다(Austin).

503행 : 미완성의 시행이다.

508행 하게 될 일을 알고 있었다 : 474행 이하에서 디도는 자살을 결심하였고, 화장목을 쌓은 위에 〈칼〉을 올려놓았다. 이 칼로 디도는 어떤 일을 하게 될지를 잘 알고 있었으며, 그 외의 다른 사람들은 전혀 이를 짐작하지 못했다(Austin). 디도가 하는 역할은 517행에서 보듯이 무녀의 제사를 옆에서 보조하는 것이다. 무녀가 사랑을 없애는 마법을 부리고 있는 동안, 디도는 아무도 몰래 자신의 죽음을 준비하여 신들에게 자신의 억울함을 갚아 줄 것을 빌고 있다.

삼백 신위를 부르짖었다. 에레붓을, 카오스를,　510
삼위일체 헤카타, 세 얼굴의 처녀신 디아나를.
또 아벨늣 호수에서 떠 온 거라며 물을 뿌렸다.
또 찾은 것은 청동 밀낫으로 달밤에 베어 낸
치명적인 검은 진액이 흘러나오는 독초였다.
또 찾은 것은 갓 태어난 망아지 머리서 떼어 낸　515
어미에 앞서 뺏은 사랑의 약.
여왕도 경건한 손으로 제물을 들고 제단 옆에
끈을 풀어 한쪽 신발을 벗고, 허리띠를 풀고서
죽기에 앞서 불렀다, 신들과 운명의 증인이 될
별들을. 어떤 신이든 공정치 못했던 사랑의　520
아픔을 기억할 공정한 신에게 기도를 올렸다.
　밤이 되었다. 평화로운 단잠을 청하며 지친

511행 삼위일체 헤카타, 세 얼굴의 처녀신 디아나를 : 디아나 여신은 하늘의 달, 숲의 사냥꾼, 지하의 마법사라는 세 가지 모습으로 등장한다. 헤카타 혹은 헤카테스와 동일시된다(Williams).

512행 아벨늣 호수 : 아베르누스 호수는 캄파니아 지방 쿠마이에 위치한 호수로 시인들에 의해 저승으로 들어가는 입구라고 불린다(Williams).

516행 : 미완성의 시행이다.

518행 끈을 풀어 한쪽 신발을 벗고, 허리띠를 풀고서 : 513행 독초를 베는 데 밀낫을 사용하되 낫은 청동을 만든 것만을 사용할 것을 포함하여 여기서 신발을 벗고 옷의 매듭을 모두 풀어 놓는 것 또한 이런 종류의 제사에서 반드시 지켜야 하는 것들이다(Austin).

522~528행 : 『아르고호 이야기』 제3권 743행 이하. 〈그때 밤이 어둠을 땅 위로 끌어오고 있었다. 바다에 있는 선원들은 배에서 큰곰자리와 오리온의 별들을 바라본다. 어떤 나그네와 문지기는 벌써 잠을 바란다. 죽은 아이의 어떤 어머니를 깊은 잠이 감싸 덮는다. 더 이상 도시에는 개 짖는 소리도, 울리는 목소리도 없었다. 침묵이 깊어 가는 어둠을 차지하고 있었다.〉

　　　　육신들이 대지에 눕고 숲과 사나웠던 바다가
　　　　소요했다. 별들은 운행의 고비를 돌고 있었다.
525　　들판, 가축들과 색 고운 새들이 모두 침묵했다.
　　　　넓고 맑은 물가에 사는 것이나, 덤불이 우거진
527　　산촌에 사는 것이나 적막한 밤 잠들어 있었다.
529　　마음이 불행한 페니캬 여인은 그렇지 못했다.
530　　잠들지 못했다. 눈으로 혹은 가슴으로 밤을
　　　　취하지 못했다. 아픔은 커지고 다시 샘솟는
　　　　사랑은 사납게 커단 분노의 열기로 파도쳤다.
　　　　이렇게 뇌며 저 혼자 마음속으로 고민했다.
　　　　「어쩌지? 조롱당했으니 다시 옛 청혼자에게
535　　청해 보나? 유목민과의 혼인을 간청해 볼까?
　　　　매번 나는 남편감으로 거들떠보지 않았건만.
　　　　혹 일리온 배를 따라가 테우켈 인들의 더없는
　　　　노욕에 복종할까? 어때 앞서 도움을 받았으니
　　　　고마움에 옛 호의를 잊지 않고 보답하겠지?

　528행 : 편집자(Conte)의 뜻에 따라 생략한다. 제9권 225행과 일치한다.
〈고통을 잊고서 심장도 아픔을 내려놓았다.〉 이 시행은 『아르고호 이야기』
제3권 746행 이하에서처럼 자식을 잃은 어미의 아픔을 암시한다.
　534행 다시 : 디도는 앞서 35행 이하 안나의 지적이나 213행 이하 이아르
바스의 기도에서 볼 수 있듯이 청혼을 하던 남자들을 모두 거절하였다. 여기
서 〈다시〉는 앞서 청혼자들에게 이제는 〈반대로〉 자신이 청혼을 해볼까 함을
의미한다.
　537행 더없는 : 원문 〈ultima iussa〉는 〈극악한 명령〉을 의미한다. 오비디
우스의 『여인들의 편지』에서 디도도 아이네아스를 따라갈 수만 있다면 어떤
굴욕도 감내하겠다고 말하고 있다(Williams).

내가 원한다 해도 과연 오만한 전함이 꺼리는 540
날 받아 줄까? 여태도 모르느냐? 한심한 여자야!
라오메돈 자손의 배은망덕을 알지 못하느냐?
어쩐다? 혼자서 도망해 즐거운 선원을 따를까?
아니면 튀리아 백성들을 모아 모두 거느리고
따를까? 시돈의 도시에서 데리고 나온 이들을 545
또 바다로 나가 돛을 올려라 명령해도 좋을까?
아니 가능한 건 죽는 것. 칼로 고통을 끊어라!
너는 내 눈물에 설득되어, 네가 먼저 내 광기에
동생아, 이런 짐을 안겼고 적에게 던져 주었다.
가만두지 않았다. 혼인을 모르는 죄 없는 삶을 550
짐승처럼 살아가며 고통을 몰랐을 것인데.

540행 내가 원한다 해도 : 아내가 아니라 노예로라도 아이네아스를 따라 가겠다고 말한다면 그는 지난날의 고마움을 잊지 않고 나를 받아 줄 것이라고 말하는 한편, 이어 이마저도 받아들여지지 않을 것이라고 고쳐 생각한다. 왜냐하면 그는 은혜를 모르는 배은망덕한 사람이기 때문이다.

543행 어쩐다 : 디도는 다시 생각을 고쳐 아이네아스가 자신을 받아 준다면, 자신들의 백성들을 모두 데리고 갈지 아니면 혼자 따라갈지를 놓고 고민한다.

545행 따를까 : 543행 〈따를까〉와 같은 뜻으로 원문 〈inferar〉를 해석해야 한다. 몇몇 주석가들이 아이네아스 일행을 쫓아가 공격할지를 고민하는 것처럼 해석한다(Austin).

547행 아니 가능한 건 죽는 것 : 디도는 옛 청혼자를 받아들일지 아니면 아이네아스를 따라갈지, 따라간다면 혼자 갈지 아니면 백성들을 데려갈지 등을 모두 고민하였으나 그 모든 것들이 불가능한 것을 깨닫고 유일한 선택지는 죽음임을 말하고 있다(Austin).

550행 가만두지 않았다 : 〈안나〉를 의미상 목적어로 보아야 할 것이다. 디도는 과거 자신을 설득했던 안나를 원망하고 있다(Austin).

551행 짐승처럼 : 여기서 〈짐승처럼〉은 550행의 〈죄 없는〉의 다른 표현으

쉬케웃 주검에 약속한 신의를 지키지 못했다.」
여왕은 제 가슴속의 커단 비탄을 쏟아 냈다.
　에네앗은 벌써 떠날 결심으로 높은 선미에서
535 벌써 제대로 준비를 마치고 잠에 빠져 있었다.
똑같은 얼굴로 되돌아온 신의 모습이 그에게
꿈속에 보였다. 또 말하려는 것처럼 보였다.
모든 게 메르쿨과 흡사했다. 목소리, 얼굴빛,
황금 머리카락, 청춘으로 건장한 팔다리까지.
560 「여신의 아들아, 이런 위기에 너는 잠을 자느냐?
주변에 어떤 위험이 도사리고 있는지 모르고
어리석게도, 순한 서풍이 부는 게 안 들리느냐?
여왕은 속임수와 끔찍한 만행을 가슴에 담고
죽길 각오하고 갖은 분노의 격랑을 토한다.

로 순진하고 단순한 삶을 의미한다(Austin). 디도는 홀몸으로 계속 살았다면 지금과 같은 고통도 없을 것이며 죄도 없었을 것이라며 후회하고 있다. 여기서 〈죄〉는 다만 약속을 지키지 못함을 가리킨다. 디도는 첫 남편의 주검에 걸고 한 다짐을 지키지 못했다.

555~559행 : 『일리아스』 제23권 62행 이하. 〈마침내 달콤한 잠이 마음의 근심을 쫓아 주며 주위로 쏟아져 그를 엄습했을 때 (……) 가련한 파크로클로스의 혼백이 그를 찾아왔다. 그 체격이며 고운 눈이며 목소리며 모든 것이 생전의 그 자신과 조금도 다름없었고, 옷도 똑같은 것을 입고 있었다.〉

559행 청춘으로 건장한 팔다리까지 : 『일리아스』 제24권 347행 이하. 〈이것을 손에 들고 강력한 아르고스의 살해자는 날아갔다. 그는 재빨리 트로이아와 헬레스폰토스에 이르러 이제 갓 수염이 나기 시작한 한창때의 젊은 귀공자의 모습을 하고 길을 걸어갔다.〉

563행 여왕은 속임수와 끔찍한 만행을 가슴에 담고 : 메르쿠리우스는 아이네아스에게 진실을, 듣는 자가 오해할 수 있을 묘한 방식으로 전하고 있다(Austin).

서두를 수 있을 때 서둘러 도망하지 않느냐? 565
만일 새벽이 이 땅에 꾸물거리는 너를 본다면 568
그땐 보리라, 바다에 전함이 가득하고 잔혹한 566
횃불이 불을 밝히고 화염이 해안을 채운 걸. 567
지체하지 마라! 늘 오락가락 변덕스러운 게
여자니라!」 말하고 밤의 칠흑에 몸을 숨겼다. 570

   그때 에네앗은 느닷없는 현현에 크게 놀랐다.
잠에서 몸을 일으켜 전우들을 흔들어 깨웠다.
혼비백산.「사람들아, 일어나라! 노를 저어라!
서둘러 돛을 펼쳐라! 높은 하늘에서 온 신께서
탈출을 서두르라, 엮어 놓은 닻줄을 끊어라, 585
또 명하셨다. 따릅니다. 신들 중의 고귀한 이여!
그대 뉘시든 또 기뻐하며 분부에 복종합니다.
함께하시며 너그럽게 도우사, 하늘의 별들을
밝게 하소서.」 말하고 칼집에 들었던 칼을 뽑아
섬광같이 휘둘렀다. 내리친 칼에 줄이 잘렸다. 580
순간 열기가 모두를 사로잡아 채는 듯 달렸다.
해안을 떠났다. 전함들 아래 바다가 갈렸다.

564행 죽일 각오하고 : 신들의 전령은 디도의 자살을 생각했을 수도 있으나, 아이네아스에게는 그저 디도가 복수를 각오하였으며 복수를 위해 목숨이 다할 때까지 싸울 것임을 알려 주는 것으로 들렸을 것이다(Conington). 제6권 458행 이하에서 디도를 하계에서 다시 볼 때까지 아이네아스는 디도의 자살을 알지 못한다(Austin).

577행 그대 뉘시든 : 메르쿠리우스가 아닐 수도 있다고 생각하고 있는 것은 아니다. 〈그대 뉘시든〉은 제례에서 사용된 일종의 공식 어구다. 제1권 330행과 제9권 22행을 보라(Williams).

힘을 다해 거품을 일으키며 바다를 지나갔다.

그런 중에 새로운 아침을 대지에 흩뿌리는
585 새벽이 티토놋의 주황색 침대를 떠나왔다.
여왕은 망루에서 이른 아침이 밝아오는 걸,
돛을 나란히 펼친 배들이 떠나가는 걸 보았다.
뱃사람들이 떠난 항구와 바닷가를 보았다.
손을 들어 세 번 네 번 아름다운 가슴을 치며
590 금빛 머리칼을 쥐어뜯었다. 「유피테르여! 지금
이방인이 내 나라를 조롱하면서 떠나갑니까?
무장을 챙겨 온 도시는 그를 추격하지 않느냐?
선착장에서 배를 빼오지 않느냐? 어서 가자!
서둘러 불덩이를, 화살을 쏘아라! 노를 저어라!
595 뭐라 말하는가? 여기가 어딘가? 제 정신인가?
불행한 디도야! 이제 패륜이 가슴에 와 닿느냐?
왕권을 내줄 때 그럴 것을! 과연 큰 신의로다!

583행 힘을 다해 거품을 일으키며 바다를 지나갔다 : 앞서 제3권 208행과 같다.
585행 티토놋의 주황색 침대를 떠나왔다 : 『일리아스』 제11권 1행 이하. 〈이제 새벽의 여신이 불사신들과 인간들에게 빛을 가져다주려고 당당한 티토노스의 곁 그녀의 잠자리에서 일어났다.〉
596행 패륜이 : 디도는 진작 알아채지 못했던 자신을 질타하고 있다. 오스틴은 〈패륜facta impia〉이 쉬카이우스의 행동을 의미하며, 아이네아스의 행동이라는 해석을 배제하였다. 하지만 이어지는 부분의 아이네아스 비난을 고려하면 그렇게 해석할 수 없다.
597행 과연 큰 신의로다 : 디도의 역설적인 발언으로 이제 아이네아스를 질타한다. 그가 했던 말들이 과연 진실이었는지 의심스럽다고 말하고 있다.
598~599행은 아이네아스가 〈충직한 인물pius Aeneas〉임을 알려 주는 증거

조국 땅의 신주를 맡아 옮겨 간다고 알려졌고
세월에 지친 부친을 업고 다녔다고 하였던가.
나는 그를 사로잡아 육신을 찢어 파도 위에   600
뿌릴 수 없었던가? 그의 전우들을? 칼로 도륙한
아스칸을 아비의 식탁에 올릴 수는 없었던가?
전쟁의 승패는 확신할 수 없었으되, 상관없다.
죽기로 하면 뭔들 두려우랴? 막사에 불을 던져
갑판과 선원들과 아비를 불태워 버릴 것을!   605
그 불에 몸을 던져 그 족속과 함께 산화할 것을!
지상의 모든 과업을 불로 밝히시는 태양이여!
그대 이런 근심의 중재자며 증인이신 유노여!
온 도시 밤 깊은 삼거리에 울부짖는 헤카타,
복수 여신들과 죽어갈 엘리사의 신들이시어!   610
이를 이루소서! 악행에 마땅한 벌을 내리소서!

였다.

600~606행 : 디도는 진작 그렇게 했어야 했으나, 실제 그렇게 하지 못했던 것들을 열거한다. 이것들 가운데 희랍 신화의 잔혹한 행동들이다. 우선 메데이아는 고향에서 도망치면서 시간을 벌기 위해 동생을 죽여 육신을 찢어 바다에 던졌다고 한다. 아트레우스는 동생 튀에스테스를 속여 저녁 식사로 그의 아들을 먹게 만들었다.

606행 그 불에 몸을 던져 그 족속과 함께 산화할 것을 : 『아르고호 이야기』 제4권 390행 이하. 〈그녀는 그렇게 말했다, 격한 분노를 끓이며, 그녀는 배를 불태워 버리기를, 그것을 완전히 산산조각 내기를, 그리고 광란하는 불길 속에 자신을 던지기를 갈망하였다.〉(Conington)

611행 이를 이루소서 : 『오뒷세이아』 제9권 528행 이하에서 폴뤼페모스는 오뒷세우스를 저주하여 소원을 빈다. 〈내 말을 들으소서. (……) 도시의 파괴자 오뒷세우스가 집에 돌아가지 못하게 해주소서. 그러나 그 자가 가족들을 만나 보고 잘 지은 집과 제 고향 땅에 닿을 운명이라면 전우들을 다 잃고

제 소원을 들어주소서! 만일 항구에 도착해
　　무도한 자가 육지에 오르는 걸 피할 수 없다면
　　그게 유피테르의 뜻이고 그게 정해진 거라면,
615　그때 사나운 백성들과 싸워 전쟁에 시달리며
　　영토에서 내쫓겨 율루스와도 멀리 떨어지며
　　도움을 청하나 보는 것은 전우들의 부당한
　　죽음이게 하소서! 그가 불리한 평화 협정을
　　수용하매, 왕국도 바라던 광영도 보지 못하고
620　때 이르게 사망하여 들판에 버려지게 하소서!
　　이를 비오니, 마지막 소원을 피로써 토합니다.
　　또 너희 튀리아여! 영원히 그의 핏줄 모두에
　　미움을 버리지 말라! 너희는 내 주검 앞에 이를
　　약속하라! 저들과의 평화는 일체 없으리라!
627　이제든 언제든 아무 때나 무력을 갖출 때에
625　내 무덤에서 누군가 생겨나 원수를 갚을 것,
626　불과 칼을 들어 달다냐 백성을 쫓아갈 것이니.
　　해안이 해안에 대립하고, 바다가 바다에 맞서

나중에 비참하게 남의 배를 타고 돌아가게 해주시고 집에 가서도 고통받게 해 주소서!)(Austin) 〈악행에 마땅한 벌을 내리소서〉는 폴뤼페모스의 소원 가운데 첫 번째 것에 해당한다.

615~620행 : 제6권 83행 이하에 나타나는 시뷜라의 예언과 흡사하다. 디도의 저주는 그대로 실현된다. 제7권에서 아이네아스는 적들과 맞닥뜨리고, 제8권과 제9권에서 아스카니우스를 떠나 에우안데르에게 도움을 청하게 된다. 제12권에서는 라티움족과 불리한 평화 협정을 맺는다. 그밖에 아이네아스는 전쟁터에서 죽었으며 그의 주검을 찾지 못했다고 한다(Conington).

628행 해안이 해안에 대립하고, 바다가 바다에 맞서 : 제1권 13행에 언급

제4권　**213**

원컨대 무기에 무기로 당대도 후손도 싸우라!」
　　이렇게 말했다. 마음은 온통 한군데 맴돌았다.　　　　　630
되도록 빨리 염증 난 세상 삶에서 벗어나는데.
쉬케웃의 유모 바르케에게 짧게 말을 건넸다.
제 유모는 검은 재가 고향 땅에 잡아 두었던 것.
「소중한 유모! 동생 안나를 내게 데려다 주오.
전해 주오! 흐르는 물을 몸에 끼얹고 서둘러　　　　　　　635
제물로 올릴 가축과 물건을 챙겨 오라 하시오!
오라 하시오! 그대도 경건한 머리띠를 하시오!
스튁스의 유피테르께 격식대로 차린 제사를
올리고 시름에 종지부를 찍을 작정을 했다오.
달다늧 사람의 화장목에 불을 놓을 작정을.」　　　　　　640
말했다. 유모는 늙은 욕심에 걸음을 재촉했다.
맘먹은 끔찍한 일에 디도는 사납게 돌변하여
핏발 선 눈을 부릅뜨고 경련이 일어난 얼굴엔
반점이 생겨나고 다가온 죽음에 창백해졌다.
집 안 깊은 곳으로 문턱을 넘어섰다. 높게 쌓은　　　　　645
화장목에 미친 듯 기어올라 칼을 뽑아 들었다,
달다냐의 칼을. 이러려고 달란 것은 아니었다.

된 것과 같다.

633행 제 유모는 검은 재가 고향 땅에 잡아 두었던 것 : 〈검은 재〉는 디도의 유모를 가리킨다. 디도의 유모는 튀리아에 지금 묻혀 있다.

641행 늙은 욕심에 : 유모는 디도의 의중을 알고 있었다고 할 수 없다. 그저 여왕의 명령을 서둘러 이행하려는 마음과 이런 욕심을 따라 주지 않는 몸이나마 서두르는 모습을 보여주고 있다(Conington).

647행 이러려고 달란 것은 아니었다 : 언제인지 말해지지는 않았지만, 디

그리고 일리온의 의복들과 익숙한 침대를
보았다. 약간의 눈물과 잠깐의 생각을 뒤로
650 혼인 침대에 누웠다. 마지막이 될 말을 남겼다.
「신과 운명이 허락하던 때에 달콤했던 흔적아!
내 영혼을 맡아 주며 시름에서 날 풀어 다오.
난 운명이 허락한 삶을 살고 여정을 다 마쳤다.
그리고 이제 난 장한 영혼으로 저승에 간다.
655 난 훌륭한 도시를 세웠고 난 내 성곽을 보았다.
오라비에게 벌을 내려 남편의 복수를 하였다.
행복해서 너무 행복했을 텐데! 우리 바닷가에
달다냐의 전함들이 찾아오지만 않았어도.」
말하며 얼굴을 침대에 묻고,「못 갚고 죽는구나.
660 죽자꾸나. 이렇게, 이렇게 저승에 가자꾸나.
이러한 불길을 바다에서 눈을 들어 잔혹한

도가 아이네아스에게 이를 선물로 요구하여 받은 것은 분명하다. 507행의 칼인지는 알 수 없다. 중요한 것은 디도가 지금 〈트로이아의 칼〉로 죽음을 맞이한다는 상징성이다.

648행 익숙한 침대를 : 에우리피데스『알케스티스』175행 이하.〈그리고 나서 마님께서는 방 안의 침상으로 가시어 그곳에서 울음 터뜨리시며 이렇게 말씀하셨어요. 《내가 처녀의 순결을 그이에게 바쳤던 침상이여, 잘 있거라! 나 이제 그이를 위해 죽으련다. 너를 원망하지 않는다. 너는 나에게만 죽음을 안겨 주었지만.》

650행 마지막이 될 말을 남겼다 : 자신의 삶과 업적을 짧게 정리하고 있는 마지막 연설에서 디도는 영웅적인 모습을 보여 준다(Austin).

661행 이러한 불길을 : 장차 자신의 화장이 치러질 것을 염두에 두고 말하고 있다. 제5권 4행에 아이네아스는 불길이 쏟아 오르는 것을 발견한다. 무언가 불길한 일이 벌어진 것을 짐작할 뿐 디도의 죽음은 생각하지 못한다(Conington).

달다늇은 보라! 내 죽음의 저주를 달고 가라!」
말했다. 말하는 중간에 칼을 향해 엎어지는
여왕을 주변은 목격했다. 칼이 흐르는 피로
낭자한 걸. 손이 흥건한 걸.. 비명이 높은 지붕을   665
넘어갔다. 소문은 도시를 휩쓸며 떠들어 댔다.
신음과 아우성, 통곡하는 여인들의 비통함이
집 안에 가득했고, 울음이 하늘을 크게 울렸다.
적군이 침공할 때와 다르지 않았다. 몰락하는
칼타고 혹은 옛 튀리아, 미쳐 날뛰는 화염이   670
인간들과 신들의 거처를 옮겨 다닐 때처럼.

   소식을 듣고 겁먹고 놀라 넋이 나간 걸음으로
동생은 손톱으로 얼굴, 주먹으로 가슴을 치며
가운데로 달려 나왔다. 죽어 가는 이를 불렀다.
「이거였나요? 언니! 저를 속이려 했던 건가요?   675
화장목이, 불이, 제단이 준비한 게 이거였나요?
버림받아 뭘 먼저 원망할까요? 동무였던 날
죽음에선 외면했나요? 같은 운명을 함께하여
칼로 같은 날 같은 고통을 둘이 같이했어야지.
이 손으로 장작을 쌓아 올렸고 조상신들을   680

667~668행 : 트로이아의 멸망을 이야기한 제2권 487행 이하와 비교하라.
669행 몰락하는 : 헥토르의 사망으로 도시가 멸망한 듯 온 도시가 슬퍼할 때와 모습과 같다. 『일리아스』 제22권 406행 이하. 〈그의 어머니는 그러한 아들을 보자 머리털을 쥐어뜯고 번쩍이는 면사포를 멀리 벗어 던지며 큰 소리로 통곡했다. 그의 아버지도 슬퍼 울었고 온 도성의 백성들도 그들을 둘러싸고 소리를 지르거나 울었다. 그 광경은 흡사 우뚝 솟은 일리오스가 꼭대기에서부터 온통 화염에 싸여 있는 것만 같았다.〉

불렀건만, 잔인한 이여! 날 떼놓고 누웠나요?
언니 자신을 죽였고, 저를, 백성들을, 시돈의
원로들을, 언니 도시를! 맑은 물을 다오. 상처를
씻으련다. 마지막 숨결이 아직 남아 있을는지
685 입술로 살피련다.」 말하며 높은 계단을 올랐다.
죽어 가는 언니를 품에 안고 보듬어 주었다.
울먹이며 겉옷으로 검붉은 피를 닦아 주었다.
디도는 힘겹게 눈을 뜨려고 애쓰다가 다시
쓰러졌다. 가슴 상처에서 바람 소리가 났다.
690 세 번 팔꿈치로 버티며 몸을 일으켜 세웠다.
세 번 다시 엎어졌다. 초점 없는 눈으로 높은
하늘빛을 찾아 응시하다가 숨을 토해 냈다.

 전능한 유노는 측은하게 여겼다. 오랜 고통과
힘든 하직을. 올륌풋에서 이리스를 내보냈다.
695 엉킨 육신과 싸우는 영혼을 풀어 주라 하였다.
운명과 합당한 죽음으로 죽은 게 아닌지라
때 이르게 가련히 갑작스런 광기로 불탔기에
아직 펠세포네는 여인의 정수리 금빛 머리를

682행 언니 자신을 죽였고 : 디도의 자살이 갖는 의미를 안나가 다시 한 번 분명히 말해 주고 있다. 디도의 죽음은 단순히 여인의 죽음에서 끝나지 않고 마침내 카르타고 전체의 몰락을 의미한다. 소포클레스『아이아스』901행 이하. 〈아아 불쌍하신 왕이시여, 그대는 같은 배를 타고 온 나를 죽였나이다.〉 (Heinze)

698~699행 : 에우리피데스『알케스티스』72행 이하에서 타나토스(죽음) 신이 이렇게 말한다. 〈아무리 많은 말을 해도 그대는 아무것도 얻지 못할 것이오. 그 여인은 하데스의 집으로 내려가게 될 것이오. 나는 그녀에게 가서 칼

잘라 스튁스의 하계로 가라 명하지 않았던 것.
이슬 젖은 이리스는 주황 날개로 하늘을 지나   700
햇빛을 받으며 수천 온갖 색깔을 늘어놓으며
날아와 머리맡에 섰다. 「이 머리칼을 디스께
바치며 명에 따라 그댈 육신에서 풀어 주노라!」
말하고 손을 들어 금발을 잘랐다. 바로 그 순간
온기가 사라졌고 생명이 바람 속에 흩어졌다.   705

로 축성(祝聖)할 것이오. 이 칼이 축성을 위해 머리카락 하나만 자르면 그자는 곧 지하의 신들의 몫이 되는 것이니까요.〉(Austin)

참고 문헌

주석

R.G. Austin, *P. Vergilii Maronis Aeneidos Liber primus,* Oxford, 1971.

_____, *P. Vergilii Maronis Aeneidos Liber secundus*, Oxford, 1964.

_____, *P. Vergilii Maronis Aeneidos Liber quartus*, Oxford, 1955.

R.D. Williams, *the Aeneid of Virgil, Books 1~6*, Macmillan, 1972.

J. Conington, *Aeneid Books I-II*, Bristol Phoenix Press, 2007.

_____, *Aeneid Books III-VI*, Bristol Phoenix Press, 2008.

N. Horsfall, *Virgil, Aeneid 2*, Leiden, 2008.

_____, *Virgil, Aeneid 3*, Leiden, 2006.

번역

J. Dryden, *Virgil's Aeneid*, New York, 1937.

A. Mandelbaum, *The Aeneid of Virgil*, New York, 1965.

R. Fitzgerald, *Virgil, the Aeneid*, New York, 1992.

R. Fagles, *The Aeneid*, New York, 2006.

S. Ruden, *The Aeneid Vergil*, Yale University Press, 2008.

유영, 『아에네이스』, 혜원출판사, 1994.

천병희, 『아이네이스』, 숲, 2007.

기타

K. Büchner, *P. Vergilius Maro, der Dichter der Römer*, RE VIII A 1~2, 1021~1486, Stuttgart, 1955.

V. Pöschl, *Die Dichtkunst Virgils*, Berlin, 1977.

R. Heinze, *Epic Technique*, translated by Hazel and David Harvey and Fred Robertson, University of California press, 1993.

R. F. Thomas, *Virgil and the Augustan Reception*, Cambridge university press, 2001.

C. Kallendorf, *The Other Virgil : Pessimistic Readings of the Aeneid in Early Modern Culture*, Oxford, 2007.

천병희, 「일리아스」, 숲, 2007 (1982, 1995 종로서적).

_____, 「오뒷세이아」, 숲, 2006 (1996 종로서적).

_____, 「신들의 계보」, 숲, 2009, (2004 한길사).

_____, 「일과 날」, 숲, 2009, (2004 한길사).

_____, 「아이스퀼로스 비극 전집」, 숲, 2008.

_____, 「소포클레스 비극 전집」, 숲, 2008.

_____, 「에우리피데스 비극 전집 1, 2」, 숲, 2009.

강대진, 아폴로니우스 로디오스 「아르고호 이야기」, 작은이야기, 2006.

_____, 루크레티우스 「사물의 본성에 관하여」, 아카넷, 2012.

천병희, 「변신 이야기」, 숲, 2005.

역자 해설

로마의 서사시 『아이네이스』

들어가며

서구에서 베르길리우스 Publius Vergilius Maro의 『아이네이스 *Aeneis*』를 재평가하기 시작한 것은 20세기 초였다. 희랍 문학의 아류 혹은 호메로스의 모방이라는 것이 로마 문학과 『아이네이스』에 매겨진 그 이전의 평가였다. 새로운 평가에 따르면 〈영웅 아이네아스〉를 만들어 내기 위해 베르길리우스는 『아이네이스』를 통해 단순한 모방 이상의 일을 했다는 것이다. 20세기 중반을 넘어서면서 과연 〈영웅 아이네아스〉에 초점을 맞추는 것이 베르길리우스의 의도를 정확하게 이해하는 방법인가라는 또 다른 문제가 제기되었다. 이미 베르길리우스의 시대에 오비디우스 Publius Ovidius Naso는 디도의 시각에서 영웅 서사시를 다시 읽는 새로운 시도를 하였는바, 〈디도의 시각〉은 베르길리우스의 의도를 약간이나마 분명하게 이해하는 데 도움을 줄 것이다.

『아이네이스』 전체 12권을 삼분하여 마치 삼부작인 양, 세

번에 나누어 번역하기로 하였다. 먼저 제1권부터 제4권까지 묶어 제1부로 내놓는다. 해설 또한 삼분하여 각 권에 나누어 실을 예정이다. 이하 베르길리우스의 생애에 관해서는 앞서 참고 문헌에 언급한 뷔흐너K. Büchner 등의 자료를 정리한 것이다.

1. 베르길리우스의 생애

 베르길리우스의 생애는 바리우스 루푸스Lucius Varius Rufus가 남긴 베르길리우스의 전기적 기록에 기초해 있다(퀸틸리아누스Marius Fabius Quintilianus). 그러나 유감스럽게도 바리우스의 기록은 우리에게 전해지지 않으며, 다만 이를 읽고 베르길리우스의 생애를 재구성한 수에토니우스 Gaius Suetonius Tranquillus(서기 70~122년 경)를 통해 간접적으로 접할 수 있다(「시인들에 관하여De poetis」). 그밖에 『아이네이스』의 주석을 남긴 세르비우스Maurus Servius Honoratus(서기 400년 경)의 기록 또한 참고할 수 있다. 몇 가지 정보는 베르길리우스 작품 해석을 통해 얻어진 것이다.

 베르길리우스의 온전한 이름은 푸불리우스 베르길리우스 마로다. 기원후 5세기 이래 〈비르길리우스Virgilius〉라는 형태가 등장하는데 이는 〈베르길리우스〉의 어원을 〈회초리 virga〉로 잘못 이해하게 되면서부터다. 〈베르길리우스〉 혹은 〈마로〉는 모두 에트루리아어와 관련되어 있음이 분명하다.

하지만 베르길리우스의 고향 만투아에 라티움 계통이 유입되고 섞여 살게 되면서 라티움 계통도 에트루리아 이름을 사용했을 가능성이 있으므로 이름만으로 그의 혈통이 에트루리아 계통이라고 단정할 수는 없다.

그는 아버지 베르길리우스 마로와 어머니 마기아 폴라 Magia Polla 사이에서 기원전 70년 10월 15일 북부 이탈리아 만투아의 안데스라는 작은 마을에서 태어났다. 안데스는 만투아에서 멀지 않은 혹은 30로마마일 떨어진 지역이라고 하는데 정확히 어느 지역을 가리키는 것인지에 대해서는 많은 논쟁이 있다. 베르길리우스의 어린 시절에 관해서는 알려진 것이 많지 않다. 아버지는 동시대의 시인 호라티우스 Quintus Horatius Flaccus의 아버지와 마찬가지로 가난한 농부 혹은 옹기장이였으나, 역시 호라티우스의 아버지처럼 부지런하며 아들을 위해 모든 것을 희생할 준비가 되어 있었다. 베르길리우스는 기원전 55년 10월 15일에 성인식을 치렀는데, 이 무렵 그는 크레모나에 살았으며 이후 밀라노를 거쳐 로마로 이주하였다. 아마도 그의 아버지는 베르길리우스에게 좋은 교육을 시키기 위해 고향의 대도시로 보내 상급 학교에 다니게 하였다가, 다시 로마의 수사학을 익히도록 하였던 것으로 보인다. 성인식을 치른 것으로 보아 그는 로마 시민이었을 가능성이 높은데 여타의 로마 시민들처럼 그의 아버지도 그가 정치적으로 출세하기를 기대했던 듯하다. 그의 어머니와 형제들에 관한 몇 가지 이야기들이 전한다.

베르길리우스는 15살에 크레모나에서 밀라노로 이주하

였다가, 성인이 되어 홀로 로마로 이주한다. 로마에서는 에피디우스의 수사학 학교에 다녔다. 에피디우스의 학교에는 나중에 아우구스투스Augustus가 되는 옥타비아누스Gaius Octavianus가 다녔으며 안토니우스Marcus Antonius도 에피디우스의 학생이었다. 하지만 베르길리우스와 옥타비아누스는 일곱 살의 나이 차이가 나기 때문에 같은 시기에 같이 학교를 다녔을 가능성은 낮다. 아우구스투스는 나중에 만투아의 베르길리우스 재산을 몰수하지 않았는데, 이를 근거로 혹자는 이때의 친분 관계를 강조하기도 한다. 로마를 떠나 그는 네아폴리스로 이주하여 에피쿠로스주의자인 시론의 집에 머문다. 서정시 「카타렙톤Catalepton」의 다섯 번째 시는 흔히 베르길리우스의 작품으로 간주되는데 이를 기준으로 할 때 베르길리우스는 열일곱 살 무렵 이미 시인의 면모를 분명히 보여 주고 있다. 이 서정시에서 그는 수사학 선생들에게 작별을 고하고 있다. 또 다른 그의 서정시 「카타렙톤」의 여덟 번째 시에서 우리는 그가 문학과 철학에 헌신하게 되었음을 확인할 수 있다. 시론Siron의 집은 에피쿠로스의 정원이었으며 공화국의 내전으로 아픔과 시련을 겪은 개인들이 세상을 버리고 모여 살던 공동체였다. 이곳에 유명한 희랍의 에피쿠로스주의자 필로데모스Philodemus가 찾아오기도 했다고 전한다. 베르길리우스가 기원전 48년에서 기원전 42년까지 시론의 집에 머물렀다고도 한다. 최근 네아폴리스 근처 헤라쿨라네움에서 발굴된 파피루스에는 베르길리우스의 이름과 함께 플로티우스 투카Plotius Tucca, 바리우스 루푸스, 퀸

크틸리우스 바루스Publius Quinctilius Varus의 이름이 등장한다.

기원전 41년 베르길리우스의 시는 아시니우스 폴리오Gaius Asinius Poltio라는 후원자로부터 당대 최고라는 평가를 받는다. 마에케나스Gaius Maecenas 또한 베르길리우스를 인정하였으며 나중에 베르길리우스를 옥타비아누스에게 소개한다. 이러한 명성 덕분에 그는 만투아에 있던 재산을 몰수당했다가 다시 찾게 되었다고 전한다. 『목동가*Bucolica*』는 폴리오의 후원을 받던 시기에 만들어진 것으로 폴리오와의 관계, 재산 몰수에 관련된 일들을 암시하는 많은 구절들을 읽을 수 있다. 기원전 37년 그는 마에케나스의 식객이 되며 이때 그의 주변에 호라티우스와 투카와 바리우스 등의 시인들이 등장한다. 『농경가*Georgica*』는 기원전 29년 여름에 마무리되었는데, 그는 상당히 오랫동안 이 작품에 매달린 것으로 보인다. 기원전 31년의 악티움 해전이 언급된다. 어떤 이의 말대로 7년 정도 걸렸다고 할 때, 이것은 마에케나스의 식객이 된 시점부터 발표할 때까지의 기간이며 그렇다면 『농경가』는 마에케나스와 관련이 깊을 가능성이 있다. 『농경가』를 발표할 쯤에 베르길리우스는 로마 인민들에게 굉장히 존경받는 인물이 되었는바, 당대 최고 권력자 아우구스투스에 버금가는 인기를 누렸다고 전하는 사람도 있다.

이후 베르길리우스는 또 다른 작품에 매달리게 되는데 그것이 바로 『아이네이스』다. 기원전 29년 옥타비아누스는 이집트를 평정하고 개선식을 거행하며, 기원전 27년 드디어

〈아우구스투스〉라는 호칭을 원로원으로부터 받는다. 아우구스투스는 로마의 건국 서사시가 완성되길 학수고대하였으며, 완성되기 전에 시인은 권력자 앞에서 그 일부를 낭송했다고 전한다(아마도 제2권, 제4권과 제6권이었을 것이다). 서사시의 완성을 위하여 기원전 19년 베르길리우스는 3년 계획으로 희랍 여행을 떠난다. 희랍과 아시아를 돌아보며 자신이 다루고 있는 서사시의 역사적 현장을 직접 눈으로 목격하고자 하였을 것이다. 귀향길에 시인은 메가라 근처에서 열병에 걸렸으며 이탈리아의 브룬디시움에 도착하였을 때 열병으로 인해 사망하게 되었다고 한다. 아직 서사시는 완성되기 전이었으며 이때가 기원전 19년 9월 21일이었다. 베르길리우스는 사망 직전, 자신이 앞서 공개한『아이네이스』이외의 다른 부분들, 아직 미완성인 채로 남아 있는 원고들을 불태워 버리고자 하였다. 하지만 그의 유언은 뜻대로 집행되지 않았으며 아우구스투스의 뜻에 따라 베르길리우스의 친구 바리우스와 투카의 손을 빌려 세상에 공개되었다. 이때 이들은 오로지 편집자의 역할만을 수행한 것으로 알려져 있다.

  베르길리우스는 키가 크고 마른 편이었다. 피부색은 어두웠고 얼굴 생김은 도시적인 것과는 거리가 멀었다. 그의 건강은 그리 좋지 않았으며 위장병과 두통에 시달렸다고 전한다. 또 종종 피를 토했다고 하는바, 결핵을 의심하는 사람도 있다. 식사량은 매우 적었고 술도 거의 마시지 않을 정도로 금욕적인 생활을 하였으며 세상을 멀리하였는데, 이런 생활 습관 덕분에 창작 활동을 계속 이어 갈 수 있었을지도 모른다. 희랍으로의 여행은 안 그래도 약한 체력을 고갈시켰을 것이다.

2. 미완성의 『아이네이스』

베르길리우스는 기원전 29년부터 기원전 19년 죽을 때까지 꼬박 11년을 『아이네이스』에 매달렸다. 생의 마지막 3년은 원고를 들고 희랍과 아시아를 돌아보며 마지막으로 원고를 수정한 기간이었을 것이다. 이탈리아로 돌아오는 길에 열병에 걸렸으며 끝내 완성하지 못하고 미완성의 『아이네이스』를 남겼으나, 그의 유고는 이후 아우구스투스의 뜻에 따라 편집되어 세상의 빛을 보았다. 편집을 맡은 것은 바리우스였으며, 전승에 따라 투카를 포함시키기도 한다. 두 사람은 편집에 매우 신중을 기하였다고 전한다. 미완성 원고라고는 하지만 완성을 위해 투여한 시간을 고려할 때, 또한 유고를 태워 버리길 바랐던 그의 마음은 다만 작가적 양심의 발로라고 할 때 우리에게 남은 『아이네이스』에서 〈미완성〉의 인상을 얻지 못하는 것은 너무도 당연하다. 다만 미완성의 〈흔적〉이 남아 있을 뿐이다.

전승에 따르면[1] 베르길리우스는 우선 산문으로 글을 완성

---

1 수에토니우스의 베르길리우스 전기에 『아이네이스』 창작과 관련된 다음과 같은 일화가 전해진다(K. Bayer, *Suetons Vergilvita. Versuch einer Rekonstruktion*, München, 2002). 〈*aeneida prosa prius oratione formatam*

하고 12권으로 나눈 다음, 다시 이를 일정한 순서 없이 자유롭게 장면별로 운문으로 바꾸어 갔는데 당장 완성할 수 없었던 부분은 그대로 놓아두고 시적 영감을 놓치지 않기 위해 다음 부분을 완성하였다고 한다. 아마도 이런 부분이 미완성 시행으로 남은 부분일 것이다.『아이네아스』에는 58개의 시행이 미완성 상태이다. 19세기에 이에 대한 연구가 활발히 진행되었는데 베르길리우스가 창작하는 과정에서 행 단위가 아니라 행을 여러 단락으로 나누어 휴지마다 별도로 작업을 진행하였을 것이라는 견해가 지배적이다. 이는 베르길리우스의 서사시 운율에 관한 이해를 도모하였을 것이다. 베르길리우스에게 더 많은 시간이 있었다면 분명 서사시 운율로 시행이 완성되었을 것임에는 의심의 여지가 없으며 이는 다만 베르길리우스가 오랜 시간 동안 완성을 위해 고심한 흔적이라고 하겠다. 또 어떤 부분들은 아주 가볍게 시행들로 대강 채워 넣고 지나간 부분이 있는데 장면들의 전후맥락을 좀 더 세심하게 다듬을 필요가 있었을 것으로 보이는 장면들이다. 이런 부분을 소위 〈피리 반주자〉라고 부르는데, 베르길리우스가 농담 삼아 〈이런 부분은 확고한 기둥이 세워질 때까지 작품을 지탱하기 위해 일단 중간에 피리 반주자들을 끼워 놓았다〉고 말한 것에서 유래한다. 이런 비유는 당시〈피리 반주자〉에게 그들의 연주로 공연의 장면과 장면 사이를 메워 주

digestatamque in XII libros particulatim componere instituit, prout liberet quidque et nihil in ordinem arripiens. ac ne quid impetum moraretur, quaedam imperfecta transmisit, alia levissimis versibus veluti fulsit, quos per iocum pro tibicinibus interponi aiebat ad sustinendum opus, donec solidae columnae advenirent.〉

는 역할을 하도록 맡겼기 때문일 것이다. 예를 들어 제1권의 〈유피테르와 베누스의 대화〉와 같은 부분은 〈피리 반주자〉에 해당하는 장면으로 여겨진다. 또 제2권의 〈헬레나 장면〉도 이와 유사한 예로 보이며 제11권의 〈카밀라 부분〉 역시 사건의 긴박한 전개에 비추어 너무나 길게 이어진다.

미완성의 유고를 두 편집자는 매우 이른 시기에 출판했던 것으로 보인다. 호라티우스가 기원전 17년 쓴 작품에 이미 『아이네이스』가 세상에 널리 알려진 것처럼 쓰고 있기 때문이다.

3. 『아이네이스』 제1~4권 개괄

『아이네이스』를 각 장면별로 구분하여 정리해 보자. 앞서 언급하였다시피 베르길리우스가 장면별로 작업했기 때문이며, 마치 희랍 비극처럼 독립된 장면들이 결국 하나의 전체를 구성하고 있다고 보기 때문이다.

제1권은 난파 장면과 디도 장면으로 구성되어 있으며 중간에 〈유피테르와 베누스의 대화 장면〉이 들어 있다. 서언으로 시작하는바, 아이네아스가 트로이아를 떠나 카르타고를 거쳐 이탈리아에 도착하여 로마를 건설하였으며, 그러는 가운데 수많은 고생을 하였다고 하면서, 앞으로 다룰 사건의 요지를 간략하게 정리하고 있다. 난파 장면은 유노의 분노, 아이올로스의 폭풍, 해안가에 도착한 장면으로 다시 나뉘며, 디도 장면은 카르타고 도시의 발견, 베누스의 설명, 디도와의 상봉과 잔치 장면 등으로 세분된다. 디도에게 초대받은 아이네아스는 디도의 부탁에 따라 자신의 이야기를 들려준다.

제2권은 트로이아의 멸망을 다루고 있으며, 목마 장면, 시가전 장면, 탈출 장면으로 구성되어 있다. 목마 장면은 시논의 거짓말, 라오콘과 그의 아들이 겪는 고통으로 세분된다. 시가전 장면은 아이네아스가 트로이아 시내를 유린하는 희랍군에 맞서 싸우는 장면, 프리아모스의 궁전을 방어하는 장면, 프리아모스의 최후가 그려진다. 시가전 장면과 탈출 장면 사이에는 많은 학자들이 진위를 놓고 오랜 논쟁을 펼치고 있는 소위 〈헬레나 장면〉이 포함되어 있다. 탈출 장면에서 어머니 베누스의 경고에 따라 집으로 돌아온 아이네아스는 아버지에게 탈출을 설득하고, 탈출을 권하는 신들의 전조가 이런 설득에 힘을 보탠다. 탈출 장면의 마지막은 크레우사의 죽음으로 끝난다.

제3권은 아이네아스의 방랑을 노래한다. 트로이아 도시를 빠져나온 아이네아스 일행은 새로운 정착지를 찾아 떠난다. 먼저 트라키아에 도착하여 폴뤼도로스의 영혼을 만난다. 트라키아를 떠나 델로스 섬에 도착한 일행은 역병을 만나고 아폴로의 신탁에 따라 선조들의 땅으로 다시 출발한다. 앙키세스는 선조들의 땅을 크레타 섬이라고 믿었으나 크레타 섬에서 선조들의 땅이 이탈리아라는 사실을 알고 이탈리아를 향해 떠난다. 아이네아스 일행은 희랍의 무수히 많은 섬들을 헤매다가 켈라노라는 괴조를 만나 고생한다. 희랍 땅을 벗어 나와 악티움 근처에서 아폴로에게 제사를 드리고 떠나, 부트로룸에서 헬레누스와 안드로마케를 만난다. 헬레누스의 예언에 따라 시킬리아 섬을 우회하여 아이네아스 일행은 아에트나 화산을 경유하여 이탈리아로 향한다. 시킬리아의 서쪽 끝 드레파눔을 돌아갈 때 앙키세스는 최후를 맞는다. 이탈리아로 향하던 아이네아스 일행은 폭풍을 만나 카르타고에 난파한다.

제4권은 디도의 불행한 사랑 이야기다. 디도와 안나의 대화, 유노와 베누스의 협약, 사냥 장면, 디도의 광기, 디도의 죽음으로 구성되어 있다. 디도는 아이네아스를 사랑하게 되었고 이를 안나에게 털어놓는다. 유노와 베누스는 디도와 아이네아스의 혼인에 합의한다. 사냥을 나갔던 아이네아스와 디도는 폭풍을 만나 단둘이 동굴로 피신하였으며 디도는 이 날의 사건을 혼인이라고 믿었다. 유피테르는 카르타고에 머물고 있는 아이네아스에게 떠날 것을 명령한다. 디도는 떠날 준비를 하는 아이네아스를 몇 번이나 붙잡아 두려 하지만 아이네아스는 완고하다. 이에 디도는 안나를 속여 사랑의 저주를 풀 방법이라며 장례식을 준비하게 한다. 그리고 아이네아스가 떠나던 날 새벽 스스로 목숨을 끊는다.

4. 불인지심(不忍之心)

이를 〈차마 그렇게 하지 못하는 마음〉이라고 번역한다면 베르길리우스는 로마 건국 신화 가운데 바로 이런 문제를 다루고 있다. 물론 많은 문제들 가운데 하나겠지만 말이다. 아직 섣부른 판단일지 모르겠으나 우리는 〈사람이 어떻게 차마 그런 행동을 할 수 있느냐〉의 문제를 베르길리우스가 거듭 제기하고 있음을 발견할 수 있다.

제1권의 장면은 일리오네우스가 디도 여왕을 접견하는 장면이다. 일리오네우스 일행은 아이네아스가 이끄는 본진과 폭풍 때문에 헤어져 아직 본진의 생사를 모른 채 디도 여왕의 땅에 도착하였다. 일리오네우스는 디도 여왕에게 난파한 자신들 일행을 도와줄 것을 거듭 청하는 가운데, 해안에 떠밀려 온 조난자들이 땅에 발을 딛는 것조차 어찌 못 하게 막을 수 있느냐고 따져 묻고 있다. 그것이 인간이 인간에게 할 수 있는 일이냐고 말이다.

제2권의 장면은 트로이아의 왕 프리아모스가 최후를 맞는 장면이다. 프리아모스는 그의 부인 헤쿠바의 만류를 못 이기고 신전에 몸을 숨기고 있었다. 아킬레우스의 아들 퓌루스는 프리아모스의 아들 폴리테스를 쫓아와 프리아모스 면전에서 그를 죽인다. 이에 항변하여 프리아모스는 퓌루스를 꾸짖어 어찌 인간이 아버지의 면전에서 아들을 죽일 수 있느냐, 신전에서 살인을 저지를 수 있느냐며 항변한다.

제3권의 장면은 프리아모스의 막내아들 폴뤼도로스가 트리키아의 왕 폴뤼메스토르에 의해 살해되어 버려진 장면이다. 폴뤼도로스는 온몸이 창에 찔린 채 그대로 버려졌고 창이 나무로 자라나 숲이 되어 그의 몸을 덮고 있었다. 여기서 아이네아스는 인간이 탐욕에 눈이 어두워 끔찍한 짓을 마다치 않는다고 한탄한다.

제4권의 장면은 떠나려는 아이네아스를 붙잡아 두려는 디도의 마지막 절규를 노래한 장면이다. 아이네아스는 이미 떠나기로 결정하였고 모든 준비를 마쳤다. 디도는 이미 한 번 아이네아스를 설득하였고 완강하게 떠날 것을 고집하는 아이네아스에게 저주를 퍼부으며 잡지 않을 테니 떠나고 싶으면 떠나라고 말한다. 하지만 디도의 마음은 그를 보내고 싶지 않았다. 그렇다고 다시 한 번 매달릴 수도 없었다. 하지만 사랑은 그녀에게 사람으로서 차마 하기 힘든 일을 강요하고 디도는 동생 안나를 통해 아이네아스를 설득한다.

5. 마치며

번역의 원칙은 언제나 그렇지만 원문을 가능한 한 훼손하지 않는 것이었는데, 서사시를 번역하면서는 시행의 순서를 훼손하지 않는 것까지 확대되었다. 더 나아가 각 시행에서의 어순마저 우리말 문장이 허용하는 한 그대로 유지하려고 하였다. 하지만 원문을 훼손하지 않는다는 원칙보다 앞서는 가치는 우리말로 자연스럽고 선명하고 아름다워야 한다는 것이다. 두 가지 가치는 조화되기 어렵거나 아예 조화가 불가능한 것처럼 보인다. 〈18자역〉은 이런 상충과 부조화를 극복하기 위해 만들어 낸 방법이다. 〈18자역〉 방법을 모색하는 데

도움을 준 많은 분들에게 감사를 드린다. 초역을 녹음해 준 윤정로 씨에게 인사를 전한다. 드라이든Dryden 번역을 얻을 수 있었던 것은 재단 법인 플라톤아카데미 덕분이었다. 마무리 색인 작업을 맡아준 이선주 씨와 임성진 씨에게 고마움을 전한다. 편집을 맡아 준 열린책들 편집자에게도 고마움을 전한다. 초역을 읽고 번역문과 주석에 대하여 그리고 영어 번역 작품에 관하여 세심한 조언을 해주신 서울대학교 영문학과 이종숙 선생님께 감사드린다.

김남우

베르길리우스 연보

기원전 70년 출생 10월 15일. 아버지 베르길리우스 마로Vergilius Maro와 어머니 마기아 폴라Magia Polla 사이에서 북부 이탈리아 만투아의 안데스에서 출생.

기원전 57년 13세 10월 15일. 성인식을 치른 후 크레모나와 밀라노를 거쳐 로마로 이주. 로마에서 에피디우스의 수사학 학교에 다님.

기원전 55년 15세 서정시 「카타렙톤Catalepton」의 다섯 번째 시를 지음으로써 시인의 면모를 보임.

기원전 48년~기원전 42년 22세~28세 네아폴리스에 위치한 시론Siron의 집에 머물며 에피쿠로스 철학을 접함.

기원전 41년 29세 베르길리우스의 시는 아시니우스 폴리오Gaius Asinius Pollio라는 후원자로부터 당대 최고라는 평가를 받음. 이 무렵 『목동가Bucolica』을 발표함.

기원전 37년~기원전 29년 33세~41세 여름, 마이케나스의 문객으로 호라티우스Quintus Horatius Flaccus와 투카Plotius Tucca와 바리우스Lucius Varius Rufus 등의 시인들과 교류함. 7년에 걸쳐 집필한 『농경가Georgica』를 마무리 짓고 발표함.

기원전 29년 여름~기원전 19년 41세~51세 『아이네이스Aeneis』에

전념함.

기원전 19년 51세   9월 21일.『아이네이스』를 완성하기 위해 3년 계획으로 희랍과 아시아를 여행하고 귀국하던 길에 열병으로 사망함.

찾아보기

가뉘멧Ganymedes I 28
개툴랴Gaetulus (사하라 사막의 유목민) IV 40, 326
게타이Getae (트라키아 종족) III 35
겔라Gela (시킬리아의 도시) III 701, 702
겨울 신Hiems III 120
광기Furor I 294. 〈furor 광기〉와 구별하라
귀아롯Gyaros (섬 이름) III 76
귀앗Gyas (트로이아 사람) I 222, 612
그라웃Grai I 467, 530; II 148, 157, 412, 598, 727, 786; III 163, 210, 295, 398, 499, 594; IV 228. Graiugenae III 550

나뤽스Narycius III 399
낙솟Naxos (섬 이름) III 125
남풍Auster (바람) II 51, 111, 536; II 304; III 61, 70, 357, 481
남풍Notus (바람) I 85, 108, 575; II 417. Noti III 268
네레웃Nereus II 419; III 73

네리톳Neritos (섬 이름) III 271
네옵톨Neoptolemus (아킬레우스의 아들) II 263, 500, 549; III 333, 469. 〈퓌룻〉을 보라
넵툰Neptunus I 125; II 201, 610, 625; III 3, 74, 119
누미댜Numidae (북아프리카 원주민) IV 41

다나웃Danai I 30, 96, 598, 754; II 5, 14, 36, 44, 49, 65, 71, 108, 117, 162, 170, 258, 276, 309, 327, 368, 370, 389, 396, 398, 413, 433, 440, 462, 466, 495, 505, 572, 617, 669, 757, 802; III 87, 288, 602; IV 425
달다눗Dardanus (트로이아의 건설자) I 560; II 58, 72, 242, 445; III 94, 167, 503; IV 365. (아이네아스) IV 662
달다냐Dardania (트로이아) I 494, 602, 617; II 281, 325, 582, 787; III 52, 156, 596; IV 163, 224, 626, 640, 647, 658

찾아보기 **237**

대지Tellus IV 166

데요페Deiopea (요정 이름) I 72

데이폽Deiphobus (프리아모스의 아들) II 310

델로스Delos (섬 이름) IV 144. Delius (아폴로) III 162

도누사Donusa (섬 이름) III 125

도도나Dodonaeus (에피로스의 도시) III 466

도리아Doricus II 27

돌로펫Dolopes (테살리아의 도시) II 7, 29, 415, 785

동방Eous I 489; II 417; III 588. Oriens I 289

동풍Eurus (바람) I 85, 110, 131, 140, 383; II 418

둘리큠Dulichium (섬 이름) III 271

뒤마스Dymas (트로이아 사람) II 340, 394, 428

드레파눔Drepanum (시킬리아의 도시) III 707

드뤼옵Dryopes IV 146

디도Dido I 299, 340, 360, 446, 496, 503, 561, 613, 670, 685, 718, 749; IV 60, 68, 101, 117, 124, 165, 171, 192, 263, 291, 308, 450, 642. 〈엘리사〉 혹은 〈페니캬〉를 보라

디스Dis (하계의 신) IV 702

디아나Diana I 499; III 681; IV 511. 〈헤카타〉를 보라

디오네가 낳은 모친Dionaea mater (베누스) III 19. 〈베누스〉를 보라

딕테Dictaeus (크레타의 산) III 171. IV 73

라릿사인Larisaeus (아킬레우스) II 197

라비늄Lauinium (라티움 지방의 도시) I 2, 258, 270; IV 236

라엘텟Laertius III 272

라오메돈 자손Laomedonteus (아이네아스) IV 542. 라오메돈 후손들 Laomedontiades III 248

라오콘Laocoon (트로이아 사람) II 41, 201, 213, 229

라키냐Lacinia (유노) III 552

라토나Latona I 502

라티움Latium I 6, 31, 205, 265, 554; IV 432

레네웃Lenaeus (바쿠스) IV 207

레다Leda (헬레나의 어머니) I 652; III 328

레수스Rhesus (트라키아의 왕) I 469

로마Roma I 7, 33, 234, 275. 로마인 Romani I 234, 277, 281

로물룻Romulus I 276. 〈퀴리누스〉를 보라

로에툠Rhoeteus (트로이아의 한 지역) III 108

로크리인Locri III 399

뤼디아Lydius (에트루리아 사람들) II 781

뤼쿨룻Lycurgus (트라키아의 왕) III 14

뤼콧Lycus (트로이아 사람) I 222

뤽툿Lyctius (크레타 사람) III 401

류카탓Leucates (곶 이름) III 274
리부르냐Liburni (일뤼리아의 도시) I 244
리뷔아Libya I 22, 158, 226, 301, 339, 377, 384, 527, 556, 577, 596; IV 36, 106, 173, 257, 271, 320, 348
리페웃Ripheus (트로이아 사람) II 339, 394, 426
릴리벰Lilybeius III 706

마르스Mars (전쟁의 신) I 274; II 355. Mauors I 276; III 13. 마르스 Gradiuus III 35

마야Maia (아틀라스의 딸) I 297
마카온Machaon (희랍인) II 263
말레아Malea (라코니아의 곶) III 204의 주석을 보라
맛쉴리Massylus IV 132, 483
메가라 만Megari sinus (시킬리아의 만) III 689
메넬랏Menelaus II 264
메르쿨Mercurius IV 222, 558. 〈퀼레네〉를 보라
멤논Memnon(에티오피아의 왕) I 489. 〈새벽〉을 보라
모루샤Maurusius IV 206
무사Musa I 8
뮈그돈의 아들Mygdonides II 342
뮈케네Mycenae I 284, 650; II 25, 180, 331, 577
뮈코놋Myconos (섬 이름) III 76
뮐미돈Myrmidones II 7, 252, 785

미넬바Minerua II 31, 189, 404; III 531. 〈팔라스〉를 보라
미세눗Misenus (아이올로스의 아들) III 239

바르카Barcaei (아프리카의 종족) IV 43

바르케Barce (쉬카이오스의 유모) IV 632
바쿠스Bacchus I 215, 734; III 354; IV 302. Lyaeus I 686; IV 58. 〈레네웃〉을 보라
밤Nox III 512
베누스Venus I 229, 325, 335, 386, 411, 618, 691; II 787; III 475; IV 33, 92, 107, 163. Acidalia mater I 720. 〈퀴테레〉 혹은 〈디오네가 낳은 대모〉를 보라
베스타Vesta I 292; II 296, 567
벨루스Belus (디도의 아버지) I 621, 729
벨루스의 자손Belides (팔라메데스) II 82
복수 여신Erinys II 337, 573
복수 여신Furiae II 252
복수 여신들Dirae IV 473, 610
부트롯Buthrotum (에피로스의 도시) III 293
북풍Aquilo (바람) I 102, 391; III 285; IV 310
북풍Boreas (바람) III 687; IV 442
불칸Volcanus II 311
비티앗Bitias (튀리아 사람) I 738

사메Same (섬 이름) III 271

사모스Samus (섬 이름) I 16

사바Sabaeus (아라비아의 도시) I 416

사툰의 따님Saturnia (유노) I 23; III 380; IV 92.

사툰의 대지Saturnius I 569.

사툰의 아드님Saturnius IV 372

살레틴 인의 들판Sallentini campi (칼라브리아의 도시) III 400

살페돈Sarpedon (뤼키아의 왕) I 100

삼각섬Trinacria (시킬리아) I 196; III 384, 429, 440, 554, 582

새벽Aurora III 521, 589; IV 7, 129, 568, 585

새벽의 아들Aurorae filius (멤논) I 751

샛별Lucifer (별자리) II 801

서풍Africus (바람) I 86

서풍Zephyrus (바람) I 131; II 417; III 120; IV 223, 562

세렛툿Serestus (트로이아 사람) I 611; IV 288

셀리눗Selinus (시킬리아의 도시) III 705

셀게툿Sergestus (트로이아 사람) I 510; IV 288

소문Fama IV 173, 174, 298, 666

쉬케웃Sychaeus (디도의 남편) I 343, 348, 720; IV 20, 502, 632

쉴티스Syrtis/Syrtes (아프리카의 땅) I 111, 146; IV 41

스카야 성문Scaeae portae (트로이아의 성문) II 612; III 351

스퀴룻Scyrius II 477

스퀼라Scylla (바다 괴물) I 200; III 420, 424, 432, 684

스퀼락Scylaceum (브루티움의 도시) III 553

스테넬Sthenelus (희랍 사람) II 261

스튁스Styx (하계의 강) III 215; IV 638, 699

스트로팟Strophades (군도) III 209, 210

스팔타Sparta I 315; II 577. Lacedaemonius III 328.

스팔타의 여인Lacaena (헬레나) II 601

시간Horae III 512

시게움Sigeus (트로이아) II 312

시논Sinon (희랍사람) II 79, 195, 259, 329

시돈Sidon I 446, 613, 619; I 678; IV 75, 137, 545, 683

시멧Simois (트로이아의 강) I 100, 618; III 302

시뷜라Sibylla III 452

시카냐Sicania (시킬리아의 옛이름) I 557; III 692

시킬랴Siculus I 34, 549; III 410, 418, 696

신의Fides I 292. 〈fides 신의〉와 구별하라

쌍둥이 곰자리Triones (별자리) I 744; III 516

아가멤논Agamemnonius III 54; IV 471

아가튈Agathyrsi (스키티아 민족) IV 146

아게놀Agenor (벨루스의 아들) I 338

아낙스Astyanax(헥토르의 아들) II 457; III 489

아니웃Anius (델리움의 왕) III 80

아다마툿Adamastus (이타카 사람) III 614

아레투사Arethusa(요정 이름) III 696

아르곳Argi I 24, 39, 285, 650; II 55, 78, 95, 118, 177, 178, 254, 326, 393; III 282, 547, 637

아르크툿Arcturus(별자리) I 744; III 516

아마존 부대Amazonidae I 490

아모르Amor I 663, 689; 사랑 IV 412. 〈쿠피도〉를 보라

아뮈쿳Amycus (프리아모스의 친척) I 221

아밧Abas (희랍 사람) III 286; (트로이아 사람) I 121

아스칸Ascanius I 267, 645, 646, 659, 691; II 598, 652, 666, 747; III 339, 484; IV 85, 156, 234, 274, 354, 602. 〈율루스〉를 보라

아시아Asia I 385; II 193, 557; III 1

아약스Aiax (오일레우스의 아들) I 41; II 414

아욜Aeolus (바람의 왕) I 52, 56, 65, 76, 141. Aeolia(아이올로스의 섬) I 52

아이아이아Aeaea (키르케의 섬) III 386

아이쿠스의 자손Aeacides : 〈아킬렛〉 혹은 〈퓌룻〉을 보라

아카맛Acamas (테세우스의 아들) II 262

아카야Achaicus II 462. Achiui I 242, 488; II 45, 60, 102, 318

아카텟Achates (에네앗의 친구) I 120, 174, 188, 312, 459, 513, 579, 581, 644, 656, 695; III 523

아케멘Achaemenides (이타카 사람) III 614, 691

아켓텟Acestes (시킬리아의 왕) I 195, 550, 558, 570

아크라갓Acragas (시킬리아의 도시) III 703

아킬렛Achilles I 30, 458, 468, 475, 484, 752; II 29, 197, 275, 476, 540; III 87. Achilleus (아킬렛의 아들) III 326. Aeacides I 99. Pelides를 보라

아트렛의 자식들Atridae I 457; II 104, 415, 500

아틀랏Atlas I 741; IV 247, 248, 481

아폴로Apollo II 121, 430; III 79, 119, 154, 162, 251, 275, 395, 434, 479; IV 144, 345, 376. 〈델로스〉 혹은 〈포이붓〉 혹은 〈튐브라〉를 보라

아프리카 대지Africa terra IV 37. 〈서풍〉을 보라

악티움Actius (에피로스의 악티움) III 280

안나Anna (디도의 여동생) IV 9, 20, 31, 416, 421, 500, 634

안드로마케Andromache II 456; III 297, 303, 319, 482, 487

안드록Androgeos (희랍인) II 371, 382, 392

안탄롯Antandros (뮈시아 도시) III 6

안테롤Antenor (파타비아의 건설자) I 242

안테웃Antheus (트로이아 사람) I 181, 510

알레텟Aletes (트로이아 사람) I 121

알바Alba (알바롱가) I 271; Albanus I 7

알페웃Alpheus (엘리스의 강 이름) III 694

앗살쿳Assaracus (트로이아 사람) I 284

앙키사Anchises II 300, 597, 617, 687, 747; III 9, 82, 179, 263, 473, 475, 525, 539, 558, 610, 710; IV 351, 427

야시웃Iasius (트로이아 사람) III 168

에게 해Aegaeum (바다 이름) III 74

에네앗Aeneas I 92, 128, 170, 180, 220, 231, 260, 305, 378, 421, 438, 451, 494, 509, 544, 576, 580, 581, 588, 596, 617, 631, 643, 667, 675, 699 709, 715; II 2; III 41, 97, 288, 343, 716; IV 74, 117, 142, 150,191, 214, 260, 279, 304, 329, 393, 466, 554, 571. Aeneadae (아이네아스의 일행, 종족, 도읍) I 157, 565; III 18. 〈달다눗〉 혹은 〈라오메돈 자손〉을 보라

에레봇Erebus IV 26, 510

에뤽스Eryx (시킬리아의 영웅) I 570

에트나Aetna III 554, 571, 579, 674. Aetnaeus(아이트나의 형제) III 678

에티오펫Aethiopes IV 481

에페옷Epeos (트로이아 목마의 제작자) II 264

에퓌툿Epytus (트로이아 사람) II 340

에피룻Epiros III 292, 503

엘리사Elissa (디도) IV 335, 610

엘리스Elis III 694

엥켈라둣Enceladus (거인족) III 578; IV 179

오레텟Orestes (아가멤논의 아들) III 331; IV 471

오론텟Orontes (뤼키아 사람) I 113, 220

오리온Orion (별자리) I 535; III 517; IV 52

오소냐Ausonia III 171, 378, 385, 477, 479, 496; IV 236, 349

오케아눗Oceanus I 287, 745; II 250; IV 129

오토멧Automedon (희랍 사람) II 477

오튀륏의 아들Othryades (트로이아 사람 판투스) II 319, 336. 〈판투스〉를 보라

올레룻Olearos (섬 이름) III 126

올륌풋Olympus (하늘) I 374; II 779; IV 268, 694

올튀캬Ortygia (델로스) III 124, 143, 154; (쉬라쿠사 근처) III 694

윌레웃Oileus (로크리스 사람들의 왕) I 41

요정Nymphae I 71, 168, 329; III 34; IV 168

요정Oreades (산의 요정들) I 500

요팟Iopas (가수) I 740

우칼렉Vcalegon (트로이아 사람) II 312

운명Fortuna II 79, 385, 387; III 53; IV 653. Parcae I 22; III 379. 〈fatum 운명〉과 구별하라

울릭셋Vlixes II 7, 44, 90, 97, 164, 261, 436, 762; III 273, 613, 628, 691. 〈이타카〉를 보라

원혼Manes III 63, 565; IV 387, 490

유노Iuno I 4, 15, 36, 48, 64, 130, 279, 443, 446, 662, 668, 671, 734; II 612,

761; III 380, 437, 438, 547, ; IV 114, 166, 371, 693. 〈라키냐〉 혹은 〈사툰〉을 보라

유로탓Eurotas (라코니아의 강) I 498

유로파Europa I 385

유뤼퓔Eurypylus (테살리아 사람) II 114

유피테르Iuppiter I 42, 46, 78, 223, 380, 394, 522, 731; II 326; III 104, 116, 171, 223, 279, 681; IV 110, 205, 356, 377

율루스Iulus (아스카니우스) I 267, 288, 556, 690, 709; II 563, 674, 677, 682, 710, 723; IV 140, 274, 616. 〈아스칸〉을 보라

율리우스Iulius (카이사르) I 288

이다Ida (프뤼기아의 산) II 696, 801; (크레타의 산) III 105, 112

이달륨Idalium (퀴프루스의 산) I 681, 693

이도멘Idomeneus(크레타의 왕) III 122, 401

이오냐Ionium (바다 이름) III 211, III 671

이타캬Ithaca (섬 이름) III 272, 613. 이타캬 왕 Ithacus (울릭셋) II 104, 122, 128; III 629

이탈랴Italia I 2, 13, 38, 68, 109, 233, 252, 263, 380, 533, 553, 554; III 166, 185, 253, 254, 364, 381, 396, 440, 458, 507, 523, 524, 674; IV 106, 230, 275, 345, 346, 361, 381

이피툿Iphitus (트로이아 사람) II 435

일뤼쿰Illyricus I 243

일리아Ilia (레아 실비아) I 273

일리온Ilium I 68, 97, 268, 456, 483, 647; II 117, 241, 325, 431, 625; III 3, 109, 182, 280, 336, 603; IV 46, 78, 537, 648.

일리온 여인들 Iliades I 480; II 580; III 65

일요네Ilione (프리아모스의 딸) I 653

일요넷Ilioneus (트로이아 사람) I 120, 521, 559, 611

자비 여신들Eumenides IV 469

자퀸툿Zacynthos (섬 이름) III 270

저녁땅Hesperia I 530, 569; II 781; III 163, 185, 186, 418, 503; IV 355

저녁별Vesper (별자리) I 374

전쟁Bellum I 294

정결Pudor IV 27

제단Arae (암벽 이름) I 109

천랑성Sirius (별자리) III 141

카딧Charybdis III 420, 558, 684

카메리나Camerina (시킬리아의 도시) III 701

카산드라Cassandra (프리아모스의 딸) II 246, 343, 403; III 183, 187

카오스Chaos IV 510

카온Chaon (프리아모스의 아들) III 335. 카오냐 Chaonia (에피로스) III 293, 334, 335

카울론Caulon (브루티움의 도시) III 553

카이사르Caesar (율리우스 카이사르) I 286

카퓌스Capys (트로이아 사람) I 183;
II 35

칼카스Calchas II 100, 122, 176, 182, 185

칼타고Karthago I 13, 298, 366; IV 97,
224, 265, 347, 670

케라냐Ceraunia (에피로스의 산) III 506

케레스Ceres I 177, 701; II 714, 742; IV 58.
케레스의 연장 Cerealis I 177

케쿠스Caicus (트로이아 사람) I 183

켈레노Celaeno (하르퓌이아) III 211, 245,
365, 713

코뢰붓Coroebus (프뤼기아 사람) II 341,
386, 407, 424

코뤼밧Corybantius III 111

코뤼툿Corythus (에트루리아의 도시) III 170

코이웃Coeus (티탄족) IV 179

쿠레텟Curetes III 131

쿠마이Cumae III 441

쿠피도Cupido I 658, 695. 〈아모르〉를 보라

퀴리누스Quirinus (로물루스) I 292. 〈로물룻〉를 보라

퀴모테Cymothoe (요정 이름) I 144

퀴벨룻Cybelus (프뤼기아의 산) III 111

퀴클롭Cyclops I 201; III 569, 617, 644, 647, 675. 〈폴뤼펨〉을 보라

퀴테라Cythera (섬 이름) I 680. 퀴테레 Cytherea (베누스) I 257, 657; IV 128

퀴프룻Cyprus I 622

퀴클랫Cyclades III 127

퀸투스Cynthus (델리움의 산) I 498; IV 147

퀼레네의 신Cyllenius (메르쿠리우스) IV 252, 276. 퀼레네의 손자 IV 258

크노솟Cnosius (크레타의 도시) III 115

크레타Creta III 104, 117, 122, 129, 161; IV 70

크류사Creusa (크레우사) II 562, 597, 651, 666, 738, 769, 772, 778, 784

크산툿Xanthus (트로이아의 강) I 473; III 497; IV 143; (에피루스의 강) III 350

클라롯Claros (이오니아의 도시) III 360

클론툿Cloanthus (트로이아 사람) I 222, 510, 612

키르케Circe III 386

키테론Cithaeron(산 이름) IV 303

타렌툼Tarentum (칼라브리아의 도시) III 551

타르타라Tartara IV 243, 446

탑수스Thapsus (시킬리아의 도시) III 689

태양Sol I 568. 〈포이붓〉 혹은 〈티탄〉을 보라

테네돗Tenedos (섬) II 21, 203, 255

테베Thebae IV 470

테산돗Thessandrus (희랍 사람) II 261

테우켈Teucri I 38, 89, 248, 299, 304, 511, 555, 562, 625, 626; II 48, 247, 252, 281, 326, 366, 459, 571, 747; III 53, 186, 352, 601; IV 48, 349, 397, 537. Teucria (트로이아) II 26. Teucrus (트로이아의

왕) I 235; III 108; IV 230. (텔라몬의 아
들) I 619
토아스Thoas (희랍 사람) II 262
튀데웃의 아들Tydides (디오메데스) I 97,
471; II 164, 197
튀레눔Tyrrhenus I 67
튀리아Tyros I 12, 20, 336, 338, 340, 346,
388, 423, 568, 574, 661, 696, 707, 732,
735, 747; IV 36, 43, 104, 111, 162, 224,
262, 321, 468, 544, 622, 670
튀뫼텟Thymoetes (트로이아 사람) II 32
튀브릿Thybris (티베리스 강) II 782; III
500
튀야스Thyias IV 302
튀폰Typhoëus (티탄) I 665
튄다르의 딸Tyndaris (헬레나) II 569, 601
튐브라Thymbraeus (아폴로) III 85
트라캬Thraca Thraces I 316; III 14, 51
트로야Troia I 1, 19, 24, 30, 95, 119, 129,
172, 206, 232, 238, 249, 286, 375, 376,
467, 473, 524, 550, 565, 574, 596, 597,
624, 679, 699, 732, 747; II 4, 11, 34, 56,
60, 63, 108, 161, 290, 293, 325, 342,
461, 555, 573, 581, 603, 622, 625, 637,
660, 703, 751, 763; III 3, 11, 15, 42, 86,
149, 306, 322, 335, 340, 349, 359, 462,
497, 505, 595, 596, 614; IV 111, 124,
162, 165, 191, 312, 313, 342, 425. 〈에
네앗〉 혹은 〈달다놋〉 혹은 〈일리온〉 혹
은 〈펠가마〉 혹은 〈프뤼갸〉 혹은 〈로에
툼〉 혹은 〈테우켈〉을 보라

트뢰룻Troilus (프리아모스의 아들) I 474
트리톤Triton I 144. 〈팔라스〉를 보라
티마부스Timauus (이스트리아의 강) I
244
티탄Titan (태양) IV 119
티토눗Tithonus (새벽 여신의 남편) IV
585

파두아 Patauium (알프스 남쪽 도시) I 247

파로스Paros (섬 이름) III 126. 파로스의
대리석 Parius lapis I 593
파리스Paris I 27; II 602; IV 215
파퀴눔Pachynum (시킬리아의 곶) III 429,
699
파푸스Paphus (퀴프루스의 도시) I 415
판타갓Pantagias (시킬리아의 강) III 689
판투스Panthus (트로이아 사람) II 318,
319, 322, 429
팔라멧Palamedes (희랍사람) II 82. 〈벨루
스의 자손〉을 보라
팔라스Pallas (미네르바) I 39, 479; II 15,
163, 615; III 544. Tritonis II 171, 226, II
615. 팔라듐 Palladium II 166, 183. 〈미
넬바〉를 보라
팔리눌Palinurus (트로이아 사람) III 202,
513, 562
페넬룻Peneleus (희랍 사람) II 425
페니캬Phoenices I 344. Phoenissa (디도)
I 670, 714; IV 348, 529. Poeni I 302,
442, 567; IV 133. Punicus I 338; IV 49

페리팟Periphas (희랍 사람) II 476
페아켓Phaeaces III 291
페텔랴Petelia (브루티움의 도시) III 402
펜테웃Pentheus (테베의 왕) IV 469
펠가마Pergama (트로이아의 성채) I 466, 651; II 177, 291, 374, 556, 571; III 87, 110, 476; IV 344, 426. (에피로스의 도시) III 336, 350. Pergamea (크레타의 도시) III 133
펠랴스Pelias (트로이아 사람) II 435, 436
펠레웃의 아들Pelides (아킬레스) II 548.
펠레웃의 손자 (네오프톨레모스) II 263
펠로룻Pelorus (시킬리아의 곶) III 411, 687
펠롭스Pelops II 193; III 204의 주석
펠라스갸Pelasgi (희랍 종족) I 624; II 83, 106, 152
포도의 백성Oenotri I 532; III 165
포이봇Phoebus I 329; II 114, 319; III 80, 99, 101, 188, 251, 359, 371, 474; IV 58
포이봇의 등불Phoebea lampas III 637. 〈아폴로〉를 보라
폴뤼돌Polydorus (프리아모스의 아들) III 45, 49, 55, 62
폴뤼펨Polyphemus (퀴클롭스) III 641, 657
폴리텟Polites (프리아모스의 아들) II 526
푀닉스Phoenix (희랍 사람) II 762
퓌룻Pyrrhus (아킬레우스의 아들) II 469, 491, 526, 529, 547, 662; III 296, 319. Aeacides III 296. 〈네옵톨〉을 보라

프뤼갸Phryges I 182, 381, 468, 618; II 68, 191, 276, 344, 580; III 6, 148, 484, 545; IV 103, 140
프리암Priamus I 458, 461, 487, 654, 750; II 22, 56, 147, 191, 291, 344, 403, 437, 454, 484, 501, 506, 518, 527, 533, 541, 554, 581, 662, 760; III 1, 50, 321; IV 343.
프리암의 아들Priamides III 295, 346
프티에Pthia (테살리아의 도시) I 284
플레뮤름Plemyrium (시킬리아의 곶) III 693
피네웃Phineius III 212
픽말룐Pygmalion (디도의 오라비) I 347, 363; IV 325
필록테텟Philoctetes III 402

하계Orcus II 398; IV 242, 699
하팔케Harpalyce (요정) I 317
할퓌아Harpyiae III 212, 226, 249, 365
함몬Hammon IV 198
헤브룻Hebrus(트라키아의 강) I 317
헤카타Hecate IV 511, 609. 〈디아나〉를 보라
헤쿠바Hecuba (프리아모스의 아내) II 501, 515
헥토르Hector I 99, 273, 483, 750; II 270, 274, 282, 522, 543; III 304, 312, 319, 342, 488
헬레나Helena I 650. 〈스팔타〉 혹은 〈튄다르의 딸〉을 보라
헬레눗Helenus (프리아모스의 아들) III

295, 329, 334, 346, 369, 380, 433, 546, 559, 684, 712

헬로룻Helorus (시킬리아의 강) III 698

헬미온Hermione (메넬라오스의 딸) III 328

황소꺼풀Byrsa (카르타고의 성채) I 367

휘아뎃Hyades (별자리 이름) I 744; III 516

휘파닛Hypanis (트로이아 사람) II 340, 428

아이네이스 1

옮긴이 김남우 로마 문학 박사. 연세대학교 철학과를 졸업했다. 서울대학교 서양고전학 협동과정에서 희랍 서정시를 공부하였고, 독일 마인츠에서 로마 서정시를 공부하였다. 정암학당 연구원이다. 연세대학교와 KAIST에서 가르친다. 마틴 호제의 『희랍문학사』, 오비디우스의 『변신 이야기』, 에라스무스의 『격언집』, 『우신예찬』, 토머스 모어의 『유토피아』, 몸젠의 『로마사』, 호라티우스의 『카르페디엠』, 『시학』 등을 번역하였다. 베르길리우스의 『아이네이스』를 번역하고 있다.

지은이 베르길리우스 **옮긴이** 김남우 **발행인** 홍예빈
발행처 주식회사 열린책들 **주소** 경기도 파주시 문발로 253 파주출판도시
전화 031-955-4000 **팩스** 031-955-4004
홈페이지 www.openbooks.co.kr **이메일** literature@openbooks.co.kr
Copyright (C) 주식회사 열린책들, 2013, *Printed in Korea*.
ISBN 978-89-329-1605-7 93890 **발행일** 2013년 1월 15일 초판 1쇄 2025년 1월 30일 초판 4쇄

이 도서의 국립중앙도서관 출판예정도서목록(CIP)은 서지정보유통지원시스템 홈페이지(http://seoji.nl.go.kr)와 국가자료공동목록시스템(http://www.nl.go.kr/kolisnet)에서 이용하실 수 있습니다.(CIP제어번호:CIP2013006152)